Précis de droit
constitutionnel

PAUL SCHMIT

*en collaboration
avec Emmanuel Servais*

Précis de droit constitutionnel

Commentaire de la Constitution luxembourgeoise

avec une version coordonnée du texte de la Constitution

septembre 2009

IMPRESSUM:

Layout: saint-paul publishing, Sacha Heck
© éditions saint-paul, Luxembourg 2009

ISBN: 978-2-87963-728-0

Sommaire

Préface	11
1. INTRODUCTION	15
2. LE CADRE GÉNÉRAL DU DROIT CONSTITUTIONNEL	17
2.1. remarques liminaires	17
2.2. les éléments constitutifs de l'Etat	20
2.2.1. le territoire	20
2.2.2. la population	22
2.2.3. l'organisation étatique et la souveraineté	23
2.3. les notions de «population», «peuple», «Nation» et «nationalité»	25
2.3.1. les notions de «population» et de «peuple»	25
2.3.2. la notion de «Nation»	26
2.3.3. la nationalité	28
2.4. la séparation des pouvoirs	32
2.4.1. le pouvoir législatif	34
2.4.2. le pouvoir exécutif	35
2.4.3. le pouvoir judiciaire	37
2.5. la forme de l'Etat et les symboles nationaux	39
2.5.1. la forme de l'Etat luxembourgeois	39
2.5.2. les symboles nationaux	46

3.	L'HISTOIRE CONSTITUTIONNELLE DU LUXEMBOURG	53
3.1.	rappel de l'histoire du Luxembourg de 963 à 1815	53
3.2.	l'union personnelle avec les Pays-Bas et le gouvernement belge	54
3.3.	la Constitution d'Etats de 1841	56
3.4.	la Constitution de 1848	59
3.5.	le coup d'Etat de 1856	61
3.6.	la Constitution de 1868	63
3.7.	la révision constitutionnelle de 1919	65
3.8.	la révision constitutionnelle de 1948	67
3.9.	la révision constitutionnelle de 1956	69
3.10.	les modifications ultérieures de la Constitution	70
4.	LA STRUCTURE DE LA CONSTITUTION LUXEMBOURGEOISE	77
4.1.	les caractéristiques de la Constitution	78
	4.1.1 la supériorité de la Constitution par rapport aux lois	78
	4.1.2 la rigidité de la Constitution	82
	4.1.3 la place de la coutume dans la Constitution	83
4.2.	la primauté du droit international sur la Constitution	86
4.3.	les révisions constitutionnelles	88
	4.3.1. la procédure de révision de la Constitution	88
	4.3.2. l'inventaire des révisions constitutionnelles	92
4.4.	la subdivision de la Constitution	94
5.	LES DROITS ET LIBERTÉS FONDAMENTAUX	97
5.1.	la subdivision des droits et libertés fondamentaux	98
	5.1.1. la terminologie de la Constitution	98
	5.1.2. les trois générations de droits et libertés fondamentaux	99
	5.1.3. les «droits-liberté»	100
	5.1.4. les «droits-créance»	101
	5.1.5. les droits de la troisième génération	102
	5.1.6. les objectifs à valeur constitutionnelle	102
	5.1.7. les difficultés inhérentes à la subdivision des droits et libertés fondamentaux	104
5.2.	les ancrages législatifs des droits et libertés fondamentaux	105
5.3.	le relevé des droits et libertés fondamentaux	110
	5.3.1. l'affirmation constitutionnelle des droits naturels	111
	5.3.2. la garantie de la liberté individuelle	112
	5.3.3. l'égalité devant la loi	118

	5.3.4.	la protection de l'intégrité de la personne humaine	123
	5.3.5.	la protection de l'intimité de la vie privée	125
	5.3.6.	la liberté d'opinion et la liberté de la presse	130
	5.3.7.	les libertés collectives	133
	5.3.8.	le droit à l'enseignement	137
	5.3.9.	l'inviolabilité de la propriété	139
	5.3.10.	la liberté du commerce et de l'industrie	141
	5.3.11.	les objectifs à valeur constitutionnelle repris dans la Constitution	141

6. LES INSTITUTIONS DU GRAND-DUCHÉ DE LUXEMBOURG — 147

6.1. le Grand-Duc — 148
- 6.1.1. le Grand-Duc, chef de l'Etat — 150
- 6.1.2. les rapports du Grand-Duc avec la Chambre des députés — 156
- 6.1.3. le Grand-Duc, chef de l'exécutif — 160
- 6.1.4. les questions dynastiques — 170

6.2. la Chambre des députés — 174
- 6.2.1. la place de la Chambre des députés parmi les institutions de l'Etat — 176
- 6.2.2. le régime électoral — 178
- 6.2.3. la situation personnelle du député — 182
- 6.2.4. le mode de fonctionnement de la Chambre des députés — 184
- 6.2.5. l'exercice de la fonction législative — 187
- 6.2.6. les autres attributions de la Chambre des députés — 192
- 6.2.7. la participation des parlements nationaux à l'action législative de l'Union européenne — 198

6.3. le Gouvernement — 200
- 6.3.1. la fonction gouvernementale — 200
- 6.3.2. l'organisation du Gouvernement — 202
- 6.3.3. la responsabilité ministérielle — 206

6.4. le Conseil d'Etat — 207
- 6.4.1. le Conseil d'Etat, organe consultatif en matière législative et réglementaire — 208
- 6.4.2. l'intervention du Conseil d'Etat en matière de dispense du second vote constitutionnel — 210
- 6.4.3. l'organisation du Conseil d'Etat — 213

6.5. les cours et tribunaux — 214
- 6.5.1. l'organisation judiciaire — 214

	6.5.2. les garanties offertes aux justiciables	219
	6.5.3. le contrôle des pouvoirs législatif et exécutif par le pouvoir judiciaire	223
6.6.	**les communes**	225
	6.6.1. l'autonomie communale	226
	6.6.2. l'organisation des communes	231
	6.6.3. l'élection du conseil communal et la désignation du collège échevinal	234
6.7.	**les autres organes prévus par la Constitution**	235
	6.7.1. les établissements publics	236
	6.7.2. la force publique	238
7.	**LES MATIÈRES CONSTITUTIONNELLES DIVERSES**	243
7.1.	**le statut de la Ville de Luxembourg**	243
7.2.	**le serment**	245
7.3.	**la publication des actes normatifs**	246

Annexes:

1) A) La Constitution du Grand-Duché de Luxembourg (texte coordonné à jour au 31 mars 2009) ... 251

   B) La proposition de révision (n° 6030) portant modification et nouvel ordonnancement de la Constitution (déposée à la Chambre des députés, le 21 avril 2009) ... 275

2) Drapeaux et armoiries de l'État ... 303

Bibliographie sommaire ... 307

Relevé des illustrations ... 312

Préface

Selon le célèbre mot du général de Gaulle, *«une Constitution, c'est un esprit, des institutions, une pratique»*[1]. Appliquée à la Loi fondamentale du Grand-Duché de Luxembourg, cette remarque apparaît dans une lumière bien particulière. Non que l'esprit libéral de 1848 et le souci des pères de la première Constitution démocratique du pays ne soient plus présents! Mais parce que la pratique constitutionnelle s'est progressivement détachée de la lettre, et que cette situation affecte de plus en plus le rôle des institutions.

La présente étude se propose de mettre en lumière les différents aspects de l'édifice constitutionnel en rappelant son histoire, en analysant sa structure et en épluchant son contenu, tout en réservant une attention particulière aux pierres angulaires que sont pour notre monarchie constitutionnelle les droits et libertés fondamentaux ainsi que la démocratie parlementaire.

Elle s'inscrit dans le sillage d'une réflexion menée en 2006, à l'occasion du 150e anniversaire du Conseil d'Etat, par un collectif d'auteurs, conseillers d'Etat actifs et honoraires. Ce fut l'occasion de rassembler la documentation historique et les nombreux commentaires qui existent sur le sujet et de comparer l'évolution constitutionnelle au Luxembourg à celle d'autres démocraties parlementaires, dont en particulier les Pays-Bas et la Belgique.

La synthèse de cette réflexion a été publiée dans l'ouvrage *«Le Conseil d'Etat, Gardien de la Constitution et des Droits et Libertés fondamentaux»*. Cet ouvrage s'est avéré une référence utile, en ce qu'il fournit des explications pré-

---

[1] Conférence de presse du 31 janvier 1964 (discours et messages, Plon, Livre de Poche, 1970, tome IV, p. 168).

cises sur les différents articles de la Constitution sous les angles de vues historique, politique et juridique. Par ailleurs, il proposa un essai de refonte permettant d'orienter la Chambre des députés dans la perspective d'une actualisation de la Loi fondamentale dont la préparation a entre-temps été entamée.

La Constitution, dont la plus grande partie des dispositions remonte à 160 ans, et qui a été itérativement modifiée et rapiécée, est à de nombreux égards dépassée par le droit international et par la pratique institutionnelle. Elle manque de la transparence utile et de la cohérence requise.

Un dénominateur commun entre l'approche minimaliste retenue en 1848 pour déterminer les droits et libertés fondamentaux et les dispositions internationales qui régissent aujourd'hui les droits de l'Homme est parfois difficile à établir.

Pris au sens littéral, nombre d'articles de la Constitution écrite donnent une vue incorrecte du fonctionnement effectif de nos institutions. En effet, le jeu institutionnel, qui s'est forgé depuis la deuxième moitié du 19e siècle, a fait régresser la puissance du monarque face à la montée en pouvoir du Parlement. Aujourd'hui, le pouvoir du Parlement a, à son tour, tendance à rapetisser au profit des attributions du Gouvernement, qui assure en réalité la direction des affaires de l'Etat.

Les faiblesses et les lacunes de plus en plus apparentes du texte constitutionnel, phénomène qui a été accentué par la jurisprudence de la Cour constitutionnelle instituée en 1997, requièrent des modifications trop fréquentes, souvent mises en œuvre de façon isolée et éparse, ajoutant aux problèmes de compréhension existants. Une banalisation dangereuse des révisions en est la conséquence, mettant à mal la clef de voûte de notre ordre juridique et institutionnel.

Consciente de ces tares, la Chambre des députés a dans une résolution du 11 décembre 2008 décidé l'abandon de la pratique des révisions ponctuelles répétées au profit d'une révision globale et d'un nouvel ordonnancement de l'ensemble des articles de la Constitution.

En vue du débat institutionnel sur l'orientation et la forme de la refonte en perspective, la présente analyse se veut une contribution modeste sur les racines de notre Constitution, son évolution passée et son devenir. Elle fournit par ailleurs un aperçu destiné aux personnes intéressées, que ce soit du monde juridique et scolaire ou de l'administration.

L'auteur tient à remercier très sincèrement de son travail de recherche et de correction Monsieur Manou Servais, dont les conseils avisés tout au long de la rédaction lui ont été d'une aide très précieuse. Il remercie aussi Madame Pascale Hauffels de son soutien pendant la rédaction, qui lui a grandement facilité le travail.

Munsbach, fin mars, 2009
P.S.

Constitution du Grand-Duché de Luxembourg.

Chapitre I.
Du territoire et du Roi Grand-Duc.

Art. 1er.
Le Grand-Duché de Luxembourg forme un État indépendant, indivisible et inaliénable et perpétuellement neutre.

Art. 2.
Les limites et chefs-lieux des arrondissements judiciaires ou administratifs, des cantons et des communes ne peuvent être changés qu'en vertu d'une loi.

... et nous constatons de nouveau le titre de ... des Grands-Ducs.

Mandons et ordonnons que la présente loi soit insérée au mémorial, pour être exécutée et observée par tous ceux que la chose concerne.

Au Loo, le 17 Octobre 1868.

Guillaume.

Par le Roi Grand-Duc.
Le Secrétaire du Roi pour les
affaires du Grand-Duché.

G. d'Olimart

1 | Introduction

> *«L'âme de la cité n'est rien d'autre que la Constitution qui a le même pouvoir [dans la cité] que la pensée dans le corps [humain].»*
>
> ISOCRATE (AÉROPAGITIQUE, 14)

La Constitution comporte les grands principes selon lesquels fonctionne l'Etat.

Sur base de ces principes, elle organise la façon dont s'exercent les pouvoirs de l'Etat.

Elle détermine en outre les droits fondamentaux et les libertés qui ont pour objet de protéger le citoyen

- dans ses relations avec les autres citoyens, et
- surtout contre les excès de pouvoir de l'Etat.

Sur les pages ci-après, nous nous proposons d'analyser la Constitution du Grand-Duché de Luxembourg et le droit constitutionnel sous les angles de vues suivants:

- le cadre général du droit constitutionnel;
- l'histoire de la Constitution luxembourgeoise;
- la structure de la Constitution;
- les libertés publiques et les droits fondamentaux;
- les structures institutionnelles de l'Etat luxembourgeois.

2 | Le cadre général du droit constitutionnel

Avant d'examiner les aspects spécifiques qui caractérisent la Constitution luxembourgeoise, il n'est pas inutile de rappeler les principes et notions majeurs qui caractérisent l'Etat et déterminent le droit constitutionnel. Ces aspects concernent:

- les éléments constitutifs de l'Etat;
- les notions de «population», de «peuple», de «Nation» et de «nationalité»;
- le principe de la séparation des pouvoirs;
- la forme de l'Etat et les symboles nationaux.

En introduction au chapitre (cf. Section 2.1. *remarques liminaires*) sont rappelées les origines de ces notions.

2.1. REMARQUES LIMINAIRES

Pour organiser la vie commune (famille, clan primitif, cité antique, Ancien Régime, Etat moderne), les hommes ont dû se mettre d'accord sur les intérêts communs du groupe, voire de la communauté, et sur la façon de gérer ceux-ci.

> Dans la société primitive, il avait fallu organiser la chasse, la cueillette, entretenir le feu, prévenir l'attaque de fauves ou de clans adverses, braver les intempéries, prendre soin des faibles (enfants, malades, vieillards).

> Les règles de la vie en commun ont évolué vers les structures institutionnelles complexes qui caractérisent l'Etat moderne, ses relations avec ses sujets (= citoyens, autres personnes présentes sur son territoire, personnes morales de droit public et privé) et ses relations avec les autres sujets de la communauté internationale (= autres Etats, organisations internationales).

L'ensemble des règles qui organisent la cohabitation en société forment le droit. Les règles de droit régissent les relations des citoyens entre eux, les relations des citoyens avec l'Etat, les relations entre Etats.

Parmi les règles de droit, la Constitution occupe une place particulière, prééminente[1] par rapport aux autres règles juridiques ou sources du droit. La Constitution est la Charte ou Loi fondamentale; on la qualifie parfois aussi de Loi suprême.

> Le droit moderne est né à partir des coutumes ancestrales (au début non écrites). Au fil du temps, ces coutumes ont été mises par écrit, complétées et codifiées. Le cadre politique, économique et social auquel le droit s'applique a depuis toujours façonné le contenu de celui-ci. Le droit a évolué parallèlement à ce cadre, tout en gardant l'empreinte historique et culturelle de la société qui l'a façonné.
>
> La première codification de droit écrit remonte à Hammourabi, roi fondateur du royaume babylonien au 18e siècle avant J.-C. Le Code Hammourabi est gravé dans une colonne de pierre de 4 tonnes, haute de plus de 2 mètres, qui a été découverte en 1902 en Iran et qui est conservée au Musée du Louvre à Paris. Le code porte sur le droit commun, le droit de la famille, le droit pénal … Il se compose d'un prologue, d'un épilogue et de quelque 300 «articles» de loi.
>
> Sous l'empire romain, un grand nombre de règles de droit avaient été mises par écrit et codifiées (cf. Code théodosien, Code de Justinien).
>
> Notamment à partir de la deuxième moitié du 15e siècle, les autorités ont commencé en France et dans les Pays-Bas habsbourgeois à fixer par écrit les coutumes qui avaient été jusqu'ici transmises oralement; c'est ainsi qu'a commencé la transition du droit coutumier vers le droit écrit qui restait pourtant sous l'Ancien Régime largement limité à une simple consignation sur papier des usages coutumiers.
>
> Les codifications de notre droit (Code civil, Code de commerce, Code de procédure civile) sont l'œuvre de juristes commis par Napoléon au début du 19e siècle.

---

[1] cf. Paragraphe 4.1.1. *la supériorité de la Constitution par rapport aux lois.*

Le besoin pour un Etat de se donner des structures institutionnelles et des règles de droit selon lesquelles s'organise la vie en commun est indépendant du régime politique.

> La diplomatie (c.-à-d. la branche de la politique qui concerne les relations avec les autres Etats), la fiscalité (c.-à-d. l'apport financier demandé aux citoyens pour faire fonctionner les institutions), l'appareil judiciaire, la construction, l'entretien et l'utilisation des infrastructures publiques, la sécurité sociale, l'éducation, ... doivent être organisés et fonctionner tant dans un régime absolutiste que dans une démocratie. La différence entre régime totalitaire et démocratie est que dans le premier cas le droit doit se ranger à la volonté des gouvernants et à leurs dogmes idéologiques. Les régimes démocratiques sont par contre fondés sur l'Etat de droit *(«Rechtsstaat»)*, où le droit et la justice priment l'action politique.

L'organisation de l'Etat démocratique moderne, que celui-ci ait la forme d'une monarchie constitutionnelle ou d'une république, prévoit que le pouvoir de l'Etat n'est pas exercé par un seul. Il est partagé entre les mains de plusieurs institutions qui se contrôlent l'une l'autre.

> Depuis toujours, il y a eu des formes d'Etat où le pouvoir était partagé ou exercé de façon collective (cités grecques antiques, tribus germaniques, Rome du temps de la république 509–27 av. J.-C., Confédération helvétique depuis 1292, ...). Au sein de ces entités le pouvoir politique, soit était exercé directement par tous les habitants ayant droit de citoyenneté, soit était confié à des représentants qu'ils avaient élus à cet effet.
> Or, très souvent l'évolution des régimes politiques en place a mené à des monarchies absolues (= gouvernement d'un seul) où le Roi détenait tous les pouvoirs (cf. Ancien régime français jusqu'en 1789). Dans les monarchies absolues, la couronne était héréditaire dans la famille royale, forme de transmission du pouvoir qui s'est maintenue dans les monarchies constitutionnelles. En plus, le pouvoir du Roi n'était plus légitimé sur une base élective, mais justifié par une investiture d'inspiration divine. Nous retrouvons encore des références à cette investiture d'inspiration divine jusque dans les temps modernes (cf. *«Nous Jean, par la grâce de Dieu, Grand-Duc de Luxembourg»*).
> Dans d'autres monarchies, le monarque a dû très tôt partager son pouvoir avec l'aristocratie (la noblesse). Dans le Saint-Empire romain germanique (962–1806), l'Empereur était élu par 7 princes-électeurs. En Angleterre,

> le *Bill of Rights* de 1689 a attribué aux nobles la prérogative d'accorder annuellement le budget et les recettes de l'Etat gérés par le Roi.
>
> La Déclaration d'indépendance des Etats-Unis d'Amérique en 1776, qui a mis fin à la domination britannique, a conféré aux Etats-Unis la forme d'une démocratie républicaine. La constitution américaine devint en même temps une référence pour l'instauration d'autres régimes républicains en France et ailleurs en Europe.

2.2. LES ÉLÉMENTS CONSTITUTIFS DE L'ÉTAT

L'existence d'un Etat demande la présence des 3 éléments suivants:

- une population;
- un territoire;
- une organisation étatique qui permet à la population d'exercer sa puissance souveraine sur son territoire.

2.2.1. le territoire

Il n'y a pas d'Etat sans territoire.

> Les populations nomades, comme par exemple les Tsiganes, ne sauraient constituer un Etat.
>
> Suite à la Deuxième Guerre mondiale et aux affres qu'avait fait subir le régime nazi aux juifs, les Nations Unies ont décidé (résolution du 29 novembre 1947) d'allouer en Palestine un territoire aux rescapés du génocide juif qui a permis la création de l'Etat d'Israël en 1948.

Le territoire détermine les frontières à l'intérieur desquelles l'Etat exerce son autorité et à l'extérieur desquelles il doit, par voie de réciprocité, respecter la souveraineté des autres Etats. Le territoire représente l'assise géographique de l'Etat et par là même la base de sa puissance. L'exercice des pouvoirs de l'Etat et de son autorité repose donc sur le principe de territorialité.

Le principe de territorialité signifie que le territoire forme le lieu de rattachement essentiel de l'exercice par l'Etat de son autorité législative, administrative et juridictionnelle.

Le Grand-Duché de Luxembourg, tel qu'il est sorti du dernier partage territorial[2] de 1839, a de nos jours une superficie de 2.586 km². La frontière orientale avec l'Allemagne est formée par 3 cours d'eau (Our, Sûre et Moselle) qui constituent un condominium des deux Etats limitrophes (la souveraineté luxembourgeoise et la souveraineté allemande s'étendant jusqu'au bord opposé). La frontière avec la France est rigide; là où son tracé suit un cours d'eau, le milieu en forme la frontière. La frontière avec la Belgique est rigide, sauf aux endroits où elle suit le tracé d'une route ou d'un cours d'eau où le principe de condominium s'applique.

> Constitution, article 1ᵉʳ: «*Le Grand-Duché de Luxembourg est un Etat … indivisible.*»
> article 37, alinéa 5: «*Nulle cession, nul échange, nulle adjonction de territoire ne peut avoir lieu qu'en vertu d'une loi.*»

Il arrive que, pour des raisons d'aménagement du territoire ou de réalisation d'infrastructures publiques, il est procédé à des échanges de territoire avec les Etats voisins[3].

La subdivision du territoire est évoquée à l'article 2 de la Constitution.

> Constitution, article 2: «*Les limites et chefs-lieux des arrondissements judiciaires ou administratifs, des cantons et des communes ne peuvent être changés qu'en vertu d'une loi.*»

---

[2] • 1ᵉʳ partage du Duché de Luxembourg au bénéfice de la France comme suite de la Paix des Pyrénées – Accords de Bidassoa, 1659: cession des villes et territoires de Thionville, Montmédy, Damvillers, Ivoix, Chauvency-le-Château et Marville;
• 2ᵉ partage du pays au bénéfice de la Prusse par le Traité d'Aix-la-Chapelle du 26 juin 1816 entre les Pays-Bas et la Prusse: cession des territoires situés à l'est de la Moselle, de la Sûre et de l'Our (régions de Bitburg et de St-Vith, soit 2280 km² et 50.000 habitants);
• 3ᵉ partage au bénéfice de la Belgique comme suite du Traité de Londres du 19 avril 1839 («Traité des 24 articles»): cession des ⅗ du territoire restant, soit 4.320 km², et de la moitié de la population, soit 160.000 habitants, qui forment aujourd'hui la province du Luxembourg belge (Vielsalm, Houffalize, Bastogne, Neufchâteau, Arlon et Virton).

[3] A titre d'exemple: loi du 18 avril 2001 portant approbation de l'Accord entre le Gouvernement du Grand-Duché de Luxembourg et le Gouvernement de la République française portant rectification de la frontière franco-luxembourgeoise, signé à Luxembourg, le 15 mars 2000.

> Les arrondissements, y compris les districts ainsi que d'autres subdivisions (par exemple des Ponts et Chaussées, de la Police grand-ducale[4], de l'organisation judiciaire[5]), ont une portée purement administrative.
>
> Les cantons servant pour délimiter les circonscriptions électorales sont énumérés à l'article 51(6) de la Constitution[6].

Au Luxembourg, les communes constituent le seul pouvoir décentralisé faisant contrepoids au pouvoir central de l'Etat. Dans des pays de taille plus importante, il existe au niveau régional, donc intermédiaire entre le pouvoir central de l'Etat et le pouvoir local des communes, d'autres collectivités décentralisées (*Länder* en Allemagne, régions et départements en France, régions et communautés linguistiques en Belgique ...).

Aux termes de la Constitution, les communes constituent des collectivités territoriales autonomes. Elles possèdent une personnalité juridique propre. Elles ont leurs propres organes de gestion, appelés à gérer le patrimoine et les intérêts de la commune.[7]

> Constitution, article 107(1): «*Les communes forment des collectivités autonomes, à base territoriale, possédant la personnalité juridique et gérant par leurs organes leur patrimoine et leurs intérêts propres.*»

2.2.2. la population

A côté de l'élément territorial, l'Etat est surtout formé par une communauté humaine. Il n'y a pas d'Etat sans population.

> L'Antarctique par exemple est un territoire, mais en l'absence de population il ne constitue pas un Etat.
>
> Par contre, le Vatican qui dispose certes d'un territoire minuscule, mais n'a pas de population propre, est en fait un «Etat symbolique, plus que réel». Le statut d'Etat est reconnu au Vatican pour permettre au Saint-Siège de par-

---

4   Annuaire officiel d'administration et de législation, volume 2, sous «Police grand-ducale».
5   Articles 1er et 10 ainsi que l'annexe de la loi modifiée du 7 mars 1980 sur l'organisation judiciaire.
6   Constitution, article 51(6): «*Le pays est divisé en quatre circonscriptions électorales:*
    • *le Sud avec les cantons d'Esch-sur-Alzette et Capellen;*
    • *le Centre avec les cantons de Luxembourg et Mersch;*
    • *le Nord avec les cantons de Diekirch, Redange, Wiltz, Clervaux et Vianden;*
    • *l'Est avec les cantons de Grevenmacher, Remich et Echternach*».
7   cf. Section 6.6. *les communes*.

ticiper comme sujet de droit à l'activité internationale de la communauté des Etats[8].

L'homogénéité ethnique ou sociale n'est pas un critère indispensable auquel doit répondre la population d'un Etat. Bien des exemples concrets prouvent le contraire à de nombreux endroits du globe.

> En Europe, l'Espagne, la Belgique et la Suisse illustrent une telle situation. Au Proche-Orient, nombre des problèmes politiques de la Turquie ou de l'Irak témoignent de la composition hétéroclite des ethnies qui y cohabitent. Tel est aussi le cas en Afrique ou en Asie (cf. le Congo, le Rwanda, le Soudan, le Kenya, la Chine, les ex-Indes britanniques …). Il arrive aussi que les frontières politiques ne concordent pas avec les frontières linguistiques ou ethniques (communauté germanophone en Belgique, minorité hongroise en Roumanie, communauté magyare en Slovaquie …). Parfois le caractère composite de la population mène à des guerres civiles fratricides (cf. Congo, Rwanda) ou à la dislocation d'un Etat (cf. ex-Indes britanniques, ex-Yougoslavie, ex-URSS, ex-Tchécoslovaquie).
>
> Même si la cohabitation sur un même territoire étatique de plusieurs nationalités ou ethnies ne prend pas une tournure dramatique, elle est pourtant très souvent source de problèmes potentiels. Le pouvoir central peut y réagir en concédant à la minorité une autonomie régionale plus ou moins prononcée, susceptible de tenir compte de ses particularités linguistiques, culturelles, régionales.

Normalement, les liens qui unissent une population vivant dans un Etat déterminé tiennent à une communauté de traditions, d'intérêts, d'aspirations, voire à une histoire, à une langue, à une culture communes. C'est la connaissance et l'acceptation par la majorité des habitants de ces traits communs qui crée un sentiment national.

2.2.3. l'organisation étatique et la souveraineté

Pour qu'on puisse parler d'un Etat, il faut encore que la population habitant un territoire déterminé dispose d'une organisation politique suffisamment stable et solide pour lui permettre, d'une part, de gérer ses affaires internes et, d'autre part, de participer à la vie internationale.

---

8   Pierre Pescatore, Cours d'institutions internationales, pp. 43–44.

Ceci présuppose l'existence d'une autorité commune qui a les pouvoirs nécessaires pour réaliser le bien commun (ou bien public = «*res publica*»). Sans cette autorité, l'Etat n'est à même ni d'atteindre ce but, ni même d'exister dans le temps.

Les structures publiques qui permettent d'exercer ces pouvoirs (on parle de puissance souveraine ou de souveraineté) doivent avoir:

- un degré d'autorité approprié pour gérer les affaires internes de l'Etat;
- une autonomie externe suffisante pour agir dans le domaine des rapports avec les autres Etats.

Autorité vers l'intérieur et autonomie vers l'extérieur caractérisent donc la souveraineté d'un Etat.

La puissance souveraine de l'Etat se traduit concrètement par la capacité de commander aux membres de la collectivité; c'est la possibilité

- de créer le droit,
- de maintenir l'ordre,
- de se faire obéir, au besoin par la contrainte, en vue de la réalisation du bien public.

> La notion de souveraineté a donné lieu à une abondante littérature philosophique et juridique[9].
>
> Dès la fin du Moyen Age, étaient visés les droits et privilèges attribués à la personne du souverain. La souveraineté était conçue comme «capacité de créer le droit», comme puissance législative ou *puissance de droit* réservée au monarque.
>
> Au cours des siècles suivants, elle a évolué sous l'effet de la pensée politique vers une acception nouvelle considérant la souveraineté davantage en termes de *puissance du droit* qui reconnaît la suprématie des règles que le corps politique s'est données et qui désigne en outre les institutions chargées d'en assurer la mise en œuvre et le respect.
>
> La façon de mettre en œuvre la souveraineté peut être illustrée grâce au rôle joué par la Police grand-ducale. Selon l'article 2, alinéa 2 de sa charte des valeurs, elle «*concourt, sur l'ensemble du territoire, à la garantie des libertés et à la défense des institutions du Grand-Duché, au maintien de la paix et de l'ordre public et à la protection des personnes et des biens*». Elle contribue à assurer la puissance souveraine du Grand-Duché, mais elle n'exerce pas

---

9   Denis Baranger, Le droit constitutionnel, pp. 33 et s.

cette puissance. En effet, elle est au service des institutions démocratiques du pays; en d'autres mots, elle exécute les missions et accomplit les devoirs qui *«lui sont confiés»* en application des lois par les autorités judiciaires et administratives et les effectue dans le respect des lois.

2.3. LES NOTIONS DE «POPULATION», «PEUPLE», «NATION» ET «NATIONALITÉ»

2.3.1. les notions de «population» et de «peuple»

A la section précédente, nous avons vu que la population représente un des trois éléments constitutifs de l'Etat. Or, pour vraiment satisfaire à cette condition, la population doit développer un sentiment collectif d'appartenance à cet Etat.

> Par «population», on entend communément l'ensemble des habitants d'un territoire déterminé. Par «peuple», on entend un ensemble d'hommes, habitant ou non sur un même territoire, et constituant une communauté sociale ou culturelle (cf. la France et ses départements et territoires d'outre-mer).
>
> Une population qui a développé le sentiment d'appartenir ensemble, sur base de liens culturels historiques communs, est considérée comme un «peuple».
>
> Au moment où le Grand-Duché a été formé à la suite du Congrès de Vienne de 1815 et au moment de la perte du territoire de l'actuelle Province de Luxembourg en faveur de la Belgique en 1839, ce sentiment d'appartenance n'était que faiblement présent. Il s'est raffermi au cours des décennies suivantes.

La notion de «peuple» apparaît dans de nombreuses constitutions étrangères, mais la Constitution luxembourgeoise ne l'utilise pas.

> La Déclaration d'indépendance des Etats-Unis d'Amérique de 1776 commence par les mots *«We the people ...»*.
>
> La Loi fondamentale allemande (*Grundgesetz*) de 1949 se réfère au peuple (cf. art. 20(2): *«Alle Staatsgewalt geht vom Volke aus»*).
>
> Les constitutions néerlandaise, française et espagnole se réfèrent aussi au *«peuple»* pour déterminer le siège de la souveraineté.

2.3.2. la notion de «Nation»

La notion de «Nation» est proche de celle de «peuple». Mais elle s'en distingue dans la mesure où on a pu opposer le «peuple» concret, composé d'individus ayant tous, en tant que citoyens, un droit de participation à la souveraineté, à la «nation» abstraite, dissociable des individus, composée par ailleurs, en plus des individus vivants, de ceux morts et de ceux restant à naître.

> Est considérée comme Nation un *«groupe humain, en tant qu'il forme une communauté politique, établie sur un territoire défini et personnifiée par une autorité souveraine»* [10].
>
> «1 *Dans l'analyse des éléments constitutifs de l'Etat* «nation» *est synonyme de «collectivité des individus qui forment un même peuple et sont soumis à l'autorité d'un même gouvernement»; il s'agit d'une «communauté généralement fixée sur un territoire déterminé dont la réalité résulte de caractéristiques ethniques, culturelles, de coutumes sociales, de traditions historiques et religieuses, tous facteurs qui développent un sentiment d'appartenance et des aspirations politiques trouvant leur manifestation essentielle dans la volonté collective de s'ériger en corps politique souverain au regard du droit international. 2 Par extension* [c'est] *l'entité étatique exerçant son autorité sur la nation ainsi définie; exemples: Société des Nations, Organisation des Nations Unies. 3 Dans la théorie classique de la souveraineté issue de la Révolution française: personne juridique titulaire de la souveraineté, qui en conserve l'essence et en délègue l'exercice aux représentants (correspondant, selon les opinions, soit au peuple réel, soit au pays en tant que ses intérêts sont considérés comme distincts de ceux de ses habitants actuels)»* [11].
>
> Le concept de nation peut donc s'analyser comme notion de droit constitutionnel. Il s'agirait de l'élément de l'Etat constitué par le groupement des individus fixés sur un territoire et soumis à l'autorité d'un même gouvernement. Dans ce sens, il s'agit de la *«personne juridique constituée par l'ensemble des individus composant l'Etat, mais distincte de ceux-ci et titulaire du droit subjectif de souveraineté»*.
>
> Or, la nation peut également se présenter comme principe spirituel ou âme. Cette âme est formée par la possession en commun d'un riche legs de souvenirs (passé) et par la volonté de vivre ensemble (présent). *«Tantôt la race, tantôt la langue, tantôt le territoire, tantôt les souvenirs, tantôt les intérêts instituent diversement l'unité nationale»* (Paul Valéry). Dans cette appro-

---

10   Le Grand Robert (édition 2001), verbo «nation», définition 3, p. 1816.
11   Gérard Cornu, Vocabulaire juridique, Association Henri Capitant, édition 1990.

che, qui dépasse l'analyse constitutionnelle, la nation apparaît ainsi comme *«un groupe humain qui se caractérise par la conscience de son unité et la volonté de vivre en commun»*.[12]

Nous avons vu au paragraphe 2.3.1. que la Constitution luxembourgeoise omet de faire référence au peuple; elle y préfère le terme «Nation» (cf. art. 32(1), alinéa 1er) ou elle se réfère simplement au «pays» (cf. art. 32(1), alinéa 2, art. 33 et art. 50, première phrase).

> La Constitution belge se réfère également à la Nation (art. 42).
>
> Selon l'article 3, alinéa 1er de la Constitution française, *«La souveraineté nationale appartient au peuple qui l'exerce par ses représentants ou par la voie du référendum»*.
>
> D'après Philippe Braud, *«Le mot ‹Peuple› entretient des liens privilégiés avec l'idée de Nation. Pour toute une variante de la littérature notamment en Allemagne sous l'influence de Herder, le Peuple (Volk) est une communauté de sang (Blutsgemeinschaft) soudée par une langue partagée, enracinée dans une culture originale, assumant un destin historique particulier. Il devient alors synonyme de Nation au sens ethno-culturel du terme, c.-à-d. une «Gemeinschaft» unie par la croyance, fondée ou non en une origine commune. Le Peuple ainsi entendu a vocation à se donner un Etat qui lui permette d'exprimer un savoir-vivre collectif»*.[13]

C'est seulement lors de la révision du 15 mai 1919 que le terme «Nation» a fait son entrée dans la Constitution[14]. Le terme «pays» y figurait à son tour déjà depuis 1848 à l'article 51 (devenu article 50 depuis la Constitution de 1856) et depuis 1856 à l'article 32, alinéa 2 (devenu article 32(1), alinéa 2 lors de la révision du 19 novembre 2004). La formule de l'article 32, selon laquelle *«**le Grand-Duc exerce la puissance souveraine conformément à la Constitution et aux lois du pays**»*, a été reprise à l'article 33 lors de sa révision du 12 janvier 1998 en relation avec l'exercice du pouvoir exécutif.

Constitution, article 32(1): ***«La puissance souveraine réside dans la Nation.***

---

12   Le Grand Robert (édition 2001), d'après les définitions 1 et 5 et les citations de Capitant, Renau et Valéry, p. 1815 et 1816.
13   Philippe Braud, La démocratie politique, p. 64.
14   cf. Section 3.7. *la révision constitutionnelle de 1919*.

> *Le Grand-Duc l'exerce conformément à la présente Constitution et aux lois du pays.»*
>
> article 33, deuxième phrase: «*[Le Grand-Duc] exerce le pouvoir exécutif conformément à la Constitution et aux lois du pays.»*
>
> article 50, première phrase: «*La Chambre des Députés représente le pays.»*

2.3.3. la nationalité

L'appartenance à la Nation luxembourgeoise est documentée par la nationalité, c.-à-d. par les critères prévus pour avoir la qualité de Luxembourgeois.

La nationalité traduit un fait social et politique, à savoir «*le rattachement effectif de l'individu à l'Etat»*, fondé sur «*une solidarité effective d'existence, d'intérêts, de sentiments, jointe à une réciprocité de droits et de devoirs»* [15].

Destinée à tracer les frontières humaines de l'Etat, la nationalité est à la fois une institution du droit international et une institution du droit constitutionnel d'un Etat: institution du droit international dans la mesure où il s'agit de déterminer la compétence personnelle d'un Etat, institution du droit constitutionnel dans la mesure où la détermination des conditions d'octroi de la nationalité est une des expressions suprêmes de la souveraineté étatique[16].

«*Les effets de droit public du statut national sont notamment le droit de vivre sur le territoire du pays dont on a la nationalité. Le droit d'y remplir des fonctions publiques, l'exercice des droits politiques, etc.»* [17]

La nationalité détermine aussi le statut civil des individus, notamment dans le cadre du droit international privé. «*Par droit international privé on entend les règles destinées à trancher les conflits de législation et de juridiction soulevés par des relations juridiques privées à rattachement international»* [18] (par exemple mariage de deux individus de nationalité différente).

Jusqu'à la révision de l'article 9 de la Constitution et l'abrogation concomitante de l'article 10, le 23 octobre 2008, l'acquisition, la conservation et la perte de la nationalité luxembourgeoise étaient réservées à la loi civile et la naturalisation était accordée par la Chambre des députés.

Suite à la révision précitée, la faculté du législateur d'accorder ou non la nationalité luxembourgeoise par voie de naturalisation est supprimée au pro-

---

15 Cour internationale de Justice, arrêt *Nottebohm* du 6 avril 1955, Recueil 1953, p. 123.
16 Avis du Conseil d'Etat du 21 décembre 2007 relatif à la proposition de révision de l'article 9, alinéa 1er de la Constitution (doc. parl. n° 5672[1]).
17 François Rigaux, Droit international privé, tome I, Théorie générale, N° 146, p. 278.
18 Pierre Pescatore, Introduction à la science du droit, p. 35.

fit de l'attribution de la nationalité par la voie d'un acte administratif. Dorénavant, l'acquisition de la nationalité n'est plus un acte relevant de l'exercice d'un pouvoir souverain d'appréciation réservé au législateur, mais constitue un droit qui peut être revendiqué par tout individu qui remplit les conditions posées par la loi pour acquérir la nationalité luxembourgeoise.

L'article 9 de la Constitution se lit désormais comme suit:

> Constitution, article 9: «*La qualité de Luxembourgeois s'acquiert, se conserve et se perd d'après les règles déterminées par la loi.*
> *La présente Constitution et les autres lois relatives aux droits politiques déterminent quelles sont, outre cette qualité, les conditions nécessaires pour l'exercice de ces droits.*
> *Par dérogation à l'alinéa qui précède, la loi peut conférer l'exercice de droits politiques à des non-Luxembourgeois.*»

La loi[19] règle l'acquisition de la nationalité luxembourgeoise, qui est obtenue:

- par naissance (pour les enfants nés de parents luxembourgeois) ou par adoption (pour le mineur adopté par une personne ayant la nationalité luxembourgeoise ou acquérant ou recouvrant la nationalité luxembourgeoise);
- par naturalisation (pour les étrangers adultes remplissant les conditions légales d'honorabilité, de séjour minimal au Luxembourg, – sans préjudice de la situation dérogatoire des réfugiés[20] –, et d'intégration suffisante).

L'acquisition de la nationalité luxembourgeoise par naissance reste fondée sur le principe du «*ius sanguinis*» (droit du sang) voulant que les enfants nés (même à l'étranger) d'un auteur luxembourgeois aient la nationalité luxembourgeoise. Il en est de même des enfants mineurs adoptés par un Luxembourgeois. En outre, le principe du «*ius solis*» (droit du sol) fait son entrée timide dans le droit luxembourgeois, prévoyant par exemple la nationalité luxembourgeoise pour l'enfant né au Luxembourg de parents qui ne sont pas luxembourgeois, mais dont l'un des deux est né sur le territoire luxembourgeois.

L'acquisition de la nationalité luxembourgeoise par naturalisation est simplifiée afin de tenir compte de la forte présence de ressortissants étrangers au Grand-Duché de Luxembourg qui «*ont décidé de s'y établir définitivement et souhaitent, par l'acquisition de la nationalité luxembourgeoise, témoigner de*

---

19   Loi du 23 octobre 2008 sur la nationalité luxembourgeoise.
20   Réfugiés reconnus selon la Convention de Genève du 29 juillet 1951 relative au statut des réfugiés.

leur attachement à notre pays et de leur volonté d'intégration à notre communauté nationale, tout en souhaitant garder, à travers leur nationalité d'origine, un lien avec la patrie et la culture de leurs ancêtres»[21].

La naturalisation est ainsi facilitée à un double titre. D'une part, elle est attribuée par un acte administratif sous la forme d'un arrêté du ministre de la Justice, qui remplace la procédure de la naturalisation par une loi. D'autre part, le requérant ne doit plus renoncer à sa nationalité d'origine en vue de devenir Luxembourgeois. Ainsi, la loi luxembourgeoise reconnaît dorénavant le droit à la «double nationalité»; ce droit ne devient pourtant effectif qu'à condition que la législation du pays d'origine de l'intéressé admette à son tour le droit d'obtenir une nationalité nouvelle sans qu'il doive pour cela renoncer à sa nationalité d'origine.

Les conditions d'obtention de la nationalité luxembourgeoise prévoient un séjour minimal au pays, une intégration suffisante (établie notamment par une connaissance minimale de la langue luxembourgeoise et par la participation à un cours d'instruction civique) et une preuve de probité morale.

Etre Luxembourgeois ne signifie pas automatiquement bénéficier des droits politiques[22]. En effet, si en principe et nonobstant l'article 9, alinéa 3 de la Constitution, les droits politiques (le droit d'être électeur, le droit d'être éligible, le droit d'accès aux emplois publics) sont réservés aux Luxembourgeois, d'autres conditions supplémentaires doivent être réunies pour pouvoir les exercer.

Les articles 52 et 53 de la Constitution fixent les conditions à remplir pour être électeur et pour être éligible et énoncent les cas de privation de ces droits:

> Constitution, article 52: «*Pour être électeur, il faut:*
> *1° être Luxembourgeois ou Luxembourgeoise;*
> *2° jouir des droits civils et politiques;*
> *3° être âgé de dix-huit ans accomplis.*
>
> *Il faut en outre réunir à ces trois qualités celles déterminées par la loi. Aucune condition de cens ne pourra être exigée.*
>
> *Pour être éligible, il faut:*
> *1° être Luxembourgeois ou Luxembourgeoise;*
> *2° jouir des droits civils et politiques;*

---

21 Exposé des motifs du projet de loi sur la nationalité luxembourgeoise (doc. parl. n° 5620).
22 cf. Paragraphe 5.1.1. *la terminologie de la Constitution*.

> *3° être âgé de dix-huit ans accomplis;*
> *4° être domicilié dans le Grand-Duché.*
>
> *Aucune autre condition d'éligibilité ne pourra être requise.»*
>
> article 53: *«Ne peuvent être ni électeurs ni éligibles:*
> *1° les condamnés à des peines criminelles;*
> *2° ceux qui, en matière correctionnelle, sont privés du droit de vote par condamnation;*
> *3° les majeurs en tutelle.*
>
> *Aucun autre cas d'exclusion ne pourra être prévu.*
>
> *Le droit de vote peut être rendu par la voie de grâce aux personnes qui l'ont perdu par condamnation pénale.»*

Les ressortissants étrangers vivant au Luxembourg ne sont pas admis aux élections pour la Chambre des députés; *a fortiori*, ils ne sont pas éligibles pour un mandat de député.

La loi électorale modifiée du 18 février 2003 admet cependant la participation aux élections pour le Parlement européen des ressortissants des autres Etats membres de l'Union européenne, qui résident au Luxembourg depuis un minimum de temps qu'elle a fixé à cet effet. Ceux-ci sont également éligibles pour un mandat de député européen.

En ce qui concerne les élections communales, les ressortissants de l'Union européenne, de même que ceux des pays tiers, peuvent être électeurs. Toutefois, seuls les ressortissants communautaires sont éligibles pour un mandat de conseiller communal, tout en restant exclus des fonctions de bourgmestre et d'échevin.

> L'article 10*bis* de la Constitution prévoit à son paragraphe 2 que *«[Les Luxembourgeois] sont admissibles à tous les emplois publics, civils et militaires»*. Il s'agit là d'une application du principe de l'égalité des Luxembourgeois devant la loi. Toutefois, les étrangers se trouveraient ainsi exclus des emplois publics, situation qui serait pourtant difficilement compatible avec les exigences du droit communautaire. Aussi ledit paragraphe 2 ajoute-t-il que *«la loi détermine l'admissibilité des non-Luxembourgeois à ces emplois»*. En pratique, le secteur public est progressivement ouvert aux ressortissants communautaires; seules sont exclues de cette ouverture les fonc-

tions comportant une participation à l'exercice de missions relevant de la souveraineté nationale.

> Constitution, article 111: *«Tout étranger qui se trouve sur le territoire du Grand-Duché, jouit de la protection accordée aux personnes et aux biens, sauf les exceptions établies par la loi.»*

Les lois luxembourgeoises s'appliquent à tous égards aux étrangers comme aux Luxembourgeois, sauf si exceptionnellement la loi prévoit le contraire. Et ces exceptions sont *a priori* limitées par le principe de non-discrimination que peuvent revendiquer surtout les ressortissants communautaires qui habitent ou travaillent au Luxembourg[23].

2.4. LA SÉPARATION DES POUVOIRS

Le droit constitutionnel repose sur la présence d'un cadre préexistant, l'Etat, tel que défini à la section 2.2.[24] Comme l'une des branches du droit, il fait partie du système juridique mis en place pour régir, d'une part, les relations des citoyens entre eux et, d'autre part, les relations entre les citoyens et l'Etat ou encore les relations que l'Etat entretient avec les autres Etats.

> Les philosophes de la Grèce antique, relayés par les penseurs du siècle des Lumières (XVIIIe siècle – *Aufklärung*) – dont notamment Montesquieu (*«De l'Esprit des Lois»*), avaient mis en évidence les excès auxquels risque de mener l'exercice absolu du pouvoir: *«Tout homme qui a du pouvoir est porté à en abuser. Pour qu'on ne puisse pas abuser du pouvoir, il faut que, par les dispositions des choses, le pouvoir arrête le pouvoir».*
>
> L'absolutisme royal et l'arbitraire auquel donnait fréquemment lieu l'exercice non partagé de la puissance étatique ont parfois conduit l'aristocratie et même le peuple entier à se soulever contre le pouvoir absolu du monarque et à réclamer leur participation aux prérogatives de celui-ci.
>
> En Angleterre, le *«Bill of Rights»* de 1689 fonda la royauté sur la souveraineté nationale et non sur le droit divin et donna aux nobles la prérogative de participer à la gestion des affaires de l'Etat.

---

23 cf. Paragraphe 5.3.3. *l'égalité devant la loi* (voir sous *«les étrangers sont protégés par la loi au même titre que les Luxembourgeois»*).
24 cf. Section 2.2. *les éléments constitutifs de l'Etat.*

> Suite à la libération des Etats-Unis d'Amérique de la domination anglaise, la Déclaration d'indépendance de 1776 a organisé le nouvel Etat sous forme d'une république; le président élu est lui-même contrôlé par le Congrès. La constitution américaine repose sur le principe des *«checks and balances»* qui consiste à établir des procédures de contrôle et de contrepoids réciproques.
>
> La Révolution française et la Déclaration des droits de l'Homme et du citoyen de 1789 constituent à leur tour une réaction aux excès de l'absolutisme royal de l'Ancien régime.

Que le chef de l'Etat soit un monarque ou un président élu, l'intérêt d'empêcher des excès et de partager le pouvoir étatique entre différentes institutions a mené à une organisation de l'Etat fondée sur la séparation des pouvoirs, mise en évidence par la pensée philosophique du XVIIIe siècle.

> Constitution, article 32(2): *«Le Grand-Duc n'a d'autres pouvoirs que ceux que lui attribuent formellement la Constitution et les lois particulières portées en vertu de la Constitution même ...»*

Le principe de la séparation des pouvoirs consiste à distinguer trois tâches, dont chacune est confiée à un organe distinct.

Ainsi, les trois pouvoirs majeurs de l'Etat sont le pouvoir législatif, le pouvoir exécutif et le pouvoir judiciaire.

Dans une démocratie moderne, les différentes fonctions de l'Etat se contrôlent réciproquement.

> *«Toute société dans laquelle la garantie des droits n'est pas assurée, ni la séparation des pouvoirs déterminée n'a pas de Constitution.»* (Art. 16)
>
> Déclaration des droits de l'Homme et du citoyen du 26 août 1789
>
> *«L'accumulation de tous les pouvoirs législatif, exécutif et judiciaire entre les mêmes mains, qu'elles soient d'un seul, de quelques-uns ou de plusieurs, autodésignés ou élus, peut à juste titre être dite la définition même de la tyrannie.»*
>
> James Madison, président des Etats-Unis (1751–1836)

Même si le principe de la séparation des pouvoirs n'est pas formellement inscrit dans la Constitution, la structure de notre Loi fondamentale montre que les Constituants de 1848 se sont clairement inspirés de ce principe pour organiser l'Etat luxembourgeois.

> Les trois paragraphes du chapitre III. – *Des Pouvoirs* de la Constitution du 9 juillet 1848 étaient intitulés:
>
> - § 1er. – *Pouvoirs du Roi Grand-Duc;*
> - § 2. – *Du pouvoir législatif;*
> - § 3. – *Pouvoir judiciaire.*
>
> L'idée de la séparation des pouvoirs était également sous-jacente lors du choix des intitulés des chapitres IV, V et VI en 1848:
>
> - chapitre IV. – *De la Chambre des Députés;*
> - chapitre V. – *Du Gouvernement du Grand-Duché;*
> - chapitre VI. – *De la Justice,*
>   dont la dénomination n'a pas changé à ce jour[25].
>
> Dans le même esprit, l'article 49*bis* (cf. § 4. *Des pouvoirs internationaux*, ajouté lors de la révision du 25 octobre 1956 au chapitre III) mentionne également les trois pouvoirs législatif, exécutif et judiciaire: «***L'exercice d'attributions réservées par la Constitution aux pouvoirs législatif, exécutif et judiciaire peut être temporairement dévolu par traité à des institutions de droit international***»[26].

Nonobstant la volonté clairement présente en 1848 et en 1868 de fonder le jeu institutionnel sur la séparation des pouvoirs et d'organiser les pouvoirs étatiques en conséquence, les dispositions relatives au rôle du Grand-Duc ne s'y alignent pas. Ainsi, le Grand-Duc continue jusqu'à nos jours à être chef de l'Etat, tout en exerçant, du moins formellement, le pouvoir exécutif.

2.4.1. le pouvoir législatif

Le pouvoir législatif est exercé par le Parlement. Au Luxembourg, les fonctions parlementaires sont assumées par la seule Chambre des députés.

Le pouvoir législatif consiste à faire les lois, à voter les impôts et à contrôler l'action du Gouvernement en matière d'exécution des lois et de gestion de l'appareil administratif.

---

25 Sauf le changement de l'intitulé du chapitre IV dans la Constitution du 27 novembre 1856 qui avait de 1856 à 1868 réintroduit l'ancienne dénomination «*Assemblée des Etats*» en lieu et place de «*Chambre des Députés*».
26 cf. Section 3.9. *la révision constitutionnelle de 1956.*

Nous traiterons la façon selon laquelle la Chambre des députés exerce le pouvoir législatif à la section 6.2.[27]

> Constitution, article 46: «*L'assentiment de la Chambre des Députés est requis pour toute loi.*»
> article 66: «*La Chambre a le droit d'amender et de diviser les articles et les amendements proposés.*»

Le contrôle de l'action gouvernementale s'exerce aussi bien en matière financière (vote annuel des impôts et du budget des recettes et des dépenses de l'Etat, prérogative d'arrêter chaque année le compte général de l'Etat) qu'en matière politique et administrative (questions parlementaires et interpellations, motions invitant le Gouvernement à prendre certaines initiatives, institution de commissions d'enquête, possibilité d'exprimer ou de retirer la confiance au Gouvernement).

Le plus important moyen d'intervention de la Chambre des députés est le vote annuel du budget et des impôts.

> Constitution, article 99, première phrase: «*Aucun impôt au profit de l'Etat ne peut être établi que par une loi.*»
> article, 100: «*Les impôts au profit de l'Etat sont votés annuellement. Les lois qui les établissent n'ont de force que pour un an, si elles ne sont renouvelées.*»
> article 104: «*Chaque année la Chambre arrête la loi des comptes et vote le budget. Toutes les recettes et dépenses de l'Etat doivent être portées au budget et dans les comptes.*»

2.4.2. le pouvoir exécutif

Le propre du pouvoir exécutif est d'exécuter les lois, de veiller au maintien de l'ordre et de gérer les biens et les services publics.

Le pouvoir exécutif appartient formellement au Grand-Duc.[28] Toutefois, nous verrons dans le cadre de l'analyse des fonctions du Gouvernement que c'est ce dernier qui en fait assume ce pouvoir et est de manière générale en

---

27 cf. Section 6.2. *la Chambre des députés.*
28 cf. Paragraphe 6.1.3. *le Grand-Duc, chef de l'exécutif.*

charge de la direction des affaires de l'Etat, pouvoir qui comporte des compétences allant bien au-delà l'exécution des lois[29].

Les dispositions relatives à la fonction réglementaire rattachée au pouvoir exécutif sont reprises aux articles 36 et 37, alinéa 4, à l'article 76, alinéa 2 ainsi qu'à l'article 32(3) et (4).

> Constitution, article 33, deuxième phrase: «*[Le Grand-Duc] exerce le pouvoir exécutif conformément à la Constitution et aux lois du pays.*»
> article 76, alinéa 1er: «*Le Grand-Duc règle l'organisation de son Gouvernement, ...*»
> article 77: «*Le Grand-Duc nomme et révoque les membres du Gouvernement.*»
> article 36: «*Le Grand-Duc prend les règlements et arrêtés nécessaires pour l'exécution des lois.*»
> article 37, alinéa 4: «*Le Grand-Duc fait les règlements et arrêtés nécessaires pour l'exécution des traités dans les formes qui règlent les mesures d'exécution des lois et avec les effets qui s'attachent à ces mesures, sans préjudice des matières qui sont réservées par la Constitution à la loi.*»
> article 76, alinéa 2: «*Dans l'exercice du pouvoir lui attribué par les articles 36 et 37, alinéa 4 de la Constitution, le Grand-Duc peut, dans les cas qu'il détermine, charger les membres de son Gouvernement de prendre des mesures d'exécution.*»
> article 32(3) et (4): «*(3) Dans les matières réservées à la loi par la Constitution, le Grand-Duc ne peut prendre des règlements et arrêtés qu'aux fins, dans les conditions et suivant les modalités spécifiées par la loi.
> (4) Toutefois, en cas de crise internationale, le Grand-Duc peut, s'il y a urgence, prendre en toute matière des règlements, même dérogatoires à des dispositions légales existantes.
> La durée de validité de ces règlements est limitée à trois mois.*»

La promulgation est une compétence liée du pouvoir exécutif qui consiste à porter à la connaissance du public l'existence et la teneur de la loi votée, tout en donnant l'ordre aux autorités publiques de la publier, de l'observer et de la faire observer. La prérogative de l'article 34 de la Constitution est documentée par la «formule de promulgation», ajoutée à la suite du dispositif de la loi adoptée par la Chambre.

---

29 cf. Paragraphe 6.3.1. *la fonction gouvernementale.*

> Constitution, article 34: «*Le Grand-Duc promulgue les lois dans les trois mois du vote de la Chambre.*»

La façon dont s'exerce le pouvoir exécutif sera exposée au paragraphe 6.1.3.[30]: promulgation des lois, exécution des lois et des traités et pouvoir réglementaire afférent, pouvoirs exorbitants du Grand-Duc en cas de crise internationale; et à la section 6.3.[31], où nous montrerons que c'est le Gouvernement qui est en réalité le véritable détenteur du pouvoir exécutif.

2.4.3. le pouvoir judiciaire

> «*Le juge est la bouche qui prononce les paroles de loi.*»
>
> Montesquieu

Le pouvoir judiciaire appartient aux cours et tribunaux[32]. Ni le pouvoir législatif ni le pouvoir exécutif ne peuvent intervenir dans la façon des juges «*de dire le droit*».

> Constitution, article 49: «*La justice est rendue au nom du Grand-Duc par les cours et tribunaux.*
> *Les arrêts et jugements sont exécutés au nom du Grand-Duc.*»

> «Si [en vertu de l'article 19 du code d'instruction criminelle] le ministre de la Justice et le Procureur Général peuvent ordonner au parquet d'engager une poursuite pénale, ces mêmes autorités ne peuvent en aucun cas donner au parquet des ordres astreignants ou péremptoires de s'abstenir d'une poursuite déterminée.»
>
> Chambre des mises en accusation, 24 janvier 1972, *Pas.* 22, p. 110

Le pouvoir judiciaire est exercé par les cours et tribunaux de l'ordre judiciaire, par les juridictions administratives et par la Cour constitutionnelle conformément aux règles de compétence et aux modalités de fonctionnement prévues au chapitre VI de la Constitution traitant «*De la Justice*» ainsi que dans le cadre des lois prises en application de ces dispositions.

---

30 cf. Paragraphe 6.1.3. *le Grand-Duc, chef de l'exécutif.*
31 cf. Section 6.3. *le Gouvernement.*
32 cf. Section 6.5. *les cours et tribunaux.*

Le fait que la justice soit rendue au nom du Grand-Duc a une portée purement symbolique. La formule retenue entend montrer que les jugements sont prononcés au titre de la Nation, détentrice de la puissance souveraine dont l'exercice est confié par la Constitution au Grand-Duc.

La Constitution garantit l'indépendance et l'inamovibilité des juges.

> Constitution, article 91, alinéa 1er: *«Les juges de paix, les juges des tribunaux d'arrondissement et les conseillers de la Cour sont inamovibles. Aucun d'eux ne peut être privé de sa place ni être suspendu que par un jugement. Le déplacement d'un de ces juges ne peut avoir lieu que par une nomination nouvelle et de son consentement.»*
> article 95*bis*(6): *«Les dispositions des articles 91, ... sont applicables aux membres de la Cour administrative et du tribunal administratif.»*
> article 95*ter*(3), deuxième phrase: *«Les dispositions des articles 91, ... leur [= aux membres de la Cour constitutionnelle] sont applicables.»*

Par ailleurs, le Code pénal (article 237) punit le juge qui se serait immiscé dans l'exercice du pouvoir législatif *«soit par des règlements contenant des dispositions législatives, soit en arrêtant ou en suspendant l'exécution d'une ou de plusieurs lois, soit en délibérant sur le point de savoir si ces lois seront exécutées»*, ou dans les matières attribuées aux autorités administratives *«soit en faisant des règlements sur ces matières, soit en défendant d'exécuter les ordres émanés de l'administration»*.

Les décisions judiciaires sont exécutées au nom du Grand-Duc. La différence rédactionnelle entre l'article 49, alinéa 2[33] de la Constitution et l'article 36[34] souligne que l'exécution des décisions de justice ne relève pas du pouvoir exécutif, mais que le pouvoir judiciaire garde aussi à cet égard son indépendance. Or, la question de la délimitation appropriée de cette indépendance par rapport au pouvoir exécutif notamment reste posée dans la mesure où le ministère public participe à l'administration de la justice, y compris aux fonctions de nature exécutive.

> Selon les articles 70 et 72 de la loi modifiée du 7 mars 1980 sur l'organisation judiciaire, les fonctions du ministère public sont exercées sous l'autorité du ministre de la Justice par le procureur général d'Etat et, sous la surveillance et la direction de celui-ci, par les autres magistrats des parquets

---

[33] Article 49, alinéa 2: *«Les arrêts et jugements sont exécutés au nom du Grand-Duc».*
[34] Article 36: *«Le Grand-Duc prend les règlements et arrêtés nécessaires pour l'exécution des lois».*

(parquet général et parquets de Luxembourg et de Diekirch). Le procureur général d'Etat veille en outre, sous l'autorité du ministre de la Justice, au maintien de la discipline, et à l'exécution des lois et règlements.

2.5. LA FORME DE L'ÉTAT ET LES SYMBOLES NATIONAUX

2.5.1. la forme de l'Etat luxembourgeois

> Constitution, article 1er: «*Le Grand-Duché de Luxembourg est un Etat démocratique, libre, indépendant et indivisible.*»

L'article 1er de la Constitution représente en quelque sorte la carte de visite du pays.

Le nom de Grand-Duché de Luxembourg indique que le pays est placé sous le régime d'une monarchie, dont le chef de l'Etat est le Grand-Duc.

> L'élévation du Luxembourg au rang de Grand-Duché est due au Traité de Vienne du 9 juin 1815 dont l'article 67 avait cédé une «*partie de l'ancien duché de Luxembourg en toute propriété et souveraineté*» au Roi des Pays-Bas, qui était autorisé de ce chef «*à ajouter à ses titres celui de Grand-Duc de Luxembourg*».

> Constitution, article 32(1) et (2): «*(1) La puissance souveraine réside dans la Nation.*
> *Le Grand-Duc l'exerce conformément à la présente Constitution et aux lois du pays.*
> *(2) Le Grand-Duc n'a d'autres pouvoirs que ceux que lui attribuent formellement la Constitution et les lois particulières portées en vertu de la Constitution même ...*»
> article 5: «*(1)... Lorsqu'il [le Grand-Duc] accède au trône, il prête (...) le serment suivant:*
> *(2) «Je jure d'observer la Constitution et les lois du Grand-Duché de Luxembourg, de maintenir l'indépendance nationale et l'intégrité du territoire ainsi que les libertés publiques et individuelles».*»

2. Le cadre général du droit constitutionnel

Le Grand-Duc ne tire pas sa légitimité d'une investiture divine ni d'élections, mais cette légitimité est inscrite dans la Constitution ainsi que dans les actes internationaux mentionnés à son article 3[35].

Monarchie constitutionnelle, placée sous le régime de la démocratie parlementaire (cf. articles 32(1), 50, première phrase, et 51(1) de la Constitution), le Grand-Duché de Luxembourg se trouve paré, aux termes de l'article 1er de la Constitution, des quatre qualificatifs suivants: démocratie, liberté, indépendance et indivisibilité.

> Les qualificatifs d'«indépendance» et d'«indivisibilité» n'ont pas changé depuis 1848. L'adjectif «libre» est dû à la révision du 28 avril 1948, et celui de «démocratique» y figure depuis celle du 12 janvier 1998. L'«inaliénabilité» de 1848 a disparu en 1948 ensemble avec la «neutralité perpétuelle», insérée en 1868.

Le Luxembourg est un Etat démocratique, c'est-à-dire le régime politique selon lequel fonctionnent les institutions repose sur la souveraineté du peuple (= la Nation), conformément à l'article 32(1).

La Constitution précise qu'il s'agit d'une démocratie parlementaire où le peuple («le pays» selon l'article 50 de la Constitution) est représenté par le Parlement.

> Constitution, article 51(1): *«Le Grand-Duché de Luxembourg est placé sous le régime de la démocratie parlementaire.»*

La puissance souveraine réside dans la Nation, tout en s'exprimant par les représentants de celle-ci. En sa qualité de représentante de la Nation, la Chambre des députés, composée d'élus désignés au suffrage universel, détient la légitimité démocratique.

> Constitution, article 50, première phrase: *«La Chambre des Députés représente le pays.»*

La première phrase de l'article 50 de la Constitution se limite à évoquer la représentation du pays par la Chambre des députés, le mode de désignation des représentants étant traité à l'article 51. La notion de représentation indique que la Chambre a pour mission de rendre le «pays» présent dans l'exercice des pouvoirs que la Constitution lui a confiés. Le caractère représentatif de la Cham-

---

35   cf. Paragraphe 6.1.4. *les questions dynastiques.*

bre tient donc à la fonction que lui assigne la Constitution, bien plus qu'à la façon dont elle a été désignée [36]. Or, les conditions d'exercice de ce mandat et la responsabilité politique, qui s'y rattache, sont en quelque sorte balisées par deux obligations: l'une d'origine constitutionnelle, demandant aux députés de n'*«avoir en vue que les intérêts généraux du Grand-Duché»* (cf. Constitution, article 50, deuxième phrase), l'autre politique, consistant à rendre des comptes aux rendez-vous périodiques avec les électeurs.

> *«Comme dans un état libre, tout homme qui est censé avoir une âme libre, doit être gouverné par lui-même, il faudrait que le peuple en corps eût la puissance législative; mais comme cela est impossible dans les grands Etats, et est sujet à beaucoup de difficultés dans les petits, il faut que le peuple fasse par ses représentants tout ce qu'il ne peut pas faire par lui-même … Le grand avantage des représentants, c'est qu'ils sont capables de discuter les affaires. Le peuple n'y est point du tout propre.»*
>
> Montesquieu

Le caractère représentatif de la démocratie luxembourgeoise, par opposition à une démocratie directe, exclut en principe le recours à la consultation populaire exercée par référendum. En effet, le recours au «gouvernement direct du peuple» n'est guère compatible avec la logique d'un régime parlementaire représentatif. Le référendum est considéré par d'aucuns comme un acte de méfiance à l'égard du Parlement. En plus, le caractère élémentaire des choix («oui» ou «non») soumis au référendum est souvent difficile à mettre en œuvre face à des questions politiques complexes.

> Lors des travaux ayant mené à l'ajout d'un paragraphe 7 à l'article 51 de la Constitution, intervenu lors de la révision du 21 mai 1948, le Conseil d'Etat avait estimé qu'*«il faut non seulement poser des principes clairs, mais encore se prononcer sur les conditions dans lesquelles le référendum doit avoir lieu»*, car *«la complexité et la technicité des problèmes que le législateur doit résoudre sont telles que la question est souvent rebelle à la formule lapidaire qui exige une réponse par ‹oui› ou par ‹non›».*[37]

---

36   Denis Baranger, Le droit constitutionnel (chapitre II La légitimation des gouvernants), p. 83 et s.
37   Avis du Conseil d'Etat du 25 mars 1948, doc. parl. n° 18 (156), Compte rendu de la Chambre des députés, sess. ord. 1947–1948, p. 210.

La Constitution prévoit à deux égards la possibilité d'une consultation directe des électeurs. Le référendum est mentionné à son article 51(7) et à son article 114[38].

> D'une part, selon l'article 51(7): «*Les électeurs pourront être appelés à se prononcer par la voie du référendum dans les cas et sous les conditions à déterminer par la loi.*»
>
> D'autre part, le second vote constitutionnel prévu par l'article 114 pour procéder à une révision de la Constitution peut être remplacé par un référendum «*si dans les deux mois suivant le premier vote [ayant réuni au moins les deux tiers des suffrages des députés, les votes par procuration n'étant pas admis] demande en est faite soit par plus d'un quart des membres de la Chambre, soit par vingt-cinq mille électeurs inscrits sur les listes électorales pour les élections législatives. La révision n'est adoptée que si elle recueille la majorité des suffrages valablement exprimés. La loi règle les modalités d'organisation du référendum.*[39]»

> L'article 35 de la loi communale modifiée du 13 décembre 1988 prévoit également la possibilité de consulter directement par la voie d'un référendum les électeurs sur des questions d'intérêt communal. L'initiative en appartient au conseil communal ou aux électeurs eux-mêmes, à condition que dans les communes de plus de 3.000 habitants un cinquième et dans les communes plus petites un quart en fassent la demande. Le référendum communal a toujours un caractère consultatif. La procédure d'un tel référendum est déterminée dans un règlement grand-ducal du 18 octobre 1989 organisant les modalités du référendum prévu par l'article 35 de la loi communale du 13 décembre 1988.

La place réservée au référendum reste donc limitée. Le législateur – sauf dans l'hypothèse de l'article 114 de la Constitution – décide s'il y a lieu à référendum. Il en fixe la date et les questions qui sont soumises au peuple. Et, même si l'article 114 prévoit qu'en matière de révision constitutionnelle 25.000 électeurs peuvent imposer un référendum, le législateur est compétent pour en fixer les modalités d'organisation.

La loi du 4 février 2005 relative au référendum au niveau national règle dans son chapitre 4, intitulé «Des modalités d'organisation d'un référendum sur base de l'article 51, paragraphe 7, ou de l'article 114 de la Constitution», la

---

38 cf. Paragraphe 4.3.1. *la procédure de révision de la Constitution.*
39 cf. Paragraphe 4.1.2. *la rigidité de la Constitution.*

manière de déroulement des consultations populaires. Toutefois pour le surplus, et hormis l'hypothèse de l'article 114, «la soumission d'une question à une procédure référendaire doit faire de cas en cas l'objet d'une loi spéciale, adoptée dans les formes de la loi ordinaire»[40].

En principe, et abstraction faite du cas de l'article 114 de la Constitution, le référendum a une portée consultative. Le peuple émet un avis, mais il ne tranche pas la question qui lui est soumise, car juridiquement la décision reste réservée au législateur. Or, il faut se rendre à l'évidence qu'en pratique l'avis exprimé dans le référendum s'impose sur le plan politique à la Chambre et au Gouvernement.

> Dans l'histoire constitutionnelle luxembourgeoise, il n'y a eu à présent en tout que 4 référendums.
>
> Le 28 septembre 1919, un premier référendum sur la forme politique de l'Etat luxembourgeois donnait le résultat suivant:
>
> - électeurs inscrits   126.193
> - votes valables   85.871
> - pour la Grande-Duchesse Charlotte 66.811
> - pour une autre Grande-Duchesse   1.286
> - pour une autre dynastie   889
> - pour la république   16.885
>
> *
>
> Le deuxième référendum, également du 28 septembre 1919, portait sur l'intérêt d'une union économique avec la France ou la Belgique (l'Allemagne, grand perdant de la Première Guerre mondiale, n'entrant pas en ligne de compte):
>
> - électeurs inscrits   126.193
> - votes valables   82.375
> - pour l'union économique avec la France 60.133
> - pour l'union économique avec la Belgique 20.242
>
> Face au désintérêt de la France à une telle union et nonobstant le résultat du référendum, l'union économique se fit finalement avec la Belgique (prise d'effet: mars 1922).
>
> *

---

40 Avis du Conseil d'Etat du 12 octobre 2004 (doc. parl. n° 5132[5]/3762[1]).

> Le troisième référendum portait sur la loi d'ordre introduite par le gouvernement Bech et votée à la Chambre en avril 1937 (34 voix pour, 19 voix contre et 1 abstention). Cette loi, appelée *«loi muselière»* (*Maulkorbgesetz*), était dirigée contre les groupes et partis menaçant l'ordre constitutionnel; elle visait en fait l'interdiction du parti communiste. Elle fut soumise au référendum le 6 juin 1937. La population se prononça avec 50,67% contre la loi. Cet échec entraîna le retrait de la loi et la démission du Gouvernement.
>
> *
>
> Le quatrième référendum eut lieu le 10 juillet 2005. Il avait pour objet l'adhésion au Traité constitutionnel de l'Union européenne. Le projet gouvernemental d'adhésion audit traité (supporté par la grande majorité des députés) recueillit 56,52% de voix pour, contre 43,48% de non.

Le Luxembourg est un Etat libre. Le terme «libre» énoncé à l'article 1er figure dans la Constitution depuis 1948.

> Dès le 19e siècle, l'idée de liberté fut pourtant bien présente dans l'esprit des Luxembourgeois. La dernière strophe de l'hymne national créé à la fin des années 1850 s'en fait d'ailleurs l'écho:
>
> *«Du hues ons all als Kanner schon*
> *de fräie Geescht jo gin.*
> *Looss viru blénken d'Fräiheetssonn*
> *déi mir sou laang gesin.»*
>
> On aurait pu penser qu'après les affres que le joug nazi avait fait subir aux Luxembourgeois pendant l'occupation du pays au cours de la Deuxième Guerre mondiale, l'ajout du terme «libre» eût été inspiré par le sentiment de la liberté enfin recouvrée. Les explications tirées du commentaire de l'article 1er de la Constitution figurant dans le Livre jubilaire édité par le Conseil d'Etat en 2006 à l'occasion de son 150e anniversaire ont cependant de quoi faire désenchanter: *«La relecture des travaux préparatoires des révisions constitutionnelles de 1948 fait monter l'impression que le terme de «libre» n'était pas tellement recherché pour lui-même, mais qu'il était troqué contre celui de «inaliénable» voué à disparaître. La première phrase de la Constitution,*

> *limitée à l'affirmation d'un Etat indépendant et indivisible, devait paraître aux Constituants un peu dégarnie.»*[41]

Le Luxembourg est un Etat indépendant. Si le terme «indépendant», déjà inscrit dans la Constitution de 1848, ne fait plus aujourd'hui qu'énoncer une évidence, son importance apparaît devant la toile de fond de l'histoire nationale.

> Malgré la constitution de notre pays en Etat indépendant par le Traité de Vienne du 9 juin 1815, le Roi Grand-Duc Guillaume Ier d'Orange-Nassau l'avait géré comme une 18e province des Pays-Bas. Ce ne fut que sous l'impression des effets qu'eut la Révolution belge de 1830 dans le pays que le Roi concéda une gestion autonome au Grand-Duché qui, depuis la sécession de la partie belge du Royaume et le partage du Grand-Duché en 1839, se trouva séparé géographiquement des Pays-Bas. Mais le pays dut attendre la dislocation de la Confédération germanique en 1866 et le départ de la garnison prussienne en 1867 pour accéder à une réelle indépendance. Or, celle-ci n'était pas totale puisque le Traité de Londres du 11 mai 1867 avait assorti la garantie d'indépendance, à laquelle s'étaient obligées les puissances signataires, d'un statut de neutralité permanente qui s'imposait désormais au Grand-Duché.

Enfin, le Luxembourg est un Etat indivisible. L'adjectif «indivisible» a remplacé l'expression «inaliénable et perpétuellement neutre» lors de la révision constitutionnelle du 28 avril 1948.

> Tout au long de l'histoire nationale, les termes d'«inaliénable» (disparu lors de la révision de 1948) et d'«indivisible», *a priori* indissociables, ont reflété la peur des Luxembourgeois de voir le Roi Grand-Duc appliquer à la lettre les droits de propriété personnelle que le Congrès de Vienne lui avait accordés sur le Luxembourg. Le risque de voir le souverain céder «son» Grand-Duché à une puissance étrangère se concrétisa lorsque, après la dissolution de la Confédération germanique en 1866, l'Empereur français Napoléon III offrit au Roi Grand-Duc d'acheter le Luxembourg pour le prix de cinq millions de francs-or. Ce n'est que l'opposition de l'Allemagne et la menace d'une guerre franco-prussienne qui empêcha finalement l'aboutissement de la transaction.

---

41 Le Conseil d'Etat, Gardien de la Constitution et des droits et libertés fondamentaux, Commentaire de la Constitution luxembourgeoise article par article, p. 12.

Pour désamorcer la crise, les puissances européennes (la Grande-Bretagne, la France, l'Allemagne, la Russie, la Belgique, l'Autriche, l'Italie et les Pays-Bas) se réunirent à Londres. Suite à l'accord de la Prusse d'évacuer la forteresse de Luxembourg, la France retira son offre d'achat faite au Roi des Pays-Bas.

Le Traité de Londres du 11 mai 1867 déclare le Grand-Duché *«Etat perpétuellement neutre»*, tout en ajoutant que les *«hautes parties contractantes s'engagent à respecter le principe de neutralité ... Ce principe est et demeure placé sous le soutien de la garantie collective des puissances signataires»* (art. 2).

La garantie du respect de cette neutralité s'est pourtant avérée un leurre lors des deux guerres mondiales, et l'adhésion du Luxembourg à l'OTAN, le 4 avril 1949, allait dorénavant s'y opposer.

Lorsqu'en 1994, il fut question de supprimer la référence à l'indivisibilité du pays dans l'article 1er de la Constitution, le Conseil d'Etat s'y opposa au motif que *«Les dimensions réduites de notre pays ne devraient certes laisser envisager que l'adhésion de l'ensemble du territoire à une seule région de l'Europe. Néanmoins d'autres hypothèses ne peuvent pas être exclues. Même si l'Etat en tant que formation politique ne se trouvait pas dans l'immédiat affecté par une adhésion de parties du territoire à des régions de l'Europe différentes, à la longue une telle situation pourrait conduire à sa désintégration non seulement géographique mais aussi politique»*[42]. Même si la commission parlementaire des Institutions et de la Révision constitutionnelle hésita à suivre le Conseil d'Etat, estimant que *«les Constituants de 1868 mettaient le terme «indivisible» uniquement en rapport avec le territoire et pas avec l'Etat comme notion politique»*[43], le terme a été maintenu lors de la révision constitutionnelle du 12 janvier 1998.

2.5.2. les symboles nationaux

Le sentiment national (conviction d'appartenir à une communauté de destin représentée par la Nation), qui s'exprime dans l'amour de la patrie (patriotisme), a besoin de symboles pour s'articuler.

---

[42] Avis du Conseil d'Etat du 6 mai 1994 (Doc. parl. n° 3895[1]).
[43] Rapport de la Commission des Institutions et de la Révision constitutionnelle du 12 décembre 1997 (Doc. parl. n° 3895[3]).

> Les dictionnaires définissent les symboles comme emblèmes ou images qui évoquent par leur forme et leur nature une association spontanée d'idées. Dans le cas des symboles nationaux, cette association se fait entre l'Etat qu'ils représentent et le sentiment d'appartenance des citoyens.

Comme emblèmes nationaux, la loi du 23 juin 1972 (modifiée le 27 juillet 1993) retient le drapeau national, les armoiries et l'hymne national.

D'autres éléments peuvent être rapprochés des emblèmes nationaux parce qu'ils contribuent aussi à exprimer l'appartenance à la Nation: ce sont la devise nationale, la fête nationale et d'autres événements à connotation patriotique, ainsi que la langue nationale.

Le drapeau national comporte, selon la loi de 1972, 3 bandes égales de couleur rouge, blanche, bleue, disposées horizontalement. Il se distingue du drapeau hollandais par un bleu plus clair.

Un pavillon de la batellerie et de l'aviation distinct du drapeau national est utilisé pour identifier les avions et les navires luxembourgeois, afin d'éviter une confusion avec les couleurs nationales néerlandaises.

> La Constitution luxembourgeoise ne mentionne pas le drapeau national, contrairement aux constitutions allemande, belge, espagnole ou française par exemple, qui contiennent une description précise du drapeau.

La loi précitée de 1972 distingue en outre trois catégories d'armoiries.

> Le logo moderne (symbole formé d'un ensemble de signes graphiques qui représentent une marque ou un organisme) s'approche de beaucoup des armoiries, alors que logo et armoiries constituent tous les deux des identifications graphiques de l'entité qu'ils représentent.
>
> Les éléments héraldiques des armoiries nationales remontent au 13e siècle.
>
> Les grandes, les moyennes et les petites armoiries comportent chacune un ensemble d'éléments héraldiques plus ou moins important.
>
> Les «petites armoiries» se présentent sous forme d'*«un burelé d'argent et d'azur de dix pièces au lion rampant de gueules, couronné, armé et lampassé d'or, la queue fourchue et passée en sautoir»*.

Les communes sont également autorisées à se doter d'armoiries.

> Cette possibilité est prévue par l'article 1er de la loi communale du 13 décembre 1988. La décision appartient au conseil communal, prise sur base

> de l'avis de la Commission héraldique de l'Etat (instituée par la loi précitée de 1972). Les armoiries communales sont agréées par le Premier Ministre, Ministre d'Etat.

Le drapeau national, le pavillon de la batellerie et de l'aviation ainsi que les trois catégories d'armoiries prévues par la loi modifiée du 23 juin 1972 sont reproduits en annexe du présent ouvrage (cf. Annexe 2).

L'hymne national luxembourgeois prévu par l'article 6 de ladite loi comprend la première et la dernière strophes du chant «Ons Heemecht».

> Le texte est dû à Michel Lentz. Il a été mis en musique par Jean-Antoine Zinnen en 1859.
>
> *ONS HEEMECHT*
>
> *Wou d'Uelzecht durech d'Wisen zéit,*
> *Duerch d'Fielsen d'Sauer brëcht.*
> *Wou d'Rief laanscht d'Musel dofteg bléit,*
> *Den Himmel Wäin ons mëcht.*
> *Dat as onst Land, fir dat mir géif,*
> *Heinidden alles won.*
> *Onst Heemechtsland, dat mir sou déif*
> *An onsen Hierzer dron.*
>
> *O Du do uewen, deem séng Hand*
> *Duurch d'Welt d'Natioune leet.*
> *Behitt Du d'Lëtzebuerger Land*
> *Vru friemem Joch a Leed!*
> *Du hues ons all als Kanner schon*
> *de fräie Geescht jo gin.*
> *Looss viru blénken d'Fräiheetssonn*
> *déi mir sou laang gesin.*
>
> La France est un des rares pays à mentionner son hymne national («La Marseillaise») dans la Constitution.

Contrairement à d'autres pays, le Luxembourg ne connaît pas de devise nationale officielle.

Les constitutions française («Liberté, Egalité, Fraternité») et belge («L'Union fait la force») en font par contre mention.

Au plus tard depuis le recensement de la population *(«Personenbestandsaufnahme»)*, organisé le 10 octobre 1941 par l'occupant allemand, le sentiment national s'est clairement manifesté. Aux trois questions cruciales posées sur la nationalité, la langue maternelle et l'appartenance ethnique («*Volkszugehörigkeit*») des Luxembourgeois, ceux-ci ont dans leur grande majorité répondu 3 fois «*lëtzebuergesch*».

Il peut être admis que depuis lors la devise nationale inofficielle peut être déduite du refrain du chant «*Feierwon*» écrit en 1859 par Michel Lentz à l'occasion de l'ouverture de la première ligne ferroviaire sur le territoire luxembourgeois:

«*Mir wëlle bleiwe, wat mir sin*».

La langue nationale ne compte pas à proprement parler parmi les symboles nationaux. Mais dans la mesure où ces symboles servent à exprimer le sentiment national, compris comme conviction d'appartenir à une communauté de destin, elle s'y apparente certainement. La Constitution avait retenu avant sa révision du 6 mai 1948 que «*L'emploi des langues allemande et française est facultatif. L'usage n'en peut pas être limité*» (art. 29). Depuis cette révision, la Constitution renvoie à la loi pour régler le régime linguistique.

Constitution, article 29: «***La loi réglera l'emploi des langues en matière administrative et judiciaire.***»

Les constitutions française, espagnole et belge contiennent des dispositions explicites sur la ou les langues nationales.

Au Luxembourg, le régime des langues est déterminé par la loi du 24 février 1984 prise en exécution de l'article 29 de la Constitution:

- La langue nationale est le luxembourgeois.
- Sauf disposition légale contraire, les lois et les règlements sont rédigés en français. Lorsque le texte est accompagné d'une traduction, seule la version française fait foi.
- En matière administrative et judiciaire, le luxembourgeois, le français et l'allemand sont admis indifféremment. Toutefois, l'Administration doit, dans la mesure du possible, répondre dans la langue choisie par l'administré.
- Des exceptions aux règles qui précèdent sont possibles quant à la langue de rédaction des traités internationaux.

La célébration de la Fête nationale représente une tradition qui remonte à la fin du 19ᵉ siècle et qui consiste à fêter l'anniversaire du Grand-Duc.

Depuis 1961, la Fête nationale luxembourgeoise est célébrée le 23 juin.

> Pendant le règne de la Grande-Duchesse Charlotte, cette célébration eut lieu le jour anniversaire de sa naissance, soit le 23 janvier. Or, le climat hivernal a conduit les autorités à transférer en 1961 la célébration publique de l'anniversaire du chef de l'Etat au 23 juin, veille de la St-Jean, patronyme du successeur désigné de la Grande-Duchesse.

L. J. EMMANUEL SERVAIS
(1811–1890)

Servais a participé aux délibérations sur les quatre constitutions du pays et il a en contresigné les deux dernières en ses qualités respectivement de membre et de président du Gouvernement.

A travers sa fameuse interpellation à la Chambre des Députés, le 14 février 1890, il a en plus fourni son interprétation de l'esprit de la Constitution en ce qui concerne notamment les pouvoirs réservés au Grand-Duc dans notre démocratie.

3 L'histoire constitutionnelle du Luxembourg

3.1. RAPPEL DE L'HISTOIRE DU LUXEMBOURG DE 963 À 1815

963

Lors de la cession du site par l'abbaye de St-Maximin intervenue dans le cadre d'un échange de propriétés foncières, le comte Sigefroi acquiert l'ancien castel gallo-romain situé sur le promontoire du Bock à Luxembourg et y construit un nouveau château fort, dont il fait sa résidence.

10ᵉ au 13ᵉ siècles

Les comtes de Luxembourg, successeurs de Sigefroi, agrandissent le territoire du comté et deviennent puissants dans l'Empire romain germanique (politique belligérante vis-à-vis des comtés voisins, dots territoriales à la suite de mariages ou en récompense de l'allégeance au trône impérial).

1354

Le comté de Luxembourg devient duché.

14ᵉ et 15ᵉ siècles

4 Luxembourgeois sont élus empereurs romains germaniques:
Henri VII (1308–1313)
Charles IV (1355–1378)
Wenceslas IV (1378–1400)
Sigismond (1400–1437).

1443

Prise de la forteresse par Philippe de Bourgogne. Le duché de Luxembourg passe sous domination étrangère:
- domination bourguignonne (1443–1506)
- domination espagnole (1506–1684)
- domination française (1684–1698)
- domination espagnole (1698–1714)
- domination autrichienne (1714–1795)
- domination française (1795–1815).

3.2. L'UNION PERSONNELLE AVEC LES PAYS-BAS (1815–1890) ET LE GOUVERNEMENT BELGE (1830–1839)

L'Acte final du Congrès de Vienne (Traité de Vienne du 9 juin 1815) fait du Luxembourg un Etat membre de la Confédération germanique et attribue le Grand-Duché en tant que propriété personnelle à Guillaume Ier d'Orange-Nassau, Roi des Pays-Bas.

> Le Royaume des Pays-Bas avait été nouvellement constitué par le Congrès de Vienne pour faire tampon entre la France et l'Allemagne. Il comprenait les anciennes Provinces-Unies (± les Pays-Bas actuels), les anciens Pays-Bas autrichiens ainsi que la principauté de Liège (l'actuelle Belgique).
> Le Traité de Vienne de 1815 éleva certes le Luxembourg au rang de Grand-Duché, mais il amputa au pays les territoires situés à l'est de la Moselle, de la Sûre et de l'Our.[1]

L'appartenance du Grand-Duché à la Confédération germanique autorisait celle-ci à entretenir une garnison militaire au sein de la forteresse de Luxembourg.

L'exercice en union personnelle de ses droits de souveraineté conférés à Guillaume Ier sur le Royaume des Pays-Bas et le Grand-Duché de Luxembourg comportait en principe une gestion autonome du Luxembourg comme Etat indépendant. Or, le Roi Grand-Duc administrait le Grand-Duché comme si celui-ci était une province des Pays-Bas.

A partir de sa proclamation, le 24 août 1815, la Loi fondamentale (*«Grondwet»*) des Pays-Bas devenait également applicable au Grand-Duché de Luxembourg. Formellement, son article 1er définissait le Royaume des Pays-Bas par

---

1 cf. Paragraphe 2.2.1. *le territoire*.

rapport aux limites fixées dans le Traité de Vienne du 9 juin 1815, tout en énumérant les dix-sept provinces, et ajoutait dans un deuxième alinéa que *«Le grand-duché de Luxembourg, tel qu'il est limité par le traité de Vienne, étant placé sous la même souveraineté que le royaume des Pays-Bas, sera régi par la même loi fondamentale, sauf les relations avec la confédération germanique»*.

> Guillaume Ier avantageait clairement les anciennes Provinces-Unies au détriment des provinces méridionales de son nouveau royaume et du Grand-Duché de Luxembourg.
>
> Le Grand-Duché était géré comme s'il était la 18e province des Pays-Bas (la plus grande en étendue et la plus pauvre sur le plan économique); il n'y eut pas de loi néerlandaise qui ne fut applicable au Luxembourg. Même si ce dernier faisait dorénavant partie du territoire douanier néerlandais et évitait ainsi l'isolement économique, il constituait la partie la moins peuplée et la plus pauvre en activité économique et en rendement fiscal. Une fiscalité extrêmement lourde s'appliquait. Ni l'impôt foncier hollandais frappant les revenus des terres et des bâtiments, ni l'impôt des patentes n'étaient adaptés à la situation luxembourgeoise. En effet, une fiscalité conçue pour une économie hollandaise tournée vers le commerce et pouvant se fonder sur un secteur industriel grandissant ne pouvait convenir aux réalités luxembourgeoises où l'agriculture luttait contre la pauvreté du sol et où le petit artisanat remplaçait l'activité industrielle des autres provinces. En outre, le syndicat royal d'amortissement de la dette, créé par l'administration de La Haye, procédait à la vente de grandes parties des domaines, seule richesse de l'ancien duché.[2]
>
> La situation économique qui en résultait pour la population fut l'une des raisons profondes déterminant les Luxembourgeois à se rallier aux Belges, lorsque ceux-ci se soulevèrent contre Guillaume Ier en 1830.

Dès la proclamation de la Constitution belge du 7 février 1831 jusqu'au Traité de Londres du 19 avril 1839, le Grand-Duché de Luxembourg (comprenant le territoire actuel ainsi que celui de la Province du Luxembourg belge) faisait en fait – à l'exception de la Ville de Luxembourg – partie du nouveau Royaume de Belgique et était administré comme tel.

> Guillaume Ier comprit que, pour éviter la défection du Grand-Duché, il fallait doter le pays d'une administration autonome.

---

2 Christian Calmes et Danielle Bossaert, Histoire du Grand-Duché de Luxembourg de 1815 à nos jours, pp. 14–19.

> Un arrêté royal grand-ducal du 31 décembre 1830 sépara l'administration du Grand-Duché des autres provinces néerlandaises et en confia la gestion à un référendaire personnel du Roi Grand-Duc, puis à un gouverneur général, secondé par une commission gouvernementale.
>
> Les fonctionnaires publics étaient désormais désignés parmi les Luxembourgeois, et le régime fiscal fut aligné sur les intérêts de la population.
>
> Or, seule la Ville de Luxembourg, occupée par une garnison prussienne, restait dans le giron néerlandais pendant les années 1830–1839, quand le reste du pays était administré par le gouvernement provisoire belge.

Le Traité de Londres de 1839 comporta le troisième et dernier partage territorial du pays.[3]

> Trois cinquièmes du territoire du pays et la moitié de sa population (= le quartier wallon ainsi que le pays arlonais) revenaient à la Belgique, dont ils forment aujourd'hui la Province de Luxembourg avec Arlon comme chef-lieu. Les deux cinquièmes restants, avec la Ville de Luxembourg comme capitale, demeuraient acquis au Grand-Duché où continuait de régner, comme Grand-Duc, le Roi des Pays-Bas Guillaume Ier.
>
> Après de premières réformes administratives destinées à consolider l'autonomie du pays, Guillaume Ier abdiqua du trône en 1840 au profit de son fils Guillaume II qui allait octroyer en 1841 sa première Constitution au Grand-Duché de Luxembourg.

3.3.   LA CONSTITUTION D'ÉTATS DE 1841

Nonobstant l'intitulé de l'ordonnance royale grand-ducale du 12 octobre 1841 portant Constitution d'Etats pour le Grand-Duché de Luxembourg, le texte reste loin derrière les critères caractérisant une Constitution au sens moderne du terme.

> La Constitution de 1841 comprenait 52 articles, regroupés sous quatre chapitres:
>
> - chapitre Ier. – De la formation des Etats, de leurs réunions et du mode de leurs délibérations;
> - chapitre II. – Des attributions des Etats;

---

3   cf. Paragraphe 2.2.1. *le territoire*.

- chapitre III. – Du Conseil de Gouvernement, du Gouverneur et du Secrétaire-Général;
- chapitre IV. – Dispositions générales.

Les Etats («*Stände*») ou Etats généraux (il y avait aussi des Etats provinciaux), prédécesseurs de nos parlements, avaient sous l'Ancien Régime un rôle essentiellement consultatif, hormis leur compétence décisionnelle limitée de consentir de nouveaux impôts que le Roi entendait lever. Parmi toutes les institutions de l'époque, ils étaient les seuls à avoir un caractère représentatif, puisqu'ils étaient composés de délégués non pas nommés par le pouvoir royal, mais élus par les trois ordres: la noblesse, le clergé et le tiers état. La transformation des Etats généraux en assemblée nationale inaugura la Révolution française sur le plan parlementaire.

La Loi fondamentale du Royaume des Pays-Bas du 24 août 1815 (qui, en vertu de l'alinéa 2 de son article 1er, avait été rendue également applicable au Grand-Duché de Luxembourg) disposait que *«Les Etats généraux représentent la nation»* (art. 77), et que *«Le pouvoir législatif est exercé concurremment par le roi et les états généraux»* (art. 105). La Constitution néerlandaise a d'ailleurs maintenu jusqu'à nos jours la terminologie de 1815 et continue de se référer aux Etats généraux en visant la réunion des deux chambres parlementaires, la Seconde Chambre, composée de cent cinquante députés, et la Première Chambre, composée de soixante-quinze sénateurs.

Lorsque Guillaume II édicta pour le Luxembourg la Constitution d'Etats en 1841, tant le caractère autoritaire du principe monarchique qui prévalait à l'époque que le modèle de la Loi fondamentale néerlandaise incitaient à retenir la même dénomination pour l'assemblée parlementaire luxembourgeoise.

La Constitution tenait compte de deux préoccupations rappelées au préambule. D'une part, il s'agissait d'*«établir dans Notre Grand-Duché une administration stable et conforme à sa situation et à ses besoins»*. D'autre part, il était veillé que *«La Constitution d'Etats [fût] en harmonie avec les statuts de la Confédération germanique»*.

> Les attributions de l'Assemblée des Etats (*Ständeversammlung*) étaient en fait très limitées. En principe, l'intervention de l'assemblée en matière législative était purement consultative. Son assentiment était seulement requis pour les changements des lois et des impôts et pour les tarifs douaniers. Elle «concourait» à la confection du budget, mais les recettes et dépenses ordinaires étaient arrêtées une fois pour toutes (donc de façon permanente),

> et seules les recettes et les dépenses extraordinaires étaient approuvées annuellement.

Le pouvoir législatif était exercé par le Roi Grand-Duc avec la participation (largement consultative et limitée) de l'Assemblée des Etats, le pouvoir exécutif restant réservé au souverain sans contrôle parlementaire.

L'article 41 de la Constitution comportait un début de droits et libertés fondamentaux (égalité devant la loi, liberté des cultes religieux, légalité des poursuites et des peines, inviolabilité du domicile, paisible jouissance de la propriété privée).

Les Etats étaient constitués sur base électorale.

> Un député représentait 5000 habitants (art. 12).
>
> Pour être «ayant-droit de voter» (art. 3), il fallait être Luxembourgeois (masculin), jouir des droits civils et politiques, être âgé de 25 ans au moins, et il fallait payer au moins 10 florins de contributions directes (suffrage censitaire). Les «ayant-droit de voter» désignaient les «électeurs» qui devaient remplir les mêmes conditions, mais payer 20 florins au moins. Les électeurs, réunis en collèges électoraux constitués au niveau des cantons, élisaient les députés (art. 2). Pour être éligible, il fallait réunir les mêmes conditions, hormis celle relative au paiement du cens (art. 6). Les membres des Etats et les électeurs étaient nommés pour 6 ans et renouvelés pour moitié tous les 3 ans (art. 13).
>
> Le Gouvernement («*Conseil de Gouvernement*») était composé d'un Gouverneur et de quatre membres nommés par le Roi Grand-Duc (art. 42). Sa fonction était d'«administrer le pays» en se conformant aux lois et règlements (art. 45). Le Gouverneur était le chef de l'administration luxembourgeoise, confiée par ailleurs à un Secrétaire général, entouré d'employés de bureau; le Gouverneur nommé par le Roi Grand-Duc présidait également l'Assemblée des Etats.
>
> Comme les membres du Gouvernement exerçaient leurs fonctions comme «conseillers de la Couronne» (c.-à-d. du Roi Grand-Duc) qui détenait tous les pouvoirs, il n'est pas étonnant que la Constitution ne rendait pas les membres du Gouvernement responsables devant le ‹Parlement›.

La première Constitution luxembourgeoise était restée loin derrière celle que le nouveau Royaume de Belgique s'était donnée dix ans auparavant. En effet, on n'y trouve qu'une énumération fragmentaire des droits des citoyens, et le principe de la séparation des pouvoirs, sur lequel était fondée la Constitution belge, n'est qu'effleuré. Par ailleurs, le siège de la souveraineté ne fut pas mentionné, comme étant pour ainsi dire une précision superfétatoire parce que dans l'esprit et aux termes de la Confédération germanique tous les pouvoirs institutionnels étaient réunis dans la personne du Prince.

Il n'en était que naturel que les aspirations d'autodétermination des Luxembourgeois, qui avaient apprécié les effets de la Constitution belge lors du gouvernement précédent, allaient vite mener à la revendication d'une nouvelle constitution, davantage axée sur les libertés publiques et sur le principe de la séparation des pouvoirs, avec notamment un renforcement du Parlement. Le vent révolutionnaire qui soufflait sur l'Europe en 1848 permit de faire accélérer les événements.

3.4. LA CONSTITUTION DE 1848

La Constitution édictée le 9 juillet 1848 est la première Constitution vraiment démocratique du Grand-Duché de Luxembourg. Notre Constitution actuelle en a gardé les grands principes (séparation des pouvoirs, monarchie constitutionnelle, régime parlementaire …) et notamment la proclamation des libertés fondamentales.

La plupart des dispositions de la Constitution de 1848 étaient directement copiées de la Constitution belge de 1831. Tout comme son modèle belge, la Constitution de 1848 était rédigée dans un esprit très libéral. En prévoyant un partage équilibré des pouvoirs de l'Etat, elle réservait une place importante à la Chambre des députés comme organe législatif (art. 47) et comme instance assurant le contrôle de l'exécutif (art. 65, 103 et s.). Le contreseing ministériel des actes posés par le Roi Grand-Duc (art. 46) et la responsabilité des membres du Gouvernement (art. 80) étaient introduits.

La Constitution de 1848 mettait en outre un accent particulier sur les droits et libertés fondamentaux. L'articulation des droits et libertés inscrits dans la Constitution de 1848 n'a guère évolué à ce jour. Au fil des années, certains articles ont bien été précisés ou actualisés, soit dans la Constitution elle-même, soit grâce aux traités internationaux auxquels le Luxembourg a adhéré. D'autres garanties, à connotation sociale surtout, et, dans un passé plus récent, relatives à la protection du milieu environnemental ou des animaux, sont venues s'y ajouter.

La structure de la nouvelle Constitution reflétait clairement l'intention de concevoir l'exercice de la puissance souveraine selon le principe de la séparation des pouvoirs, même si un énoncé formel de ce principe faisait défaut.

Enfin, la Constitution a introduit une particularité institutionnelle du Grand-Duché de Luxembourg. Contrairement à la plupart des autres constitutions démocratiques qui prévoient un parlement constitué de deux chambres, le régime parlementaire luxembourgeois est unicaméral, c'est-à-dire il y a une seule chambre, à savoir la Chambre des députés.

> Les parlements des autres pays à régime démocratique comportent normalement deux chambres.[4] Le mérite reconnu au bicaméralisme tient à la maturité des lois soumises au vote parlementaire qui est mieux garantie grâce à l'examen indépendant des projets légaux par deux chambres différemment composées. Le bicaméralisme revêt une importance particulière dans les Etats fédéraux, puisqu'il permet, grâce à l'existence d'une deuxième chambre représentant les intérêts des Etats fédérés (Sénat, *Länderkammer*), d'associer ceux-ci à l'exercice de la puissance souveraine exercée par l'Etat fédéral.[5]
>
> La particularité du système parlementaire luxembourgeois a été remise en cause à plusieurs reprises, et notamment lors de la rédaction de la Constitution de 1868, mais l'argument que la taille du pays ne justifierait ou ne permettrait pas un régime parlementaire bicaméral l'a toujours emporté.

---

4   La Constitution belge prévoit de nos jours au niveau fédéral une Chambre des représentants, élue au suffrage universel direct, et un Sénat, élu sur base des régions et communautés linguistiques nationales.
Le régime parlementaire français comprend une Assemblée nationale, composée de députés élus au suffrage direct, et un Sénat, dont les membres sont désignés parmi les élus des collectivités locales.
Le régime parlementaire allemand comprend la Diète fédérale *(Bundestag)*, composée de députés élus directement, et le Conseil fédéral *(Bundesrat)*, composé des délégués des gouvernements des Etats fédérés *(Bundesländer)*, reflétant le caractère fédéral de l'Etat allemand.
Le Congrès américain comprend une Chambre des représentants, composée d'élus venant des différents Etats fédérés en nombre proportionnel à l'importance démographique de leur Etat, et un Sénat, avec deux sénateurs élus par Etat fédéral.
Le régime parlementaire du Royaume-Uni comprend une Chambre haute *(House of Lords)*, composée de nobles et de personnes anoblies, et une Chambre basse *(House of Commons)*, composée de membres élus.

5   Les Etats fédéraux sont caractérisés par un partage prononcé des compétences institutionnelles entre l'Etat fédéral et ses composantes fédérées qui, en principe, retiennent l'ensemble des pouvoirs que la loi constitutionnelle n'a pas attribués explicitement et formellement aux institutions fédérales.
Même si un Etat unitaire comporte normalement aussi des collectivités territoriales dotées d'une autonomie plus ou moins grande, il ne s'agit toujours que d'une autonomie qui a été concédée par l'Etat central. Dans l'Etat fédéral, il y a par contre coexistence de compétences pour partie confiées au niveau national, pour partie retenues par les communautés ou collectivités formant la fédération.
Du moment que le principe de souveraineté réside au niveau des institutions fédérales, on est en présence d'un Etat fédéral. Si la puissance souveraine continue à appartenir aux communautés composantes, on parle de confédération d'Etats. Nonobstant le nom de «Confédération helvétique», la Suisse constitue, du moins depuis la Constitution qu'elle s'est donnée en 1848, un Etat fédéral au sens de la définition qui précède (voir aussi Pierre Pescatore, Cours d'institutions internationales, pp. 145–150).

Le Roi Grand-Duc et la Chambre des députés se partageaient le pouvoir législatif alors qu'il fallait l'accord des deux pour adopter une loi.

> La durée des mandats des députés restait fixée à 6 ans, et les mandats étaient renouvelés par moitié tous les 3 ans, comme sous la Constitution de 1841. Dans la loi électorale du 23 juillet 1848 pour la Chambre des députés, le deuxième degré était abandonné; les députés étaient élus directement par les Luxembourgeois remplissant les conditions légales pour être électeurs. Les conditions pour être électeur ou éligible ne changèrent pas. Le suffrage censitaire était maintenu (obligation de payer un cens ou impôt minimal pour être admis à participer aux élections), mais n'était plus prévu dans la Constitution même[6].
>
> Dorénavant, un député représentait *«3000 âmes de population»*.

Le pouvoir exécutif continuait à être exercé par le Roi Grand-Duc avec l'aide de son Gouvernement. La responsabilité des membres du Gouvernement était introduite, faisant que toutes les dispositions du Roi Grand-Duc nécessitaient un contreseing de leur part[7].

La Constitution de 1848 a prévu un certain nombre de règles assurant l'indépendance du pouvoir judiciaire (inamovibilité des juges, désignation des magistrats les plus hauts placés sur proposition de la Cour supérieure, détermination de fonctions incompatibles avec leur indépendance).

La question du siège de la souveraineté dans la personne du Roi Grand-Duc ou dans la Chambre des députés, représentant le pays aux termes de l'article 51, n'était pas évoquée. Les années suivant l'adoption de la Constitution seront d'ailleurs marquées par une âpre lutte sur la prédominance institutionnelle entre le pouvoir monarchique et le pouvoir parlementaire, qui mènera finalement en 1856 au coup d'Etat du Roi Grand-Duc, Guillaume III.

3.5. LE COUP D'ÉTAT DE 1856

> La mort de Guillaume II en 1849 permit à son fils Guillaume III d'accéder au trône.
>
> D'un caractère beaucoup plus autoritaire que son père, le nouveau Roi Grand-Duc eut du mal à accepter la Constitution libérale de 1848.

---

6   La loi du 23 juillet 1848 soumit la qualité d'électeur au paiement d'un minimum de dix francs de contributions directes.

7   cf. Section 3.10. *les modifications ultérieures de la Constitution* (voir sous *«révision du 13 juin 1989, article 45»*).

> Son règne démarra sur un outrage à la députation de la Chambre des députés qui s'était déplacée à La Haye pour y recevoir le serment que le nouveau souverain devait prêter sur la Constitution. Le Roi Grand-Duc imposa en effet une attente inconvenante à la délégation avant l'audience très brève qu'il lui accorda pour la prestation de son serment, le 18 avril 1849.
>
> Au début de son règne, Guillaume III s'était désintéressé du Grand-Duché de Luxembourg, mais il finit par déléguer en 1850 son frère, le Prince Henri, comme son lieutenant-représentant. Le Prince Henri et son épouse, la Princesse Amélie, résidaient au Grand-Duché et se fixaient au château de Walferdange.
>
> Guillaume III se référait aux directives de la Confédération germanique pour revendiquer une modification de la Constitution de 1848. Or, la Chambre des députés s'y opposa et émit un vote de méfiance à l'égard du gouvernement «réactionnaire», mis en place en 1853 par le Prince-lieutenant Henri sur ordre de son frère le Roi Grand-Duc.
>
> Guillaume III y réagit, d'abord en proclamant la clôture de la session parlementaire et la dissolution de la Chambre, puis en promulguant par la voie d'une ordonnance royale grand-ducale du 27 novembre 1856 une révision de la Constitution. Cette mesure constituait un véritable coup d'Etat, car elle était contraire aux exigences formelles que prévoyait la Constitution de 1848 quant à sa validité et quant à sa révision (art. 117 et 118 de la Constitution de 1848).

Le poids du pouvoir exécutif était renforcé au détriment du pouvoir législatif, et l'équilibre entre les deux pouvoirs, établi par la Constitution de 1848, était rompu. La puissance souveraine résidait de nouveau, mais cette fois-ci explicitement, en vertu de l'article 32, alinéa 1er, dans la personne du Roi Grand-Duc.

La Constitution de 1856 rétablit donc la souveraineté monarchique. Les pouvoirs de la Chambre des députés (qui redevenait une *«Assemblée des Etats»*) furent réduits. En effet, elle perdait le contrôle du budget annuel et des impôts, le droit d'élire son président, de siéger au-delà du bref délai assigné, de répondre aux discours du trône par une adresse, … D'autres droits du Parlement, tels que l'initiative législative et l'adhésion obligatoire aux lois, étaient par contre maintenus.[8]

En outre, afin de contrebalancer le pouvoir législatif de la Chambre des députés, un Conseil d'Etat, composé de membres fidèles au Roi Grand-Duc,

---

8   Paul Weber, «Les Constitutions du 19e siècle» *In:* Le Conseil d'Etat du Grand-Duché de Luxembourg, Livre jubilaire publié à l'occasion du centième anniversaire de sa création, p. 349.

fut institué suivant le modèle du Conseil d'Etat néerlandais. Il avait pour missions d'émettre son avis au sujet de tous les projets de loi soumis au vote de l'assemblée des Etats[9], de conseiller le Gouvernement en matière d'initiatives réglementaires et de contrôler la légalité des arrêtés et règlements. Le Conseil d'Etat avait ainsi une double fonction: 1° organe consultatif pour aviser les projets légaux et réglementaires, 2° juridiction unique en matière de contentieux administratif.

La Constitution de 1856 laissa pourtant largement intactes les dispositions du chapitre II de la Constitution de 1848 traitant «Des Luxembourgeois et de leurs Droits», à deux exceptions près.[10]

3.6. LA CONSTITUTION DE 1868

> La dissolution de la Confédération germanique en 1866 et le Traité de Londres du 11 mai 1867, qui permit de mettre un terme à la crise franco-prussienne née de la question luxembourgeoise, ouvrirent de nouvelles perspectives politiques[11].
>
> Le Grand-Duché de Luxembourg n'était plus tenu par ses engagements vis-à-vis de la Confédération germanique, dont notamment l'obligation d'entretenir une garnison fédérale dans la forteresse. Le Traité de Londres de 1867 dotait le Luxembourg d'un «statut de perpétuelle neutralité», garanti par les puissances signataires, et exigeait le démantèlement des fortifications de la place-forte de Luxembourg.
>
> La libération des contraintes susmentionnées ainsi que la volonté politique d'une réconciliation entre le Roi Grand-Duc et les milieux politiques luxembourgeois permettaient de préparer le terrain pour une nouvelle refonte constitutionnelle, mise en vigueur par une loi du 17 octobre 1868.

La Constitution de 1868, toujours en vigueur de nos jours, n'était pas un retour au texte constitutionnel de 1848. Elle rétablit initialement l'équilibre entre le pouvoir exécutif que le Roi Grand-Duc continuait à détenir et le pouvoir législatif qu'il partageait dorénavant de nouveau avec la Chambre des députés (la dénomination *«Assemblée des Etats»*, réintroduite en 1856, fut simultané-

---

9   Le nom de *«Chambre des députés»* était de nouveau modifié en *«assemblée des Etats»*, dénomination également retenue dans la Constitution néerlandaise du 24 août 1815 et dans la première Constitution luxembourgeoise du 12 octobre 1841 (cf. section 3.3. *la Constitution d'Etats de 1841*).
10 D'une part, le droit de timbre sur les publications de la presse et la coresponsabilité des éditeurs en cas de délit de presse furent réintroduits. D'autre part, la loi réglait et limitait l'exercice du droit de s'associer.
11 cf. Paragraphe 2.5.1. *la forme de l'Etat luxembourgeois* (voir sous *«Le Luxembourg est un Etat indivisible»*).

ment abandonnée). Toutefois, du moins formellement, le Roi Grand-Duc était confirmé dans certaines des prérogatives qu'il détenait depuis 1856, bien qu'il fût admis que désormais l'esprit de 1848 allait prévaloir en vue de leur application.

> L'évolution intervenue depuis 1868 fait que la Constitution écrite se distingue à bien des égards de la Constitution réellement vécue.
>
> *«Lors de la révision constitutionnelle de 1868 la Constituante, quoique libérée des entraves résultant des liens avec la Confédération germanique disparue, a évité de retourner sereinement aux termes du texte de 1848, proche de la Constitution belge. Par la nouvelle rédaction on s'est efforcé de traduire la théorie démocratique d'une façon ne heurtant guère et épargnant plutôt l'idéal monarchique ... ce qui se répercutait sensiblement sur la terminologie employée. La clarté des dispositions constitutionnelles de 1868 peut en avoir souffert quelque peu; c'était un sacrifice à consentir sur l'autel de la conciliation nationale.»* [12]
>
> *«... une lecture superficielle de la Constitution par un lecteur non averti qui ne connaîtrait pas réellement notre société, et notre façon de vivre et notre façon d'agir en politique, pourrait susciter des malentendus. Il y a des articles qui, à lire isolément, donnent une impression tout à fait fausse.»* [13]

Progressivement, la puissance souveraine n'était plus détenue par le Roi Grand-Duc, mais résidait dans la Nation, même s'il a fallu attendre la révision constitutionnelle du 15 mai 1919 pour le dire formellement[14].

> Une controverse politique allait naître en 1890 au sujet du siège de la souveraineté. En omettant la disposition de 1856 selon laquelle «La puissance souveraine réside dans la personne du Roi Grand-Duc», la Constitution de 1868 avait-elle transféré le siège de la souveraineté ou non? Concrètement, il s'agissait de savoir si, en dehors de l'exécution des lois, le Roi Grand-Duc continuait à disposer d'un pouvoir autonome pour édicter de sa propre initiative des règlements et arrêtés dans toutes les matières non spécialement

---

12 Alphonse Huss, La Constitution dans la perspective historique (Feuille de liaison de la Conférence Saint-Yves, N° 72, p. 5).

13 Georges Margue, La Constitution – fiction et réalité (Feuille de liaison de la Conférence Saint-Yves, N° 72, p. 12).

14 Lors de la révision de 1919, le contenu de l'article 32 de la Constitution de 1868 («*Le Grand-Duc exerce la puissance souveraine conformément à la présente Constitution et aux lois du pays*») fut repris dans le premier alinéa du nouvel article 32 (devenu entre-temps alinéa 1er du paragraphe 1er de l'article 32), qui est libellé depuis lors comme suit:
«***La puissance souveraine réside dans la Nation.***
Le Grand-Duc l'exerce conformément à la présente Constitution et aux lois du pays».

réservées à la loi par la Constitution[15]. La clarification y a été apportée seulement par la révision constitutionnelle de 1919.

Les prérogatives de la Chambre des députés sont devenues pratiquement de nouveau celles qui avaient été valables sous le régime de la Constitution de 1848. Elle élit son président, elle détermine elle-même son mode de fonctionnement (par le biais du règlement de la Chambre), elle vote de nouveau annuellement le budget et les impôts au profit de l'Etat.

Afin de combler l'absence d'une deuxième chambre parlementaire, les lois sont désormais toutes soumises à un deuxième vote de la Chambre des députés intervenant au plus tôt 3 mois après le premier vote. La Chambre des députés peut cependant renoncer à soumettre les lois qu'elle a votées à ce deuxième vote, si elle décide de s'en dispenser, en accord avec le Conseil d'Etat.

L'institution du Conseil d'Etat est maintenue et les fonctions que la Constitution de 1856 lui avait conférées sont confirmées. Ses pouvoirs en matière législative sont même augmentés, car la codécision en matière de dispense du second vote lui accorde un droit de véto suspensif de 3 mois.[16]

3.7. LA RÉVISION CONSTITUTIONNELLE DE 1919

A sa mort en 1890, le Roi Grand-Duc Guillaume III n'avait pas laissé de descendant mâle. Conformément au Pacte de la famille de Nassau de 1783[17], la Couronne du Grand-Duché passa de la branche d'Orange-Nassau à la branche cadette de Nassau-Weilburg, de sorte qu'Adolphe de Nassau-Weilburg devint Grand-Duc de Luxembourg. A sa mort, en 1905, son fils Guillaume IV lui succéda et un changement du pacte des Nassau, confirmé par une loi du 10 juillet 1907, permit en 1912 à la mort de celui-ci l'accession au trône grand-ducal de sa fille aînée Marie-Adélaïde (en l'absence de descendant mâle de feu le Grand-Duc). Ce changement dérogeait au principe de la succession par

---

15   L'interpellation du 14 février 1890 du président du gouvernement Paul Eyschen (en 1868 rapporteur de la Constitution) au sujet de son ouvrage de droit public «*Das Staatsrecht des Großherzogtums Luxemburg*», par le président de la Chambre des députés Emmanuel Servais, fait figure dans les annales parlementaires comme le premier grand débat contradictoire sur la nature et la portée du pouvoir monarchique dans le cadre du régime parlementaire consacré par la Constitution luxembourgeoise (cf. Compte rendu de la Chambre des députés, 1889–1890, pp. 960–1025).

16   cf. Paragraphes 6.2.5. *l'exercice de la fonction législative* (voir sous «*vote de la Chambre*») et 6.4.2. *l'intervention du Conseil d'Etat en matière de dispense du second vote constitutionnel.*

17   cf. Constitution, article 3: «***La Couronne du Grand-Duché est héréditaire dans la famille de Nassau, conformément au pacte du 30 juin 1783, à l'Art. 71 du traité de Vienne du 9 juin 1815 et à l'Art. 1er du traité de Londres du 11 mai 1867.***»

> primogéniture masculine inscrit dans ledit Pacte de famille et basé sur la loi salienne remontant à l'époque franque.
>
> A la fin de la Première Guerre mondiale, les Alliés ainsi qu'une partie de la population luxembourgeoise reprochèrent à la Grande-Duchesse Marie-Adélaïde son attitude pro-allemande pendant l'occupation. Les difficultés de ravitaillement de l'immédiat après-guerre envenimèrent la situation. Suite aux manifestations de rue en novembre 1918, la Chambre décida de soumettre la question dynastique à un référendum et invita la Grande-Duchesse à s'abstenir provisoirement de toute participation aux affaires de l'Etat.
>
> Le 9 janvier 1919, la Chambre vota (après qu'une vingtaine de députés eurent quitté la salle) une motion réclamant l'abdication de la Souveraine. Le même jour, un comité de salut public proclama la république. Le Gouvernement réussit pourtant à faire échouer ce début de révolution et à rétablir l'ordre dans la journée même, grâce à l'intervention, sur la demande du président de la Chambre des députés, des troupes françaises présentes dans le pays depuis novembre 1918.
>
> Le même jour, la Grande-Duchesse Marie-Adélaïde abdiqua au profit de sa sœur puînée Charlotte.
>
> Lors du référendum du 28 septembre 1919, les Luxembourgeois se prononcèrent massivement pour le maintien de la monarchie constitutionnelle et pour le maintien sur le trône de la dynastie des Nassau-Weilburg[18].

La révision constitutionnelle du 15 mai 1919 a comporté plusieurs modifications qui ont consolidé les bases de notre démocratie parlementaire.

Ainsi, la puissance souveraine réside dorénavant formellement dans la Nation. Le Grand-Duc l'exerce conformément à la Constitution et aux lois du pays, et il n'a d'autres pouvoirs que ceux que lui attribuent formellement la Constitution et les lois portées en vertu de celle-ci, abstraction faite des prérogatives que lui réserve l'article 3 de la Constitution et notamment le Pacte de la famille de Nassau en matière du règlement des questions successorales (cf. Constitution, articles 3 et 32 (1) et (2)). Tous les traités faits au nom du Luxembourg par le Grand-Duc doivent être approuvés par une loi pour sortir leurs effets (cf. art. 37).

Le suffrage universel est introduit, mettant fin au suffrage censitaire du 19e siècle, et admettant aux urnes à un même titre les hommes et les femmes adultes, qui remplissent les conditions d'électeurs. Le système électoral est do-

---

18 cf. Paragraphe 2.5.1. *la forme de l'Etat luxembourgeois* (voir sous *«le caractère représentatif de la démocratie luxembourgeoise»*).

rénavant basé sur la représentation proportionnelle et le scrutin de liste, et le pays est divisé en 4 circonscriptions électorales:

- le Sud avec les cantons d'Esch-sur-Alzette et de Capellen;
- le Centre avec Luxembourg-ville, Luxembourg-campagne et le canton de Mersch;
- le Nord avec les cantons de Diekirch, Redange, Wiltz, Clervaux et Vianden;
- l'Est avec les cantons de Grevenmacher, Remich et Echternach (cf. Constitution, article 52).

La possibilité d'une consultation directe des électeurs par la voie d'un référendum est formellement inscrite dans la Constitution. La disposition en question renvoie à la loi pour déterminer les cas et les conditions dans lesquels un référendum peut intervenir[19].

3.8. LA RÉVISION CONSTITUTIONNELLE DE 1948

> Suite au rétablissement des institutions démocratiques et à la remise en place des pouvoirs publics légitimes après la fin de la Deuxième Guerre mondiale, l'évolution des idées politiques, surtout en matière socio-économique, plaidait pour une nouvelle révision de la Constitution.
>
> Sur le plan politique, l'occupation allemande durant les deux guerres mondiales avait montré que le statut de neutralité prévu par le Traité de Londres de 1867 n'avait nullement protégé l'indépendance du pays en cas de conflit armé entre ses voisins. La suppression de ce statut à l'article 1er de la Constitution allait ouvrir la possibilité d'adhérer aux alliances militaires et similaires créées en Europe et entre l'Europe de l'Ouest et l'Amérique du Nord.
>
> Par ailleurs, les principes d'une politique sociale, de la gratuité scolaire et de la protection de la famille comme valeurs communément admises dans une société moderne allèrent faire leur entrée dans le texte de la Constitution.
>
> L'article 11 fut complété par les droits économiques et sociaux qui sont dans les grandes lignes restés les mêmes jusqu'à nos jours.
>
> Enfin, le régime des langues faisant une référence explicite au français et à l'allemand fut modifié (art. 29).

---

19 cf. Paragraphes 2.5.1. *la forme de l'Etat luxembourgeois* (voir sous «*le caractère représentatif de notre démocratie*») et 4.3.1. *la procédure de révision de la Constitution*.

> La révision fut mise à profit pour modifier plusieurs autres dispositions ponctuelles, comme la situation du Grand-Duc et le statut de député.
>
> Les modifications intervenues en 1948 se répartissent formellement sur plusieurs lois de révision datées au 28 avril (modification de l'article 1er), au 6 mai (modification des articles 10, 29, 34, 43, 44, 53, 60, 72 et 75), au 15 mai (modification des articles 52 et 54) et au 21 mai (modification des articles 11, 23 et 51). En tout, 15 articles de la Constitution ont de la façon été modifiés en 1948.

Les modifications majeures de 1948 se présentent comme suit:

1. L'article 1er de la Constitution, qui avait jusque-là fait du Grand-Duché de Luxembourg un Etat *«perpétuellement neutre»*, disposait dorénavant que *«Le Grand-Duché de Luxembourg forme un Etat libre, indépendant et indivisible»*[20].

2. Au niveau du chapitre II de la Constitution, relatif aux Luxembourgeois et à leurs droits, il est précisé qu'il appartient à la loi de déterminer les effets de la naturalisation. Par ailleurs, la Constitution est complétée par une série de droits nouveaux, que la doctrine a qualifiés de «droits créance» ou encore de «droits économiques et sociaux».[21]

Depuis 1948, l'article 11 de la Constitution:

- garantit les droits naturels de la personne humaine et de la famille;
- garantit le droit au travail (tout en assurant à chaque citoyen l'exercice de ce droit) ainsi que les libertés syndicales;
- renvoie à la loi pour organiser la sécurité sociale, la protection de la santé et le repos des travailleurs;
- garantit la liberté du commerce et de l'industrie, la liberté de l'exercice de la profession libérale et du travail agricole, sauf les restrictions à établir par le pouvoir législatif[22].

A son article 23, la Constitution prévoit les principes de l'obligation scolaire et de la gratuité de l'instruction primaire, de l'organisation d'un enseignement professionnel gratuit, d'un encadrement médical et social de l'enseignement ainsi que la création d'un «fonds des mieux-doués».

---

20   cf. Paragraphe 2.5.1. *la forme de l'Etat luxembourgeois*.
21   cf. Section 5.1. *la subdivision des droits et libertés fondamentaux*.
22   L'article 11 a subi de nouveaux changements lors des révisions du 29 avril 1999, du 19 novembre 2004, du 13 juillet 2006 et du 29 mars 2007.

D'autres modifications ont concerné:
- le régime des langues à employer en matière administrative et judiciaire qui relève désormais de la compétence de la loi[23];
- la réduction de 6 à 3 mois du délai réservé au Grand-Duc pour sanctionner et promulguer les lois votées par la Chambre des députés;
- la liste civile et la résidence officielle du Grand-Duc;
- la consécration formelle du principe que le Luxembourg est placé sous le régime de la démocratie parlementaire;
- l'élargissement de la liste des incompatibilités avec le mandat de député.

3.9. LA RÉVISION CONSTITUTIONNELLE DE 1956

> Après la Deuxième Guerre mondiale, plusieurs hommes d'Etat européens avaient compris qu'il ne fallait pas répéter les erreurs commises après la Première Guerre mondiale en imposant des réparations et des conditions économiques inacceptables sur le plan politique aux pays qui avaient perdu la guerre. Par ailleurs, les deux grandes guerres avaient confirmé les superpuissances, à savoir les Etats-Unis d'Amérique et l'Union soviétique, dans leur rôle hégémonique sur l'Europe.
>
> Ces considérations amenèrent en 1952 les trois pays du Benelux, ainsi que la France, l'Allemagne et l'Italie à créer une Communauté européenne du charbon et de l'acier (CECA) et en 1956 une Communauté économique européenne (CEE) ainsi qu'une Communauté européenne de l'énergie atomique (Euratom).

La modification de la Constitution intervenue le 27 juillet 1956 a d'abord eu pour objet de réduire de 6 à 5 ans la durée du mandat de député (c.-à-d. la durée de la législature – cf. article 56 de la Constitution).

Par ailleurs, la volonté de coopérer sur le plan politique et économique et de progresser sur la voie de l'intégration européenne était fortement soutenue par les milieux politiques et la population luxembourgeoise. Mais les institutions supranationales auxquelles elles donnaient lieu n'étaient pas sans poser des problèmes d'ordre constitutionnel. En effet, les traités en question déféraient à des institutions internationales (la Haute Autorité de la CECA, le Conseil des Ministres de la Communauté économique européenne) l'exercice d'attributions que la Constitution luxembourgeoise réservait aux pouvoirs législatif, exécutif et judiciaire nationaux. Une révision constitutionnelle s'imposait dès lors,

---

23 cf. Paragraphe 2.5.2. *les symboles nationaux.*

et la révision du 25 octobre 1956 a introduit un article 49*bis* nouveau qui permet de transférer à des institutions de droit international l'exercice d'attributions réservées de par la Constitution aux pouvoirs législatif, exécutif et judiciaire luxembourgeois[24].

Dorénavant les règles suivantes ont cours:
- L'exercice des pouvoirs attribués aux pouvoirs institutionnels nationaux peut être («temporairement») dévolu à des institutions créées en vertu de traités internationaux auxquels le Luxembourg a adhéré.
- Si un traité soumis à l'approbation de la Chambre des députés comporte une dévolution de pouvoirs institutionnels à une institution internationale, le vote de la Chambre intervient dans les conditions prévues pour une révision de la Constitution (cf. art. 114 de la Constitution).

> Garante de la paix politique et de la sécurité extérieure de ses Etats membres et de leurs citoyens, vecteur du progrès économique et social, l'Union européenne détient aujourd'hui une part importante de la souveraineté que les Etats ont été d'accord de progressivement transférer aux instances communautaires. La composante communautaire est devenue un élément essentiel du droit national. La marge politique des pouvoirs nationaux est de plus en plus fortement tributaire de décisions prises à l'échelon communautaire. On peut dès lors regretter que ce soit par le biais du seul article 49*bis* que l'idée communautaire est indirectement mentionnée dans la Constitution, alors que les constitutions d'autres pays européens réservent à cette question une place bien plus importante.

3.10. LES MODIFICATIONS ULTÉRIEURES DE LA CONSTITUTION

Depuis 1956, la Constitution luxembourgeoise a été modifiée à de nombreuses reprises. La portée des modifications intervenues varie pourtant sensiblement d'une révision à l'autre:

---

[24] Constitution, article 49*bis*: «*L'exercice d'attributions réservées par la Constitution aux pouvoirs législatif, exécutif et judiciaire peut être temporairement dévolu par traité à des institutions de droit international.*»

- révision du 27 janvier 1972

    article 52: réduction de l'âge d'électeur de 21 à 18 ans et de l'âge d'éligibilité[25] de 25 à 21 ans;

- révisions du 13 juin 1979

    article 107: consolidation du pouvoir des communes comme collectivités territoriales autonomes gérant leur patrimoine et leurs intérêts propres[26];

    parallèlement, modification des articles 51(6) (modification rédactionnelle) et 116 (suppression de l'alinéa 2 devenu sans objet);

- révisions du 25 novembre 1983

    articles 5, 8, 57 et 110: actualisation des formules des serments du Grand-Duc et du Régent, des députés et des fonctionnaires publics par l'abandon de la clause «... *ainsi Dieu me soit en aide*»;

- révision du 20 décembre 1988

    article 51(3): fixation à 60 du nombre des députés, pour ne plus faire dépendre ce nombre des fluctuations de la population;

- révision du 31 mars 1989

    article 63: simplification de la manière d'émettre les votes à la Chambre des députés[27];

- révision du 20 avril 1989

    article 91: remplacement des dispositions relatives à la nomination à vie des juges et conseillers de la Cour supérieure de justice par le principe de leur inamovibilité;

- révisions du 13 juin 1989
    - article 23: introduction de la gratuité de l'instruction moyenne;
    - article 26: suppression de l'autorisation légale requise pour l'établissement de corporations religieuses;

---

25 cf. Révision constitutionnelle du 18 février 2003: l'âge d'éligibilité est réduit de 21 à 18 ans.
26 cf. Section 6.6. *les communes*.
27 Depuis 1856, l'article 63 de la Constitution disposait que «*Les votes sont émis à haute voix, ou par assis et levé. Sur l'ensemble des lois, il est toujours voté par appel nominal et à haute voix*». En 1989, l'article 63 fut simplifié: «*Sur l'ensemble des lois le vote intervient toujours par appel nominal*». En 2004, cet article a été abrogé suite au transfert de son contenu à l'article 65.

- nouvel article 83*bis*: création d'un nouveau chapitre à part (chapitre V*bis*) relatif au Conseil d'Etat (tout en laissant inchangées les dispositions en vigueur ayant jusque-là fait l'objet de l'alinéa 2 de l'article 76 du chapitre V réservé au Gouvernement du Grand-Duché);
- article 97: attribution à la loi de la compétence pour régler l'organisation et les attributions des forces de l'ordre (et non seulement de la gendarmerie);

■ révision du 16 juin 1989
article 99: toute acquisition ou réalisation immobilière au profit de l'Etat et toute aliénation d'une propriété immobilière de l'Etat doivent faire l'objet d'une loi particulière si le montant de l'opération dépasse le seuil fixé à cet effet par la loi;

■ révision du 19 juin 1989
article 94: insertion d'une disposition sur l'organisation des juridictions du travail et des juridictions en matière d'assurances sociales;

■ révisions du 23 décembre 1994
articles 9 ainsi que 107(2) et (4): possibilité pour le législateur de conférer des droits politiques à des résidents n'ayant pas la nationalité luxembourgeoise, en vue de permettre leur participation comme électeurs et comme candidats aux élections pour le Parlement européen (participation réservée aux ressortissants communautaires) et pour les conseils communaux (droit d'éligibilité réservé aux ressortissants communautaires);

■ révisions du 12 juillet 1996
- article 83*bis*: suppression des attributions du Conseil d'Etat comme juridiction administrative – comité du contentieux – et imposition d'un délai légal pour émettre son avis sur les articles d'un projet de loi votés conformément à l'article 65;
- articles 95*bis* et 95*ter*: création d'une juridiction administrative à deux degrés, – tribunal administratif et Cour administrative –, ainsi que création d'une Cour constitutionnelle;

■ révisions du 12 janvier 1998
intitulé du chapitre Ier, articles 4, 33, 73 (supprimé), 80 et 115: actualisation de certaines dispositions constitutionnelles relatives au Grand-

Duc[28] et au Gouvernement, soulignant notamment le rôle du chef de l'Etat comme *«symbole de son unité»* et *«garant de l'indépendance nationale»* et supprimant sa prérogative d'ajourner la Chambre;

- révisions du 29 avril 1999
  - nouvel article 10*bis* (ancien article 11, deuxième phrase): admissibilité à des emplois publics de personnes n'ayant pas la nationalité luxembourgeoise;
  - article 18: abolition dans la Constitution de la peine de mort[29];

- révisions du 2 juin 1999
  - intitulé du chapitre II et articles 25 et 26: adaptation du libellé de la Constitution à la jurisprudence de la Cour européenne des Droits de l'Homme (portée de la notion de «liberté individuelle» et droit de toute personne, privée de liberté, d'être informée sur les voies de recours pour recouvrer sa liberté);
  - article 23: toute personne «habitant le Grand-Duché» se voit garantir l'accès à l'enseignement primaire obligatoire et gratuit;
  - article 105: réajustement des dispositions sur la Cour des comptes (précédemment Chambre des comptes);

- révision du 8 août 2000
  article 118 nouveau: consécration formelle du principe de la primauté du droit international sur le droit national (y compris la Constitution) dans le domaine particulier du statut de la Cour pénale internationale;

- révision du 18 février 2003
  article 52: abaissement de l'âge d'éligibilité de 21 à 18 ans; parallèlement, modification rédactionnelle de l'article 51(6);

- révision du 19 décembre 2003
  article 114: simplification de la procédure de révision de la Constitution;

---

28 Constitution:
- *«Art. 4. La personne du Grand-Duc est inviolable.»*
- *«Art. 33. Le Grand-Duc est le chef de l'Etat, symbole de son unité et garant de l'indépendance nationale. Il exerce le pouvoir exécutif conformément à la Constitution et aux lois du pays.»*
- *«Art. 115. Pendant une régence, aucun changement ne peut être apporté à la Constitution en ce qui concerne les prérogatives constitutionnelles du Grand-Duc, son statut ainsi que l'ordre de succession.»*

29 Préalablement abolie dans le Code pénal par la loi du 20 juin 1979; cf. Section 5.2. *les ancrages législatifs des droits et libertés fondamentaux.*

- révisions du 26 mai 2004
    - article 24: allégement des dispositions relatives à la liberté de manifester ses opinions (liberté de la presse);
    - article 65: regroupement des dispositions relatives au mode de voter de la Chambre des députés (ayant figuré précédemment aux articles 63 (supprimé) et 65);

- révisions du 19 novembre 2004
    - articles 11(6) et 108*bis* (nouveau): attribution d'un pouvoir réglementaire à des organes professionnels dotés de la personnalité civile et aux établissements publics dont l'existence est reconnue par la Constitution;
    - articles 32(3), 36 et 76: réorganisation du pouvoir réglementaire du Grand-Duc en matière d'exécution des lois (pouvoir réglementaire d'exécution général et pouvoir réglementaire d'attribution dans le domaine des matières réservées); possibilité pour le Grand-Duc de déléguer son pouvoir réglementaire à un ou plusieurs ministres;
    - article 32(4): attribution au Grand-Duc d'un pouvoir réglementaire général l'habilitant, sous la double condition qu'il y ait une crise internationale et qu'il y ait urgence, à prendre des règlements en toute matière, même dérogatoires à des lois existantes, l'effet de ces règlements étant pourtant limité à 3 mois;

- révisions du 21 juin 2005
    articles 37, 51(3) et 107(4): adaptation du renvoi à l'article 114, alinéa 2, pour l'obligation de la Chambre des députés d'observer les conditions y prescrites (quorums de présence et d'approbation requis pour modifier la Constitution) en vue du vote des lois suivantes:
    - approbation de traités qui prévoient l'attribution de compétences constitutionnelles à des organes internationaux,
    - modification de la répartition du nombre de mandats parlementaires par circonscription,
    - fixation de la nationalité des membres des collèges échevinaux,
    - autorisation du Grand-Duc de déclarer et de cesser la guerre;

- révisions du 1er juin 2006
    articles 68 et 69: reformulation des règles relatives à l'immunité des députés et des conditions pour lever celle-ci;

- révision du 13 juillet 2006
    article 11(2): inscription dans la Constitution du principe de l'égalité entre femmes et hommes;

- révisions du 29 mars 2007
    - article 11(3): la protection de la vie privée est formellement élevée au rang de droit fondamental garanti par la Constitution;
    - article 11(4) et (5): les droits sociaux inscrits à l'article 11 subissent certaines modifications: le droit au travail est déclaré objectif à valeur constitutionnelle, le droit de grève est explicitement mentionné, et parmi les objectifs à valeur constitutionnelle sont ajoutées la lutte contre la pauvreté et la lutte contre l'exclusion sociale des personnes handicapées;
    - article 11*bis*: de nouveaux objectifs à valeur constitutionnelle font leur entrée dans la Constitution: la protection de l'environnement humain et naturel ainsi que la protection et le bien-être des animaux;

- révision du 24 octobre 2007

    article 16: l'expropriation n'est possible qu'à condition d'être faite dans un but d'utilité publique, d'avoir lieu dans les cas et de la manière prévus par la loi et de donner lieu à une juste indemnisation (qui ne doit plus être préalable);

- révision du 31 mars 2008

    nouvel article 32*bis*: les partis politiques sont inscrits dans la Constitution comme concourant à la formation de la volonté populaire et à l'expression du suffrage universel et comme exprimant le pluralisme démocratique;

- révisions du 23 octobre 2008

    article 9 (et suppression concomitante de l'article 10): la naturalisation (= obtention par un étranger de la nationalité luxembourgeoise) n'est plus considérée comme une faveur du législateur mais comme un droit auquel peut prétendre celui qui remplit les conditions légales prévues à cet effet[30];

- révision du 12 mars 2009

    article 34: suppression de la prérogative du Grand-Duc de sanctionner les lois, son intervention se limitant dorénavant à la promulgation des lois adoptées par la Chambre des députés.

---

30   cf. Paragraphe 2.3.3. *la nationalité*.

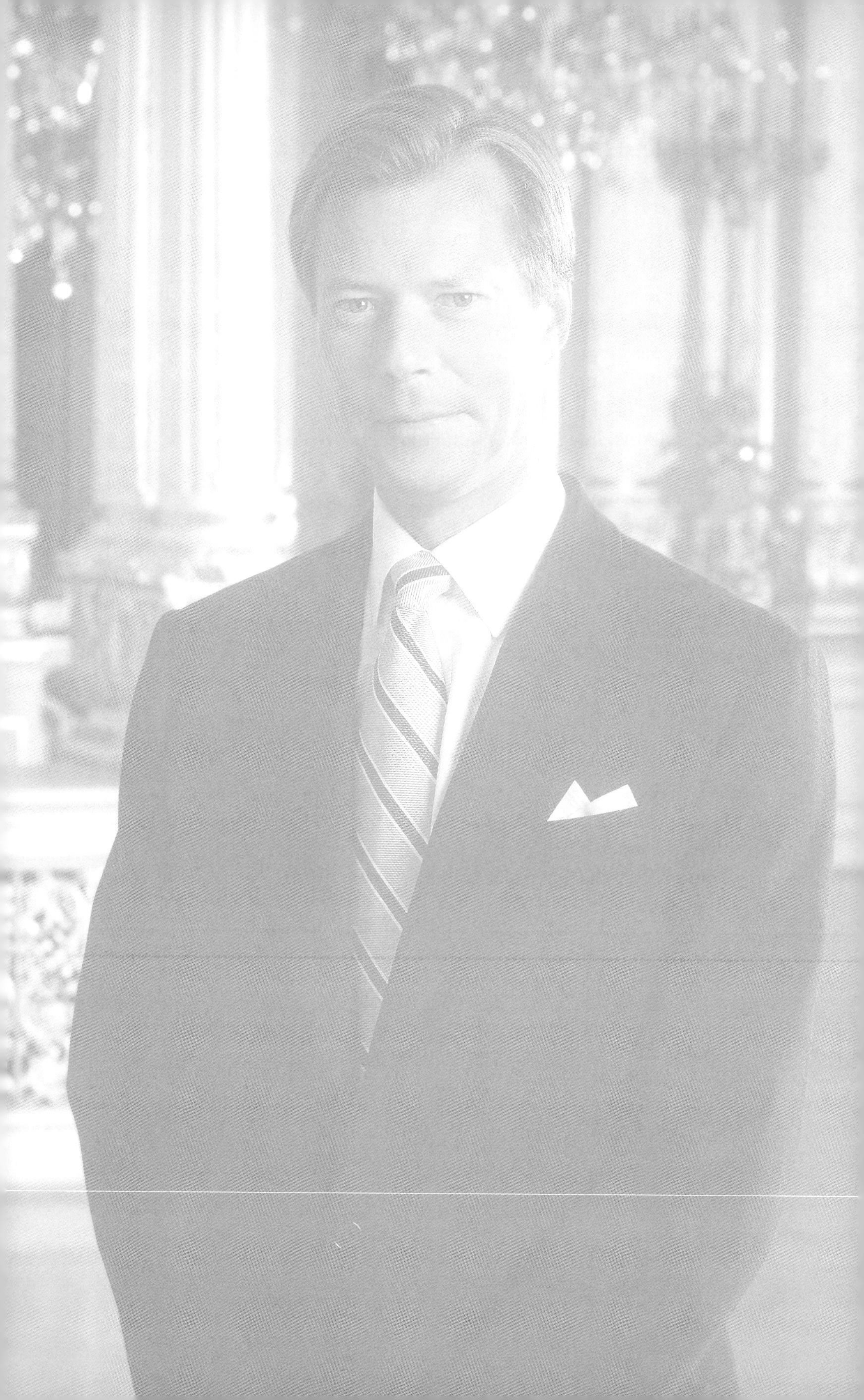

4 La structure de la Constitution luxembourgeoise

> «La préoccupation primordiale de la Constitution doit être non la structure de l'Etat et l'agencement de ses organes, mais la garantie des libertés fondamentales. C'est bien ainsi que la Constitution luxembourgeoise et son modèle, la Constitution belge, l'ont compris. Avant de s'occuper de la forme et de l'exercice de l'autorité publique, elles ont défini et proclamé les droits du citoyen.»[1]
>
> Alex BONN

Tout comme les textes constitutionnels des autres démocraties européennes, la Constitution luxembourgeoise organise les droits fondamentaux et les libertés publiques destinés notamment à protéger le citoyen contre d'éventuels excès de pouvoir de la part de l'Etat. Elle détermine par ailleurs la façon dont s'exercent les pouvoirs de l'Etat.

> Etant donné que le texte de la Constitution luxembourgeoise remonte pour beaucoup de ses articles au libellé constitutionnel de 1848, et que la rédaction a subi depuis lors – à côté des deux grandes modifications de 1856 et 1868 – de multiples changements, il peut présenter à maints égards des incohérences, surtout au niveau rédactionnel. D'autres dispositions apparaissent dans un style plutôt démodé qui n'est plus adapté au langage juridique du 21e siècle. Enfin, un certain nombre de règles institutionnelles sont appliquées d'une manière qui s'écarte de façon parfois importante d'une interprétation littérale.

---

1 Alex Bonn, Réflexions sur la Révision de la Constitution, p. 10.

> Cette situation a conduit d'aucuns à opposer la «Constitution vécue» à la «Constitution écrite»[2].
>
> Malgré le rythme très rapide auquel elles se sont succédé au cours des dernières années, les révisions ponctuelles n'arrivent plus à colmater les différences et les incohérences présentes dans le texte actuel de la Constitution. La révision globale et le nouvel ordonnancement de la Constitution dont question *in fine* de la section 4.4. *la subdivision de la Constitution* énoncent à cet égard la réponse appropriée.

4.1. LES CARACTÉRISTIQUES DE LA CONSTITUTION

4.1.1. la supériorité de la Constitution par rapport aux lois

La Constitution prend soin de rappeler la hiérarchie entre ses dispositions et les lois qui doivent être portées en sa vertu, c.-à-d. celles-ci doivent être en tous points conformes à la Constitution.

> Constitution, article 113: «*Aucune disposition de la Constitution ne peut être suspendue.*»
> Article 95*ter*(1): «*La Cour Constitutionnelle statue, par voie d'arrêt, sur la conformité des lois à la Constitution.*»

Les articles 113 et 95*ter* établissent le principe de la supériorité de la Constitution par rapport aux lois ordinaires. Aussi la Constitution est-elle souvent appelée Loi fondamentale.

> *«La Constitution doit être la loi de toutes les lois, elle doit être la norme d'après laquelle nous devons agir.»*[3]
>
> *«Elaborée pour fixer l'organisation des pouvoirs publics et le fonctionnement des institutions, d'une part, pour proclamer les libertés et les droits du citoyen, d'autre part, la Constitution est la loi fondamentale qui arrête les bases constitutives de l'Etat. Comme telle elle s'inscrit au frontispice de l'édifice étatique, elle est le cadre dans lequel la vie nationale est appelée à se mouvoir, elle édicte les règles générales d'après lesquelles s'exerce l'auto-*

---

2 cf. Remarque *in fine* de la section 4.4. *la subdivision de la Constitution*.
3 Paul Eyschen, rapporteur du projet de révision de la Constitution en 1868, compte rendu 1867–1868, session extraordinaire 1868, 18ᵉ séance, p. 27–28.

> *rité publique ... Comme telle, la Constitution s'impose non seulement aux pouvoirs exécutif et judiciaire, mais au législateur lui-même.»*[4]
>
> *«La loi votée (...) n'exprime la volonté générale que dans le respect de la constitution.*[5]*»*

La Constitution ne peut être altérée que suivant les règles particulières qu'elle prévoit elle-même pour sa modification.

Ainsi, les pouvoirs institués par la Constitution ne sauraient pas agir en contrariant les règles fixées par celle-ci. Et, les actes posés par ces pouvoirs ne doivent pas déroger aux règles constitutionnelles.

> La Constitution espagnole est très explicite sur ce point. Elle dispose dans son article 9 que *« 1. Les citoyens et les pouvoirs publics sont soumis à la Constitution et aux autres normes de l'ordre juridique ... 3. La Constitution garantit le principe de la légalité, la hiérarchie des normes, (...) et la responsabilité des pouvoirs politiques et protège contre toute action arbitraire de ceux-ci.»*

Le principe de la supériorité constitutionnelle signifie, d'une part, que ni les lois édictées ni *a fortiori* les actes réglementaires pris par le pouvoir exécutif ne peuvent suspendre l'application de la Constitution, voire échapper à celle-ci.

> Le fait par le Roi Grand-Duc Guillaume III de procéder en 1856 à la modification de la Constitution de 1848 par une ordonnance au lieu de laisser s'appliquer la procédure de l'article 118, que celle-ci prévoyait pour les révisions constitutionnelles, est dès lors à juste titre à considérer comme un «coup d'Etat» (= conquête du pouvoir par des moyens illégaux, inconstitutionnels).

Ce principe signifie, d'autre part, que les règles de la Constitution s'imposent à chaque loi prise en son exécution. C'est dire que la loi doit être conforme à la Constitution.

Depuis la révision constitutionnelle de 1996, le Luxembourg dispose d'une Cour constitutionnelle appelée à statuer *(ex post)* sur la conformité des lois à la Constitution (cf. article 95*ter* de la Constitution).

---

[4] Alex Bonn, Le contrôle de la constitutionnalité des lois, *Pas.* 22, p. 5.
[5] Conseil constitutionnel français, 23 août 1985, N° 197DC.

> Si une partie à un procès judiciaire estime que la loi applicable n'est pas conforme à la Constitution, elle peut, avant de statuer, demander à la juridiction saisie de l'affaire de soumettre à la Cour constitutionnelle la question de la conformité de la loi en question avec les dispositions de la Constitution («question préjudicielle»). Le juge peut également de sa propre initiative soumettre la question de la constitutionnalité d'une loi à la Cour constitutionnelle. Celle-ci ne peut cependant pas se saisir elle-même d'une question de conformité d'une loi à la Constitution.
>
> Nous verrons que les lois d'approbation des traités internationaux sont exclues du contrôle de constitutionnalité[6].
>
> Ce contrôle s'exerce par ailleurs *ex post*, une saisine de la Cour constitutionnelle n'étant pas possible pendant la phase d'élaboration d'une loi.
>
> Enfin, le citoyen ne dispose pas du droit de saisir directement la Cour constitutionnelle, mais il peut seulement, en qualité de partie à un procès, soulever devant sa juridiction l'exception d'inconstitutionnalité d'une loi.

L'exception d'inconstitutionnalité fournit aux particuliers une arme précieuse qui les prévient contre les effets d'une loi non conforme à la Constitution.

En vertu de l'article 15 de la loi du 27 juillet 1997 portant organisation de la Cour Constitutionnelle, la juridiction qui a posé la question préjudicielle, ainsi que toutes les autres juridictions appelées à statuer dans la même affaire, sont tenues, pour la solution du litige dont elles sont saisies, de se conformer à l'arrêt rendu par la Cour[7]. Les décisions de la Cour n'agissent par conséquent pas *erga omnes*. La dispense des juges du fond de poser de nouveau la question préjudicielle, lorsque celle-ci a déjà été tranchée par la Cour dans une affaire antérieure (cf. loi précitée du 27 juillet 1997, article 6, alinéa 2, sous c), réserve cependant aux arrêts de la Cour une portée qui dépasse un effet purement *inter partes*.

Or, même en concluant à l'inconstitutionnalité d'une loi, la Cour constitutionnelle laisse intacte la souveraineté parlementaire. L'arrêt de la Cour n'annule pas la loi déclarée non conforme à la Constitution. En effet, face au constat de la non-conformité d'une loi avec la Constitution, la Chambre des députés garde l'option soit d'adapter la loi à la norme constitutionnelle, soit de procéder à une révision constitutionnelle pour lever l'obstacle que la loi rencontre dans la Constitution.

---

6 cf. Section 4.2. *la primauté du droit international sur la Constitution*.
7 cf. Paragraphes 6.5.1. *l'organisation judiciaire* et 6.5.3. *le contrôle des pouvoirs législatif et exécutif par le pouvoir judiciaire*.

> La relative facilité de modifier la Constitution, introduite lors de la révision de son article 114, le 19 décembre 2003, explique probablement, ensemble avec le souci des pouvoirs institutionnels de se doter d'instruments juridiques flexibles, la tendance très présente de réagir aux arrêts de la Cour constitutionnelle par un alignement des règles constitutionnelles aux lois, plutôt que de procéder à la mise en conformité de la loi déclarée inconstitutionnelle avec la Loi fondamentale (cf. révisions des articles 32 et 76, le 19 novembre 2004, ou de l'article 16, le 24 octobre 2007).

Aucun effet contraignant n'est par ailleurs attaché aux arrêts de la Cour constitutionnelle, de sorte que le législateur n'est juridiquement pas obligé d'assurer dans un délai déterminé la cohérence entre la loi ordinaire et la Constitution.

> Nous verrons plus loin que les actes réglementaires posés par le pouvoir exécutif (article 32 (3) et (4), article 36, article 37, alinéa 4 et article 76, alinéa 2), par les communes (article 107(3)) et, le cas échéant, par un établissement public (article 108*bis*) ou un organisme professionnel (article 11(6), alinéas 2 et 3) doivent être conformes à la Constitution et aux lois.[8]
>
> L'article 95, première phrase de la Constitution dispose que **«Les cours et tribunaux n'appliquent les arrêtés et règlements généraux et locaux qu'autant qu'ils sont conformes aux lois»**. Ce contrôle de la légalité des règlements et arrêtés par les juridictions (de l'ordre judiciaire et de l'ordre administratif), appelé *«contrôle incident»*, inclut le contrôle de la constitutionnalité des règlements et arrêtés.
>
> En plus, l'article 15 de la loi modifiée du 21 juin 1999 portant règlement de la procédure devant les juridictions administratives attribue à ces juridictions un contrôle de la légalité des actes pris par le pouvoir réglementaire, contrôle qui s'étend aussi à la vérification de la conformité de l'acte réglementaire à la Constitution.

En vertu de sa loi organique du 12 juillet 1996, le Conseil d'Etat exerce un contrôle *ex ante* sur la constitutionnalité des projets de loi et de règlement ainsi que des propositions de loi qui sont soumis à son avis. Ce contrôle s'étend d'ailleurs à la vérification de la conformité aux traités internationaux et aux principes généraux du droit. Sauf son annonce, dans l'hypothèse d'un projet ou d'une proposition de loi, de refuser la dispense du second vote constitu-

---

8 cf. Paragraphe 6.1.3. *le Grand-Duc, chef de l'exécutif.*

tionnel, lorsqu'il ne sera pas suivi, le Conseil d'Etat ne dispose sur ce point d'aucun autre pouvoir de sanction[9].

4.1.2. la rigidité de la Constitution

En raison de son caractère de Loi fondamentale, la Constitution est revêtue d'une plus grande stabilité que la loi ordinaire. Cette stabilité est due à la rigidité de la Loi constitutionnelle, qui se traduit par des formalités plus exigeantes que celles prévues pour la loi ordinaire, en vue de mettre en œuvre les révisions constitutionnelles.

> *«La raison d'être de la rigidité est de donner plus de stabilité aux règles constitutionnelles. Il ne saurait être question d'une immuabilité absolue qui, du point de vue politique, serait absurde. La rigidité fait que l'établissement de la Constitution échappe à un comportement passager et momentané des députés. L'exigence de formes spéciales, difficiles à mettre en mouvement, garantit que la révision s'accomplit après réflexion et avec une certaine pondération.»*[10]
>
> A en juger par le rythme très rapide auquel se suivent les révisions constitutionnelles depuis l'allégement de la procédure découlant de la modification de l'article 114 en 2003, d'aucuns ont pu estimer que pareille rigueur n'est plus de mise face à la facilité avec laquelle les pouvoirs politiques ont pris l'habitude de procéder à la mise à jour de notre Loi fondamentale. Or, le Conseil d'Etat a encore mis en garde fin 2008 contre la banalisation des révisions constitutionnelles en constatant que *«Cette tendance va au détriment de la stabilité de la Constitution qui cède trop facilement aux besoins passagers et momentanés de la politique. Cette évolution mettra à la longue en cause la rigidité, garantie pourtant essentielle à la supériorité de la Constitution par rapport aux lois ordinaires.»*[11]

Le formalisme que reflètent les modalités procédurales retenues pour les révisions constitutionnelles détermine le degré de rigidité d'une Constitution.

---

9   Article 2(2) de la loi du 12 juillet 1996 portant réforme du Conseil d'Etat: *«S'il estime un projet de loi ou une proposition de loi contraire à la Constitution, aux conventions et traités internationaux, ainsi qu'aux principes généraux du droit, le Conseil d'Etat en fait mention dans son avis. Il en fait de même, s'il estime un projet de règlement contraire à une norme de droit supérieure.»*
10 Jean Thill, Aperçu de droit constitutionnel, p. 66.
11 Avis du Conseil d'Etat du 9 décembre 2008 (doc. parl. n° 5967[2]).

Si les exigences procédurales sont laborieuses à mettre en œuvre, la Constitution est dite rigide.

Si par contre la procédure de modification est aisée à déclencher et rapide à parcourir, la Constitution est considérée comme souple, puisque les formalités pour y procéder se rapprochent de celles prévues pour l'adoption des lois ordinaires.

Les révisions de la Constitution luxembourgeoise interviennent certes selon des règles similaires à celles prévues pour l'adoption des lois. La décision de modifier la Constitution appartient à la Chambre des députés (Constitution, art. 114, alinéa 1er: «*Toute révision de la Constitution doit être adoptée ... par la Chambre des députés ...*»). Toutefois, l'article 114 prévoit une procédure de révision dont les exigences formelles dépassent celles prévues pour l'adoption des lois ordinaires[12].

Nonobstant les allégements apportés à la procédure de révision de la Constitution, le 19 décembre 2003, celle-ci s'avère donc plus solennelle et plus rigoureuse que celle prévue pour l'adoption des lois ordinaires. Elle est par ailleurs plus difficile à mettre en œuvre.

Le formalisme attaché à ses révisions est censé lui donner une plus grande stabilité, voire une rigidité qui la distingue de la loi ordinaire.

4.1.3. la place de la coutume dans la Constitution

A l'image des constitutions démocratiques que la grande majorité des pays de l'Europe se sont données à partir de la fin du 18e siècle, suivant l'exemple des Etats-Unis d'Amérique, les constitutions luxembourgeoises successives ont toutes revêtu la forme écrite.

La supériorité de la Constitution par rapport aux lois ordinaires et sa stabilité dans le temps devraient *a priori* dénier toute raison d'être à une coutume qui s'établirait à côté du texte écrit (coutume «*praeter legem*») et *a fortiori* à des pratiques qui iraient à l'encontre des prescriptions existantes (coutume «*contra legem*»).

Or, la doctrine ne conteste pas l'existence en droit constitutionnel de la coutume, surtout si elle se présente dans la forme «*praeter legem*». La coutume ne saurait cependant revêtir de caractère supra-constitutionnel qui lui permettrait de lier le Constituant lui-même. Elle ne saurait non plus comporter d'effet *contra legem* qui reviendrait à abroger ou du moins à suspendre l'effet de telle

---

12 Pour la possibilité de remplacer le deuxième vote parlementaire par un référendum, il est renvoyé au paragraphe 4.3.1. *la procédure de révision de la Constitution*.

disposition écrite de la Constitution. Cette conception se heurterait en effet à la règle de l'article 113 de la Constitution[13].

> «*Une coutume, en droit, est une règle qui ne résulte pas de la volonté expresse de l'autorité publique (comme, par exemple, une loi ou un décret), mais de la pratique des membres du groupe social considéré, c'est-à-dire de la répétition fréquente, durable et ininterrompue d'un même comportement par ces derniers, qui vont finir par considérer ce comportement comme juridiquement obligatoire. Pour que se forme une telle coutume, il faut donc deux éléments, un élément de fait, d'abord, la répétition régulière d'un même comportement, et un élément intellectuel, ensuite, l'opinio juris, la conviction qu'il est obligatoire de se comporter ainsi – et donc, qu'un comportement contraire serait passible de sanctions juridiques.*»[14]
>
> «*La coutume a l'avantage d'être plus spontanée que le droit écrit, plus démocratique même en ce sens que toute la communauté participe à sa formation. En outre elle est plus pratique et plus proche des besoins sociaux que le droit législatif. On relève également sa plus grande souplesse. La coutume s'adapte, dit-on, plus facilement aux conditions changées; mais cette qualité est contestable, la coutume étant souvent plus tenace et plus figée que la loi. Toutefois, ces avantages ne contrebalancent guère les inconvénients de la coutume. Elle est tout d'abord incertaine; il est difficile de la différencier par rapport au simple usage de fait. Elle ne convient que pour exprimer des règles simples et primaires; à ce titre, elle est de loin trop rudimentaire pour les besoins de la vie sociale contemporaine. Enfin, la coutume est essentiellement particulariste; elle ne convient guère aux Etats centralisés de l'époque moderne. C'est pourquoi on est d'accord pour considérer la coutume comme un mode inférieur de la formation du droit. Elle est supplantée actuellement par le droit écrit. En effet, le droit écrit, comme droit rationnel, précis, certain, susceptible de la généralisation la plus large, est plus adéquat aux besoins sociaux de notre époque.*»[15]

Il faut sans doute concéder une place relativement importante à la coutume *praeter legem* dans la Constitution luxembourgeoise. En effet, le compromis trouvé en 1868 en vue de son adoption a consisté à réaffirmer sur le plan politique les principes démocratiques qui avaient prévalu en 1848, tout en ménageant dans le texte écrit le principe monarchique. Et on ne peut pas nier que

---

13   Constitution, article 113: «**Aucune disposition de la Constitution ne peut être suspendue.**»
14   Frédéric Rouvillois, Droit constitutionnel, fondements et pratiques, pp. 121–122.
15   Pierre Pescatore, Introduction à la science du droit, pp. 104–105.

la clarté et la précision de l'énoncé ont quelque peu été sacrifiées sur l'autel du compromis politique intervenu.

Pour le surplus, nombre de pratiques institutionnelles, comme le droit de la Chambre des députés de retirer sa confiance au Gouvernement en vue de l'obliger à démissionner, ne sont pas explicitement prévues dans la Constitution, mais sont unanimement reconnues comme étant nécessaires pour assurer l'équilibre entre les pouvoirs et pour garantir à chacun d'exercer les compétences lui dévolues par la Constitution.

D'autres pratiques, voire d'autres changements du texte constitutionnel ont infléchi l'interprétation qu'il faut donner à telle disposition. Le rôle croissant des partis politiques et la constitution de majorités parlementaires sur lesquelles le Gouvernement doit pouvoir s'appuyer pour mener son action politique a fortement limité la prérogative du Grand-Duc inscrite aux articles 76 et 77 d'organiser son Gouvernement et d'en nommer et révoquer les membres.

L'inscription du principe de la souveraineté nationale à l'article 32 fait depuis 1919 apparaître sous un jour nouveau la portée de l'exercice par le Grand-Duc de la puissance souveraine, inscrit dès 1868 dans le même article.

La coutume ne peut certes abroger ou suspendre aucune disposition constitutionnelle écrite; elle peut cependant combler le silence de la Constitution et faciliter, voire changer son interprétation sur certains points en cas d'incertitude ou sous l'effet de modifications affectant d'autres dispositions. Elle a donc surtout un caractère supplétif et interprétatif par rapport au texte écrit.

Depuis 1998, la Cour constitutionnelle a, dans sa jurisprudence, réagi à des écarts de la pratique législative et administrative qu'elle a jugés trop importants par rapport aux principes constitutionnels. Ainsi elle a déclaré non conformes à la Constitution les dispositions légales qui avaient conféré des pouvoirs d'exécution directement aux Ministres, ignorant l'exclusivité de la prérogative du Grand-Duc prévue à l'article 36 de prendre les règlements et les arrêtés nécessaires pour l'exécution des lois, ou encore l'envoi en possession, en cas d'expropriation pour cause d'utilité publique, sur base de la consignation d'une indemnité provisionnelle sommairement évaluée, nonobstant l'exigence inscrite à l'article 16 d'une indemnisation juste et préalable du propriétaire exproprié[16]. Les dispositions constitutionnelles concernées ont entre-temps été alignées à la pratique incriminée par la Cour constitutionnelle.

> La marge d'interprétation requise a tendance à augmenter avec l'âge de la Constitution. En effet, tout comme toute autre règle de droit, la Constitution évolue et change au fur et à mesure de son application. Ce phénomène

---

16 Cour constitutionnelle, arrêt 01/98 du 6 mars 1998 ainsi que arrêts 34/06 et 35/06 du 12 mars 2006.

devient particulièrement patent pour la Constitution luxembourgeoise dont nombre de dispositions remontent à plus de 160 ans. Or, l'autorité de la Loi fondamentale risque de pâtir sous l'effet d'écarts trop béants entre le texte et la pratique.

4.2. LA PRIMAUTÉ DU DROIT INTERNATIONAL SUR LA CONSTITUTION

Le principe de la primauté du droit international n'est pas formellement inscrit dans la Constitution. Il est pourtant indirectement consacré par l'article 95*ter*.

> Constitution, article 95*ter*: «*La Cour Constitutionnelle statue ... sur la conformité des lois à la Constitution ... à l'exception des lois portant approbation de traités ...*».

Ce principe résulte d'une jurisprudence constante des cours et tribunaux luxembourgeois, et il est confirmé par la doctrine.

> «*[Le] traité est une loi d'une essence supérieure ayant une origine plus haute que la volonté d'un organe interne; en conséquence, en cas de conflit entre les dispositions du traité international et celles d'une loi nationale postérieure, la loi internationale doit prévaloir sur la loi nationale.*»
> Cour, cass. crim., 14 juillet 1954, *Pas.* 16, p. 150
>
> «*La jurisprudence luxembourgeoise, après avoir déjà décidé en 1890 qu'une loi nationale ne peut porter atteinte aux traités internationaux, a été fixée (...) en ce sens qu'un traité international incorporé dans le droit national par une loi d'approbation est une loi d'une essence supérieure ayant une origine plus haute que la volonté de l'organe interne, et qu'en conséquence, en cas de conflit entre les dispositions d'un traité international et celles d'une loi nationale postérieure, la loi internationale doit prévaloir sur la loi nationale.*»
> Conseil d'Etat, Comité du contentieux, 7 décembre 1978, *Pas.* 24, p. 186
>
> «*Un traité international, incorporé dans la législation interne par une loi approbative, est une loi d'essence supérieure ayant une origine plus haute que la volonté d'un organe interne. Par voie de conséquence, en cas de conflit*

> *entre les dispositions d'un traité international et celles d'une loi nationale, même postérieure, la loi internationale doit prévaloir sur la loi nationale.»*
> TA, 25 juin 1997, 9799 et 9800 (confirmé CA, 11 décembre 1997, 9805C et 10191C)

> *«Le traité prévaut sur la loi nationale, même postérieure, parce que le traité a une origine plus élevée que la volonté d'un organe interne.»*[17]

> La déclaration n° 17 annexée au Traité modifiant le Traité sur l'Union européenne et le Traité de Lisbonne du 13 décembre 2007 instituant la Communauté européenne rappellent que les traités et le droit adopté par l'Union européenne sur la base de ces traités priment le droit des Etats membres, conformément à la jurisprudence de la Cour de Justice des Communautés européennes (*«Cour de Justice de l'Union européenne»* selon le Traité de Lisbonne), même si le principe de la primauté du droit communautaire n'est pas formellement inscrit dans le Traité. Le premier arrêt de cette jurisprudence avait été rendu le 15 juillet 1964 dans l'affaire 6/64, *Costa contre ENEL*: *«… issu d'une source autonome, le droit né du traité ne pourrait donc, en raison de sa nature spécifique originale, se voir judiciairement opposer un texte interne quel qu'il soit, sans perdre son caractère communautaire et sans que soit mise en cause la base juridique de la Communauté elle-même»*.

Le droit international, c'est-à-dire les droits et obligations qui se dégagent pour le Luxembourg des traités conclus avec d'autres Etats ainsi que les engagements pris à ce titre, prime le droit national.

Si un traité international ratifié par le Luxembourg ne concorde pas avec une disposition nationale, fût-ce un article de la Constitution, c'est la règle internationale qui prime. Ce principe ne vaut pas seulement en relation avec les traités internationaux ratifiés par le Luxembourg; il s'applique par exemple aussi en cas de contrariété entre une disposition juridique nationale et une norme relevant du droit communautaire dérivé. La question de savoir si la coutume internationale ou encore les principes généraux du droit international prévalent aussi contre le droit national écrit reste ouverte[18].

> Le principe de prééminence du droit international demande aux services gouvernementaux, chargés de négocier les engagements internationaux du Luxembourg, d'éviter que les traités et autres actes internationaux en ques-

---

17 Pierre Pescatore, Introduction à la science du droit, p. 181.
18 *Ibidem* et Cour, appel, 23 avril 1947, *Pas.* 14, p. 280.

tion comportent des obligations contraires au droit positif national, et de mesurer consciemment les implications des engagements à souscrire.

Comme il faut par ailleurs admettre qu'*a priori* le législateur a entendu respecter les engagements internationaux du pays, le droit national est toujours interprété de manière à en assurer la conformité avec les obligations internationales qui lient le Luxembourg. Si tel n'est pas possible, la règle internationale prime. Et, il appartient au législateur, voire au Constituant de mettre la règle de droit interne en conformité avec les exigences du droit international.

L'article 118 de la Constitution traitant du Statut de la Cour Pénale Internationale fournit d'ailleurs une illustration concrète du principe de primauté du droit international sur la Constitution.[19]

4.3. LES RÉVISIONS CONSTITUTIONNELLES

Tant la supériorité que la Constitution revêt dans la hiérarchie des normes par rapport aux lois ordinaires que le souci de lui donner une stabilité plus grande expliquent l'importance que le Constituant a réservée à la question des révisions constitutionnelles et aux formalités dont il a entouré celles-ci.

4.3.1. la procédure de révision de la Constitution

La procédure mise en place par le Constituant de 1848 témoigne d'une grande rigidité de cette Constitution (cf. art. 118[20]). Une approche rigide a également caractérisé la Constitution actuelle en 1868 (cf. art. 114[21]). Par contre, la Constitution réactionnaire de 1856 limitait le formalisme attaché à ses révisions à l'obligation pour «*l'assemblée des Etats*» de les adopter «*par deux votes émis dans deux sessions différentes et à quarante jours d'intervalle au moins*».

---

19   cf. Paragraphe 6.1.1. *le Grand-Duc, chef de l'Etat* (voir sous «*le principe de l'inviolabilité du Grand-Duc*»).

20   Article 118 de la Constitution de 1848: «*Le pouvoir législatif a le droit de déclarer qu'il y a lieu à la révision de telle disposition constitutionnelle qu'il désigne. – Après cette déclaration, la Chambre est dissoute de plein droit. – Il en sera convoqué une nouvelle, conformément à l'art. 76. – Cette Chambre statue, de commun accord avec le Roi Grand-Duc, sur les points soumis à la révision. – Dans ce cas la Chambre ne pourra délibérer, si trois quarts au moins des membres qui la composent, ne sont présents; et nul changement ne sera adopté, s'il ne réunit au moins les deux tiers des suffrages.*»

21   Le texte de l'article 118 de la Constitution de 1848 a été repris, sauf qu'il est renvoyé à l'article 74 (et non 76) suite au réagencement du texte constitutionnel.

Selon les Constitutions de 1848 et de 1868, les déclarations conformes de la Chambre des députés et du Grand-Duc, qui exerçaient en commun la fonction législative et la fonction constituante, prévoyant une modification constitutionnelle, étaient suivies de la dissolution automatique de la Chambre. Ces déclarations fixaient l'étendue et les limites de la révision en spécifiant les articles sujets à modification, voire à suppression. Les élections devaient se tenir dans les trois mois après la dissolution de la Chambre[22]; elles étaient censées permettre aux électeurs de faire connaître, par le biais du renouvellement de la Chambre, leur sentiment sur la révision constitutionnelle projetée.

La nouvelle Chambre, issue des élections et appelée Constituante, avait la plénitude des attributions d'une Chambre ordinaire. Elle avait en plus pour mandat de se prononcer sur les articles constitutionnels déclarés sujets à révision, soit en concrétisant les nouvelles dispositions, soit en renonçant d'y donner suite.

Si pour l'essentiel la révision intervenait selon les règles de compétence et de procédure prévues pour l'adoption des lois ordinaires, la loi de révision nécessitait au niveau du vote l'accomplissement de deux exigences spéciales:

- la Constituante ne pouvait délibérer sur les articles sujets à révision que si les trois quarts de ses membres au moins étaient présents;
- la révision n'était adoptée que si elle recueillait les deux tiers au moins des suffrages exprimés par les députés présents.

Cette procédure fut remplacée par celle prévue par la loi du 19 décembre 2003 portant révision de l'article 114 de la Constitution.

Le nouveau libellé de l'article 114 de la Constitution, introduit le 19 décembre 2003, a notablement simplifié la procédure de révision.

Constitution, article 114: *«Toute révision de la Constitution doit être adoptée dans les mêmes termes par la Chambre des députés en deux votes successifs, séparés par un intervalle d'au moins trois mois.*
Nulle révision ne sera adoptée si elle ne réunit au moins les deux tiers des suffrages des membres de la Chambre, les votes par procuration n'étant pas admis.

---

22   Article 74 de la Constitution de 1868; le délai pour tenir les élections se trouvait allongé par rapport à l'article 76 de la Constitution de 1848 qui avait prévu que les élections aient lieu dans les 30 jours après la dissolution de la Chambre et que la nouvelle Chambre soit convoquée dans les 10 jours suivants.

Le texte adopté en première lecture par la Chambre des députés est soumis à un référendum, qui se substitue au second vote de la Chambre, si dans les deux mois suivant le premier vote demande en est faite soit par plus d'un quart des membres de la Chambre, soit par vingt-cinq mille électeurs inscrits sur les listes électorales pour les élections législatives. La révision n'est adoptée que si elle recueille la majorité des suffrages valablement exprimés. La loi règle les modalités d'organisation du référendum.»

Le vote d'une révision constitutionnelle par la Chambre répond donc de nos jours aux conditions suivantes:

- la révision n'est adoptée que si elle recueille la majorité qualifiée requise équivalant aux voix d'au moins les deux tiers des députés (soit au moins 40 voix pour), le vote par procuration n'étant pas admis;
- le premier vote intervenu dans les conditions qui précèdent doit être répété après trois mois, car la dispense du second vote prévue par l'article 59 de la Constitution pour les lois ordinaires n'est pas permise ici; le second vote doit intervenir dans les mêmes conditions de majorité qualifiée (c.-à-d. au moins 40 députés doivent voter pour la révision constitutionnelle[23]);
- les deux votes parlementaires intervenus, la révision est promulguée par le Grand-Duc comme une loi ordinaire;
- le deuxième vote parlementaire est remplacé par un référendum si dans les deux mois après le premier vote plus d'un quart des députés (soit 16 députés au moins) ou 25.000 électeurs, admis à participer selon les listes électorales aux élections pour la Chambre des députés, le demandent; dans ce cas de figure, la révision est adoptée si elle réunit la majorité des voix exprimées lors de la consultation populaire, après quoi elle peut être promulguée par le Grand-Duc.

La nouvelle formule de révision, en vigueur depuis 2004, rend beaucoup plus souples les modifications constitutionnelles. La relative immuabilité de la Loi fondamentale voulue par les Constituants du 19e siècle, qui s'était maintenue tout au long du 20e siècle, se trouve donc fortement atténuée. L'accélération du rythme des révisions constitutionnelles depuis la modification de l'article 114 en témoigne d'ailleurs[24]. Le Grand-Duc n'a plus besoin de marquer son accord à une telle révision. Par contre, cette nouvelle formule continue à réserver à

---

23 cf. Paragraphe 2.5.1. *la forme de l'Etat luxembourgeois.*
24 cf. Paragraphe 4.3.2. *l'inventaire des révisions constitutionnelles.*

l'électeur la possibilité de se prononcer sur la modification projetée à l'occasion d'un référendum qui peut être initié selon les nouvelles règles et dont le résultat s'impose au législateur.

> Etant donné que le processus de révision ne s'étend plus sur deux législatures consécutives, il ne permet plus aux électeurs de faire connaître lors du scrutin leur sentiment sur l'opportunité de modifier les articles déclarés révisables par la Chambre sortante. En effet, une seule et même Chambre peut dorénavant mener à bonne fin les révisions qu'elle a elle-même mises en mouvement. L'électeur ne s'en trouve pourtant pas privé de la possibilité de faire part de son point de vue, puisque soit sur la demande de plus d'un quart des députés, soit sur l'initiative de 25.000 électeurs, le deuxième vote parlementaire prévu pour chaque modification constitutionnelle est remplacé par un référendum.
>
> Contrairement aux référendums consultatifs intervenant sur base de l'article 51(7) de la Constitution[25], le résultat de ce référendum constitutionnel s'impose au législateur, puisque la modification constitutionnelle votée en première lecture par le Parlement est adoptée si, lors du référendum remplaçant le deuxième vote parlementaire, elle recueille la majorité des suffrages valablement exprimés. Dans l'hypothèse d'un résultat négatif, la révision initiée par la Chambre est rejetée.
>
> Par ailleurs, l'initiative d'une consultation de l'électorat n'est pas laissée au législateur seul, comme dans l'hypothèse de l'article 51(7), car la procédure peut être déclenchée par une minorité de députés ou elle peut être le fruit d'une initiative populaire rassemblant le nombre minimum de signatures prescrit par l'article 114.
>
> La loi modifiée du 4 février 2005 relative au référendum au niveau national règle la façon dont doivent être rassemblées les signatures auprès des électeurs inscrits en vue de déclencher la procédure référendaire. Elle confie au Gouvernement le soin d'organiser le référendum, qui doit avoir lieu dans les 6 mois après que les conditions pour le déclencher sont réunies (à moins que ce rendez-vous ne se situe à 3 mois avant ou après des élections législatives, hypothèse qui entraîne pour autant de mois le report de la consultation).
>
> Le jour du déroulement du référendum (qui doit être un dimanche ou un jour férié légal) est fixé par règlement grand-ducal, qui détermine aussi la ou les questions sur lesquelles les électeurs sont appelés à se prononcer.

---

25 cf. Paragraphe 6.2.5. *l'exercice de la fonction législative* (voir sous *«les lois sont soumises deux fois au vote de la Chambre»*).

> La loi du 4 février 2005 a connu une première application dans le cadre de la révision de l'article 34 de la Constitution du 12 mars 2009[26]. Or, l'initiative référendaire lancée par un groupe d'électeurs en décembre 2008 n'a pas réussi, avec 796 signatures, à réunir le nombre minimum d'adhésions prescrit par l'article 114 de la Constitution. Dans ces conditions, la loi de révision a été adoptée le 12 mars 2009 en deuxième lecture à la majorité qualifiée de la Chambre des députés prévue par ledit article 114.

L'article 115 de la Constitution reflète en outre le souci de préserver les prérogatives constitutionnelles du Grand-Duc, son statut ainsi que l'ordre de succession. Ainsi, il n'est pas possible de procéder pendant une régence à la modification des articles constitutionnels qui ont trait aux intérêts du Grand-Duc.

> Constitution, article 115: «*Pendant une régence, aucun changement ne peut être apporté à la Constitution en ce qui concerne les prérogatives constitutionnelles du Grand-Duc, son statut ainsi que l'ordre de succession.*»

Pendant une régence, il est donc parfaitement loisible au Constituant de procéder à des révisions de la Loi fondamentale, à condition cependant de ménager les prérogatives grand-ducales, le statut du Grand-Duc et l'ordre de succession inscrits dans des articles répartis sur les différents chapitres de la Constitution.

4.3.2. l'inventaire des révisions constitutionnelles

La Chambre des députés a fait un usage parcimonieux de sa prérogative de procéder à des révisions constitutionnelles au cours des 110 premières années à compter de la Constitution de 1868. En tout et pour tout, il n'y a eu que 5 cycles de révisions (en 1919, en 1948, en 1956, en 1972 et en 1979).

> En fait, la démarche législative ordinairement retenue consiste à réserver séparément pour chaque article constitutionnel à modifier une loi de révision spécifique. Ainsi, il y eut en 1919 formellement quatre lois de révision différentes, toutes datées au 15 mai 1919. En 1948, il y eut quinze lois de révision, promulguées respectivement le 28 avril (une loi), le 6 mai (neuf lois), le 15 mai (deux lois) et le 21 mai (trois lois). La révision de 1956 a comporté trois lois, dont la première fut promulguée le 27 juillet et les deux autres le

---

26 cf. Paragraphe 6.1.2. *les rapports du Grand-Duc avec la Chambre des députés.*

> 25 octobre 1956. La révision de 1972 n'a porté que sur un seul article (loi du 27 janvier 1972). Celle de 1979 a comporté l'adoption de trois lois différentes, promulguées toutes le 13 juin 1979.

Le rythme des révisions s'est accéléré dès le début des années 1980, depuis qu'en fin de législature, avant sa dissolution, la Chambre des députés n'a plus jamais omis de déclarer un ou plusieurs articles voire l'ensemble de la Constitution susceptibles d'être révisés et de procéder en conséquence à une ou plusieurs modifications au cours de la législature subséquente. Une quinzaine de révisions constitutionnelles ont pris place entre 1980 et 2003.

Depuis la modification de l'article 114 en 2003, qui a de façon sensible réduit le formalisme lié aux révisions constitutionnelles, ce rythme a tendance à s'accélérer encore[27]. De janvier 2004 à mars 2009, 12 révisions constitutionnelles ont eu lieu.

Les modifications intervenues depuis 1868 se sont appliquées de façon très disparate sur les différents articles.

> Ainsi, jusqu'au 31 mars 2009, 70 articles sur les 121 articles du texte originaire n'ont jamais connu de modification. Leur libellé est resté celui de la Constitution de 1868.
>
> 47 articles de 1868 ont par contre été modifiés une ou plusieurs fois. C'est ainsi que les articles 11 et 51 ont subi cinq modifications, l'article 52, quatre, les articles 23, 37 et 107, trois et les articles 1er, 9, 26, 32, 34, 53, 63, 75, 76 et 118, deux modifications.
>
> Les articles 10, 63, 73 et 121 ont été supprimés.
>
> 8 articles nouveaux ont été ajoutés, dont 1 a été modifié depuis son insertion.

---

27 cf. Paragraphe 4.1.2. *la rigidité de la Constitution.*

4.4. LA SUBDIVISION DE LA CONSTITUTION

Dans sa version actuelle, la Constitution comporte 13 chapitres, numérotés de I à XII dont un chapitre V*bis*, et 129 articles numérotés de 1 à 121 (abrogé) dont 8 articles «...*bis*» ou «...*ter*» et 4 articles abrogés.

La structure de la Constitution qui en résulte se présente comme suit:

- Chapitre Ier – De l'Etat, de son territoire et du Grand-Duc
  Ce chapitre regroupe les articles 1er à 8.
- Chapitre II. – Des libertés publiques et des droits fondamentaux
  Ce chapitre regroupe les articles 9 à 31.
- Chapitre III. – De la Puissance souveraine
  Ce chapitre regroupe les articles 32 à 49*bis*. Il est subdivisé en
  4 paragraphes:
  - §1er – De la Prérogative du Grand-Duc (articles 33 à 45)
  - §2 – De la Législation (articles 46 à 48)
  - §3 – De la Justice (article 49)
  - §4 – Des pouvoirs internationaux (article 49*bis*).
- Chapitre IV. – De la Chambre des Députés
  Ce chapitre regroupe les articles 50 à 75.
- Chapitre V. – Du Gouvernement du Grand-Duché
  Ce chapitre regroupe les articles 76 à 83.
- Chapitre V*bis*. – Du Conseil d'Etat
  Ce chapitre contient le seul article 83*bis*.
- Chapitre VI. – De la Justice
  Ce chapitre regroupe les articles 84 à 95*ter*.
- Chapitre VII. – De la Force publique
  Ce chapitre regroupe les articles 96 à 98.
- Chapitre VIII. – Des Finances
  Ce chapitre regroupe les articles 99 à 106.
- Chapitre IX. – Des Communes
  Ce chapitre regroupe les articles 107 et 108.
- Chapitre X. – Des Etablissements publics
  Ce chapitre contient le seul article 108*bis*.
- Chapitre XI. – Dispositions générales
  Ce chapitre regroupe les articles 109 à 115.
- Chapitre XII. – Dispositions transitoires et supplémentaires
  Ce chapitre regroupe les articles 116 à 121[28].

---

[28] L'article 121 a été abrogé en 1989.

La consistance et le libellé à divers égards suranné de la Constitution avaient conduit les auteurs de l'ouvrage *«Le Conseil d'Etat, Gardien de la Constitution et des Droits et Libertés fondamentaux»*, édité en 2006 à l'occasion du 150ᵉ anniversaire de leur institution, à proposer une refonte du texte constitutionnel[29].

«Face à l'abîme vertigineux entre la Constitution écrite et la Constitution vécue, entre les attentes des uns et des autres, entre la théorie et la pratique, n'avons-nous pas intérêt, tous ensemble, à imaginer une troisième Constitution, la Constitution à écrire, en vue de sortir d'une situation inconfortable qui, en fait et à la longue, n'arrange personne?»[30]

Inspirée par l'essai de refonte de la Constitution faisant l'objet de la troisième partie de l'ouvrage *«Le Conseil d'Etat, Gardien de la Constitution et des Droits et Libertés fondamentaux»*, la Chambre des députés a retenu dans une résolution du 11 décembre 2008 de ne plus procéder à l'actualisation de la Constitution par des révisions ponctuelles, mais de soumettre la Loi fondamentale à une refonte globale et d'en concevoir un nouvel ordonnancement.

---

29 Le Conseil d'Etat, Gardien de la Constitution et des droits et libertés fondamentaux, (Partie III. Essai sur une refonte de la Constitution), pp. 679–736.
30 Discours du président du Conseil d'Etat Pierre Mores, prononcé lors de la célébration officielle du 150ᵉ anniversaire du Conseil d'Etat, le 27 novembre 2006.

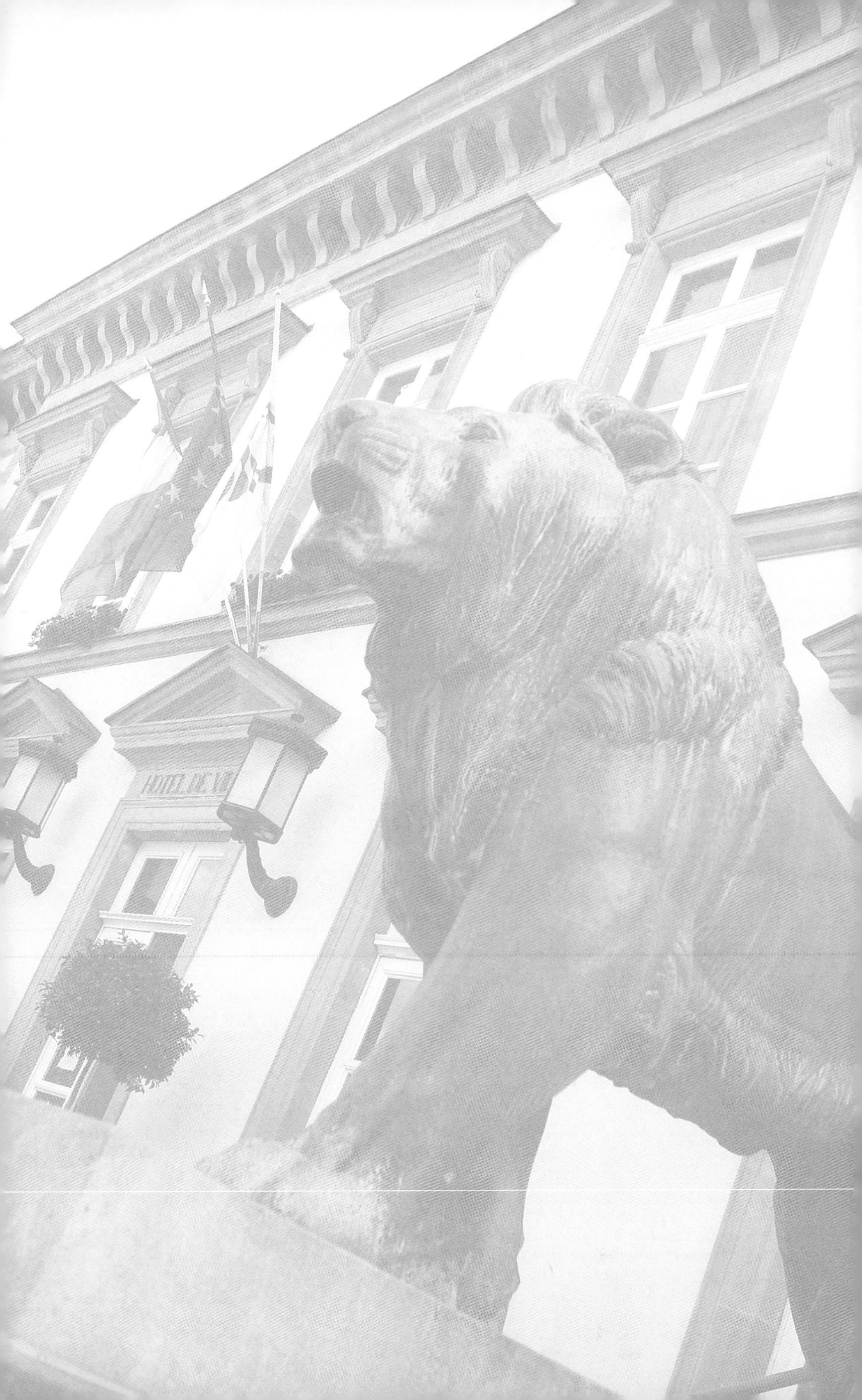
HOTEL DE VI

5 Les droits et libertés fondamentaux

> *«Le but de l'Etat n'est pas d'anéantir la liberté des citoyens, mais de la protéger, au contraire, en garantissant la sécurité indispensable à son exercice. On se complaît trop, aujourd'hui, à opposer l'ordre à la liberté, pour mieux asservir celle-ci à celui-là. Sans doute n'y a-t-il pas de liberté sans ordre mais, inversement, sans liberté, il n'y a pas d'ordre; il n'y a que de la police.»*
>
> Jean BODIN,
> philosophe et magistrat français
> (1530–1596)

Les droits et libertés occupent une place importante dans la Constitution luxembourgeoise depuis 1848. Ils s'y trouvent regroupés au chapitre II qui, dès 1848, portait l'intitulé *«Des Luxembourgeois et de leurs Droits»*. Cet intitulé a été remplacé lors de la révision constitutionnelle du 2 juin 1999 par *«Des libertés publiques et des droits fondamentaux»*; cette modification est en ligne avec l'article 111 de la Constitution qui étend aux étrangers *«qui se [trouvent] sur le territoire du Grand-Duché»* la protection que l'Etat accorde normalement aux Luxembourgeois. Par ailleurs, certaines dispositions du chapitre II (cf. art. 9 et 10*bis*) visent directement des personnes qui n'ont pas la nationalité luxembourgeoise (appelées les «non-Luxembourgeois»).

5.1. LA SUBDIVISION DES DROITS ET LIBERTÉS FONDAMENTAUX

5.1.1. la terminologie de la Constitution

D'après son intitulé, le chapitre II traite *«Des libertés publiques et des droits fondamentaux»*.

L'intitulé, introduit dans sa forme actuelle lors de la révision du 2 juin 1999, constitue un compromis entre les positions divergentes de la commission parlementaire compétente (qui avait proposé *«Des Libertés publiques»*) et celle du Conseil d'Etat (qui avait marqué une préférence pour *«Droits fondamentaux»*).

L'article 52 de la Constitution évoque la jouissance des droits civils et politiques comme condition de l'électorat actif et passif. Les articles 84 et 85 juxtaposent à leur tour droits civils et droits politiques. Un essai de distinguer les notions employées et un rappel des définitions usuellement retenues s'avèrent donc indiqués.[1]

Les droits civils sont considérés comme des prérogatives individuelles protégées par la loi et concernent soit les situations et relations de famille, soit le patrimoine des personnes. Ils regroupent tous les droits privés consacrés et organisés par le Code civil et par les lois qui sont venues le compléter. Les droits civils constituent par conséquent aujourd'hui des droits naturels ou artificiels reconnus ou institués par la loi au profit de tout individu humain, national ou étranger, en dehors de sa qualité de citoyen. L'objet immédiat en est le bien propre et privé de l'individu que le droit civil a pour objet immédiat de garantir.

Les droits politiques comprennent tant les droits de participation active au pouvoir que les droits reconnus par la loi au citoyen dans ses rapports avec la puissance publique comme membre passif de la communauté politique, y compris le droit de bénéficier en tant que citoyen ou administré de la distribution des services et avantages que la puissance publique procure.[2]

Les travaux parlementaires ayant précédé la révision constitutionnelle du 2 juin 1999 ont mis en exergue la distinction entre les libertés publiques qui sont attachées à l'Etat légal (c'est-à-dire au règne de la loi), et les libertés et droits fondamentaux qui possèdent un caractère supra-légal.

---

[1] En vue de dégager la nature et la portée des «droits civils» et des «droits politiques» ainsi que des «libertés publiques» et des «droits fondamentaux», on peut utilement se reporter à l'analyse de la question faite dans l'ouvrage «Le Conseil d'Etat, Gardien de la Constitution et des Droits et Libertés fondamentaux» (Partie I, introduction au chapitre II et commentaire des articles 84 et 85, édition 2006 et sa mise à jour électronique de septembre 2007).

[2] cf. Arrêt de la Cour de cassation belge du 21 décembre 1956.

Nonobstant les divergences doctrinales qui subsistent au sujet de ces distinctions, l'on peut douter de leur utilité pratique. Ainsi, les auteurs de l'ouvrage *«Le Conseil d'Etat, Gardien de la Constitution et des Droits et Libertés fondamentaux»*[3] se sont-ils demandé à partir de quel degré un droit devient «fondamental», pour constater que la Constitution luxembourgeoise, à l'instar d'autres constitutions européennes, retient une liste de libertés ou principes fondamentaux définis expressément comme tels, et pour conclure que ces droits sont fondamentaux parce qu'ils sont qualifiés ainsi par la Constitution. Encore faut-il s'interroger si tous les droits fondamentaux retenus comme tels au chapitre II méritent ce qualificatif. Il est ainsi permis de douter si, par exemple, les dispositions de l'article 11(6), alinéas 2 et 3, y ont leur place.

Et, les auteurs en question de regretter que *«les droits et libertés constitutionnels (soient) formulés de manière très ramassée et souvent vague»*, et que *«la Constitution reflète à cet égard la conception minimaliste qui a prévalu au début du dix-neuvième siècle, époque à laquelle les droits constitutionnellement garantis étaient essentiellement censés constituer une barrière contre d'éventuelles visées totalitaires du pouvoir monarchique»*[4].

> Ne serait-il dès lors pas indiqué d'aligner la rédaction du chapitre II à l'énoncé des droits et libertés prévu dans les références et normes supranationales (Déclaration universelle des droits de l'Homme, proclamée le 10 décembre 1948 par l'assemblée générale de l'Organisation des Nations Unies, Convention européenne de sauvegarde des droits de l'Homme et des libertés fondamentales, signée le 4 novembre 1950, à Rome, sous l'égide du Conseil de l'Europe, approuvée par la loi du 29 août 1953 et modifiée et complétée itérativement par la suite, Charte des droits fondamentaux de l'Union européenne, proclamée lors du sommet de Nice, le 7 décembre 2000)?

5.1.2. les trois générations de droits et libertés fondamentaux

La jurisprudence et la doctrine distinguent en matière de droit constitutionnel trois catégories de droits fondamentaux:

- les «droits-liberté», appelés aussi droits de la première génération;

---

3   Le Conseil d'Etat, Gardien de la Constitution et des Droits et Libertés fondamentaux, première mise à jour (septembre 2007).
4   Le Conseil d'Etat, Gardien de la Constitution et des Droits et Libertés fondamentaux (Partie III, Essai sur une refonte de la Constitution), p. 693.

- les «droits-créance» (qui apparaissent normalement sous forme de droits à connotation sociale ou économique), appelés encore droits de la deuxième génération;
- les droits dits de la troisième génération qui visent la protection d'intérêts collectifs.

Il est par ailleurs encore distingué entre les droits fondamentaux («*Grundrechte*») et les objectifs à valeur constitutionnelle («*Staatszielbestimmungen*»).

> La Constitution belge de 1831 était considérée au 19ᵉ siècle comme un modèle pour de nombreuses constitutions d'autres pays, dont la Constitution luxembourgeoise de 1848. Le chapitre II relatif aux droits et libertés constitue une copie quasiment conforme du modèle belge.[5] Les droits et libertés prévus étaient surtout des «droits-liberté», hérités des philosophes des Lumières («Aufklärung», 18ᵉ siècle) et consacrés dans la Déclaration (française) des droits de l'Homme et du citoyen de 1789.
>
> Ce n'est que cent ans plus tard, lors de la révision du 21 mai 1948, que l'article 11 de la Constitution a été complété par une série de droits sociaux et économiques (= «droits-créance»).
>
> *«Alors que les droits-liberté relèvent d'une conception négative de la loi, dont la fonction exclusive est d'interdire des actions qui empêcheraient autrui de jouir de ses droits, les droits-créance suggèrent, quant à eux, une fonction positive de la loi: elle peut formuler une revendication du corps politique à l'égard d'un bien considéré comme commun et implique la mise en place d'une institution spécifique pour satisfaire cette exigence. Au contraire, le privilège conféré aux droits-liberté implique l'affirmation de la priorité de la liberté des individus sur la définition d'un bien commun.»*[6]

5.1.3. les «droits-liberté»

Les droits fondamentaux dits de première génération protègent l'individu contre l'arbitraire de l'Etat et concernent essentiellement des droits politiques. Il s'agit de droits que le citoyen peut directement invoquer pour son compte, par exemple dans ses relations avec l'Administration ou devant les juridictions.

---

5   cf. L'article «Une petite généalogie de nos droits et libertés», par Manou Servais, in: Cahiers Luxembourgeois, 1998.
6   Marie Caille, Le citoyen, pp. 30–31.

Les «droits-liberté» reposent sur le principe que l'Etat n'a pas le droit d'intervenir dans la sphère d'action du citoyen, sauf à la protéger contre une atteinte émanant d'autres particuliers. Les fonctions de l'Etat sont à cet égard celles de l'Etat-gendarme (justice, ordre public, relations diplomatiques, défense, …).

Parmi les «droits-liberté» rangent notamment l'égalité des citoyens devant la loi (art. 10*bis*), l'égalité entre femmes et hommes (art. 11(2)), le droit de s'associer (art. 26) et de s'assembler paisiblement (art. 25), la protection de la vie privée (art. 11(3)), la garantie de l'exercice de droits politiques (art. 9), l'interdiction de la détention arbitraire (art. 12) et l'inviolabilité du domicile (art. 15), le droit à la propriété privée (art. 16), le principe de la légalité des peines (art. 14), la liberté de manifester librement ses opinions (art. 24), la liberté de presse (art. 24), la liberté religieuse (art. 19 et 20), le secret des correspondances (art. 28).

> *«La liberté est le droit de faire tout ce que les lois permettent.»*
> Montesquieu

> *«La liberté consiste à pouvoir faire tout ce qui ne nuit pas à autrui. Les libertés peuvent seulement être limitées par la loi, lorsque l'intérêt commun et notamment l'ordre public l'exigent.»*
> Déclaration française des droits de l'Homme (1789)

5.1.4. les «droits-créance»

Les «droits-créance» imposent à l'Etat une obligation de faire, c.-à-d. l'obligation d'assurer aux citoyens certaines prestations dont la collectivité est censée assumer la prise en charge en s'attribuant l'organisation et le financement.

Les droits dits de deuxième génération engagent l'Etat envers les particuliers en vue d'une libre participation de ceux-ci à la vie sociale, économique et culturelle de la Nation. Ces droits ont leur origine dans le principe de la solidarité qui régit le fonctionnement de la communauté nationale.

En ce qui concerne les «droits-liberté», l'Etat est tenu de rester passif, à moins que la liberté du citoyen ne soit menacée par autrui (particuliers, groupes, institutions …). Par contre, les «droits-créance» demandent de la part de l'Etat un rôle actif, celui de prendre les mesures appropriées pour permettre aux citoyens de tirer concrètement profit de ces droits.

Sont notamment considérés comme «droits-créance»: le droit à l'éducation obligatoire et gratuite (art. 23), le droit au travail (art. 11(4)), la protection de la santé, de la sécurité sociale ainsi que le droit des handicapés à l'insertion sociale (art. 11(5)), le droit à un logement décent (qui ne figure pas dans la Constitution luxembourgeoise) et, dans une certaine mesure, la protection du libre exercice de l'activité industrielle, commerciale, artisanale, agricole et des professions libérales (art. 11(6)).

5.1.5. les droits de la troisième génération

Dans un passé plus récent, la jurisprudence (p.ex. du Conseil constitutionnel français et de la Cour constitutionnelle allemande) et la doctrine ont tendance à ajouter une nouvelle catégorie de droits et de libertés, dits «de la troisième génération». Ces droits s'apparentent bien plus à des objectifs à valeur constitutionnelle qu'à des droits que le citoyen peut invoquer directement pour son compte[7]. Ils ont pour objet des buts d'intérêt commun qui sont destinés à assurer le bien-être de la collectivité dans son ensemble plutôt qu'à protéger le citoyen individuel dans l'accomplissement de sa destinée personnelle.

A cet égard, l'on peut mentionner par exemple l'élimination des entraves pouvant exister en matière d'égalité entre femmes et hommes (art. 11(2)), l'intégration sociale des citoyens atteints d'un handicap (art. 11(5)), la lutte contre la pauvreté (art. 11(5)), ou la protection de l'environnement naturel (art. 11*bis*, alinéa 1er) et des animaux (art. 11*bis*, alinéa 2).

5.1.6. les objectifs à valeur constitutionnelle

Les objectifs à valeur constitutionnelle constituent pour l'Etat une obligation d'agir dans le cadre de ses compétences constitutionnelles et des moyens disponibles, mais ne comportent pas de droit pour le justiciable qu'il pourrait invoquer directement à son profit devant une juridiction.

> La Constitution suisse est explicite à cet égard en disposant en son article 41.4: *«Aucun droit subjectif à des prestations de l'Etat ne peut être déduit directement des buts sociaux.»*

La doctrine constitutionnelle allemande reconnaît également l'existence d'objectifs à valeur constitutionnelle.

---

[7] cf. Paragraphe 5.1.6. *les objectifs à valeur constitutionnelle*.

> Selon la Cour constitutionnelle allemande, les objectifs à valeur constitutionnelle sont définis comme suit:
>
> «*Staatszielbestimmungen sind den Programmsätzen der Verfassung verwandt, die eigentlich nur richtungsgebenden Charakter haben. Sie verbürgen also keine individuellen Ansprüche, wie etwa die Grundrechte. Zu den Staatszielbestimmungen gehören zum Beispiel als Sozialstaatsprinzip der Umweltschutz, Art. 10a GG, aber auch trotz der auf ein Grundrecht hindeutenden Formulierung ein „Recht auf Arbeit" oder „Recht auf angemessene Wohnung".*»[8]

La notion d'objectif à valeur constitutionnelle apparaît aussi dans la doctrine française et dans la jurisprudence notamment du Conseil constitutionnel français[9].

> Il est distingué entre les principes constitutionnels, générateurs des droits et libertés du citoyen, et les objectifs de nature constitutionnelle, qui s'adressent à l'Etat dans son ensemble. La valeur constitutionnelle des seconds s'explique parce qu'ils mettent en valeur les premiers. Leur portée normative est limitée: ils ne sont pas directement applicables devant les juridictions, ils comportent une obligation de moyens et non de résultat, leur protection pour le justiciable est globalement atténuée. Par conséquent, le justiciable ne peut pas s'appuyer sur ces objectifs pour obtenir gain de cause en justice en contournant l'absence ou l'insuffisance des dispositions législatives censées garantir par exemple l'effectivité des droits sociaux ou de la protection de l'environnement.
>
> Le Conseil constitutionnel français n'a jamais utilisé un objectif à valeur constitutionnelle pour censurer une disposition législative. Il a au contraire évoqué ces objectifs pour admettre des dérogations limitées à des principes constitutionnels. La doctrine française a ainsi justifié des atteintes et des dérogations que des objectifs à valeur constitutionnelle ont pu apporter à des principes constitutionnels par le souci d'assurer l'effectivité des droits et libertés constitutionnels, en admettant toutefois que l'atteinte ne doit pas être excessive au point de dénaturer le droit constitutionnel visé[10].

---

8   Conseil d'Etat, 4ᵉ avis complémentaire du 14 février 2006 relatif à la proposition de révision de l'article 11 de la Constitution (doc. parl. n° 3923B[9]).
9   Le Conseil constitutionnel français a rangé parmi ces objectifs la protection de la santé publique (325 DC du 13 avril 1993) ou encore la possibilité pour toute personne humaine de disposer d'un logement décent (436 DC du 7 décembre 2000, 455 DC du 12 janvier 2002, 503 DC du 12 août 2004).
10 François Luchaire, Revue française de droit constitutionnel, N° 64, octobre 2005, pp. 675–684, et Pierre de Montalivet, Les objectifs de valeur constitutionnelle, Dalloz (Collection: Thèmes et commentaires), 2006.

Selon le Conseil d'Etat, *«L'objectif de valeur constitutionnelle s'impose au législateur mais il n'est pas considéré comme directement justiciable ... [Ces objectifs], s'ils constituent une obligation d'agir, ne créent cependant pas, en eux-mêmes, des droits entre les citoyens, ni au bénéfice de ceux-ci face à l'administration. Ils ne sont donc pas directement applicables et invocables par les citoyens devant le juge»* [11].

Au regard des développements qui précèdent, peuvent être considérés comme objectifs à valeur constitutionnelle certains droits-créance ainsi que l'ensemble des droits de la troisième génération.

Sur le plan de la terminologie, nous proposons de parler des *«objectifs à valeur constitutionnelle»*.

5.1.7. les difficultés inhérentes à la subdivision des droits et libertés fondamentaux

Les exemples cités en relation avec les différentes catégories de droits et libertés fondamentaux montrent qu'en pratique il est souvent difficile de tracer une délimitation claire entre les «droits-liberté» et les «droits-créance», entre les «droits-créance» et les «objectifs à valeur constitutionnelle». Les difficultés de délimitation se présentent tant au niveau de la détermination du titulaire des droits (individu ou collectivité) et de sa position juridique (droits directement ou indirectement invocables en justice) qu'au niveau des obligations assumées par l'Etat.

> En matière de liberté du commerce et de l'industrie, il est supposé que l'Etat adopte une attitude passive et qu'il s'abstient d'intervenir pour laisser à l'entrepreneur les intérêts tirés de son activité. Or, l'activité entrepreneuriale visée peut également être considérée sous l'angle de vue du travail, et l'activité libérale peut dans ces conditions prétendre à la même protection que le travail salarié. Le libre exercice de l'activité industrielle et commerciale constitue-t-il dès lors un «droit-liberté» ou un «droit-créance»?
>
> La liberté syndicale découle, d'une part, du droit général de s'associer et de s'assembler paisiblement («droit-liberté»). Mais il est également un élément constitutif du droit au travail («droit-créance»).
>
> La sécurité sociale constitue un «droit-créance» en ce qu'elle oblige la communauté nationale à se montrer solidaire de ceux qui sont dans le besoin, mais elle demande en même temps à l'Etat d'en organiser les mécanismes de

---

11   Avis précité du Conseil d'Etat du 14 février 2006 (doc. parl. n° 3923B[9]).

> fonctionnement et de financement; à ce deuxième égard, elle constitue un objectif à valeur constitutionnelle.

L'impossibilité de distinguer de façon nette la nature des différents droits et libertés fondamentaux n'enlève rien ni à la protection qu'ils apportent au citoyen ni aux obligations qu'ils imposent à l'Etat en sa qualité de représentant de l'intérêt public.

5.2. LES ANCRAGES LÉGISLATIFS DES DROITS ET LIBERTÉS FONDAMENTAUX

Au Luxembourg, la Constitution est la principale source de droit en matière de droits et libertés fondamentaux. Nous avons vu qu'elle y réserve un chapitre à part (le chapitre II: *«Des libertés publiques et des droits fondamentaux»*) qui porte sur les articles 9 à 31.

Le champ d'application des droits et libertés garantis par la Constitution a évolué au cours de l'histoire. Les étapes les plus importantes de cette évolution sont, hormis l'adoption de la Constitution du 9 juillet 1848, les révisions constitutionnelles des 6 et 21 mai 1948 et certaines des révisions intervenues depuis 1989.

La pratique montre d'ailleurs que très souvent «la constitutionnalité des droits et libertés fondamentaux» est postérieure à leur consécration dans des traités internationaux ou dans les lois ordinaires.

> Déjà la Constitution de 1848 (cf. son art. 19) avait disposé que la peine de mort en matière politique était abolie. C'est dire qu'elle était maintenue pour certains crimes de droit commun. Elle fut d'ailleurs appliquée pour la dernière fois en 1949. La dernière exécution pour un crime de droit commun (quintuple assassinat) se situe au 7 août 1948 alors que l'avant-dernière exécution avait eu lieu le 20 février 1821 (nonobstant 10 condamnations à la peine capitale prononcées, mais non exécutées entre 1821 et 1959). Par ailleurs, 12 condamnations à mort ont été prononcées pour crimes de guerre et faits de collaboration avec l'ennemi à la fin de la Deuxième Guerre mondiale; 8 furent exécutées, il y eut 3 grâces et 1 condamnation par contumace. La loi du 20 juin 1979 a aboli la peine de mort en toute matière sauf pour crimes militaires en temps de guerre, où elle fut abolie à son tour dans le cadre de la loi du 31 décembre 1982 concernant la refonte du code pénal militaire. Et il fallut attendre la révision du 29 avril 1999 pour supprimer la peine capitale dans la Constitution (cf. art. 18: ***«La peine de mort ne peut être établie.»***).

> Selon l'article 28, resté inchangé depuis l'entrée en vigueur de la Constitution de 1868, *«Le secret des lettres est inviolable.»* et *«La loi réglera la garantie à donner au secret des télégrammes.»*. Or, depuis lors, l'évolution technologique dans les communications a conduit au téléphone avec et sans fil, aux connexions électroniques, à d'autres formes de transmission d'informations ... où le secret de l'échange d'informations mérite la même protection que le secret des lettres et des télégrammes. Si la Constitution ne prévoit toujours pas de protection pour les formes de communication autres que le secret des lettres et des télégrammes, la loi ordinaire en assure pourtant entre-temps la protection[12].
>
> Le principe de la protection de la vie privée n'a été ancré dans la Constitution (cf. art. 11(3)) que lors de la révision du 29 mars 2007. Or, certaines formes de protection de la vie privée, comme l'inviolabilité du domicile (cf. art. 15) ou le secret des lettres précité (cf. art. 28), y figurent depuis 1848. Parallèlement, le Code d'instruction criminelle et certaines lois spéciales notamment dans le domaine de la protection des personnes à l'égard du traitement des données à caractère personnel[13] ou de la fouille des voitures[14] garantissaient déjà cette protection avant la révision de 2007.

Pour un grand nombre de dispositions dans le domaine des droits et libertés fondamentaux, la Constitution luxembourgeoise a maintenu des formulations qui ne sont plus adaptées ni aux textes internationaux relatifs à la matière, ni au langage du 21ᵉ siècle[15].

Nonobstant le maintien de passages constitutionnels dont la formulation remonte au 19ᵉ siècle, les conventions, déclarations et chartes sur la protection des droits de l'Homme auxquelles le Luxembourg a adhéré s'appliquent aujourd'hui parallèlement à la Constitution. En vertu du principe de la primauté du droit international, les dispositions de droit interne, y compris celles de la Constitution, sont interprétées dans le sens des traités auxquels le Luxembourg est partie et, en cas de divergence, c'est la disposition du traité qui l'emporte.

---

12 Loi du 26 mars 1982 portant introduction au code d'instruction criminelle des articles 88-1, 88-2, 88-3 et 88-4 (loi sur les écoutes téléphoniques), loi modifiée du 14 août 2000 relative au commerce électronique, loi modifiée du 15 décembre 2000 sur les services postaux et les services financiers postaux, loi modifiée du 30 mai 2005 sur les réseaux et les services de communications électroniques ...

13 Loi modifiée du 2 août 2002 relative à la protection des personnes à l'égard du traitement de données à caractère personnel, loi modifiée du 30 mai 2005 concernant la protection de la vie privée dans le secteur des communications électroniques, loi modifiée du 8 juin 2004 sur la liberté d'expression dans les médias.

14 Loi du 15 mars 2007 portant réglementation de la fouille de véhicules (ajout des articles 48-10 et 48-11 au Code d'instruction criminelle).

15 cf. Paragraphe 5.1.1. *la terminologie de la Constitution.*

Depuis la Deuxième Guerre mondiale, sous le coup des atrocités commises, la protection des droits de l'Homme a été organisée sur le plan international.

La Charte des Nations Unies, signée le 26 juin 1945, était le premier texte international qui visait à protéger la dignité humaine en termes globaux. Les articles 1er et 55 de la Charte assignent expressément à l'Organisation des Nations Unies (ONU), ayant son siège à New York, la mission d'encourager *«le respect des droits de l'homme et des libertés fondamentales pour tous, sans distinction de race, de sexe, de langue ou de religion»* et font de ce respect le fondement même de la réalisation de ses buts.

Nonobstant la tendance d'aucuns de remettre en cause certains aspects de l'acquis juridique actuel trop imprégné, à leurs yeux, de la culture occidentale, l'ONU a progressivement institué un système international de mise en œuvre de ce principe, tant par des traités que par de simples résolutions: conventions internationales qui portent sur la prévention et la répression du crime de génocide, la répression de la traite des êtres humains et de l'exploitation de la prostitution d'autrui, le statut des réfugiés, le statut des apatrides, l'abolition de l'esclavage, l'élimination de toutes les formes de discrimination raciale, l'imprescriptibilité des crimes de guerre et des crimes contre l'humanité, l'élimination et la répression du crime d'apartheid, les droits politiques de la femme et l'élimination de toutes les formes de discrimination à l'égard des femmes, l'élimination de la torture, les droits de l'enfant, la protection des droits des travailleurs migrants et des membres de leur famille …

La Déclaration universelle des droits de l'homme a été proclamée par l'assemblée générale de l'ONU à Paris, le 10 décembre 1948. La Déclaration universelle a été élargie par la suite par deux Pactes signés à New York, le 19 décembre 1966, relatifs aux droits civils et politiques, d'une part, et aux droits économiques, sociaux et culturels, d'autre part. Ces deux Pactes constituent l'ensemble le plus étendu de droit international conventionnel relatif aux droits de l'Homme en la matière, car plus de 120 Etats y sont parties.

Les Nations Unies interviennent à travers leurs organes principaux (tels l'Assemblée générale, le Conseil de Sécurité, le Secrétariat ou la Cour internationale de Justice), mais aussi à travers des organes spécialisés en la matière, telles la Commission des droits de l'homme, la Commission des conditions de la femme, la Sous-commission de la lutte contre des mesures de discrimination et la protection des minorités, ou celle instituée pour la prévention et la répression du crime de génocide.

De même, l'Assemblée générale avait, sous l'impulsion des procès menés par le Tribunal militaire international de Nuremberg et le Tribunal militaire international pour l'Extrême-Orient institués par les vainqueurs de la Deuxième Guerre mondiale, reconnu la nécessité de créer une juridiction internationale permanente appelée à juger les criminels de guerre et les auteurs d'autres crimes contre l'humanité, et ce quels que soient leur nationalité ou le territoire où ces crimes ont été commis. Or, ce fut seulement dans les années 1990 que le Conseil de sécurité a institué plusieurs tribunaux pénaux internationaux (pour l'ex-Yougoslavie en 1993, pour le Rwanda en 1994, pour la Sierra Leone en 2002, pour les Khmers Rouges du Cambodge en 2003 et pour le Liban en 2007). Les missions d'administration internationale au Kosovo en 1999 et au Timor oriental en 2000 impliquent les pouvoirs judiciaires nationaux pour poursuivre et sanctionner des crimes de guerre et des crimes contre l'humanité. Enfin, les Nations Unies ont adopté le 17 juillet 1998 le Statut de la Cour Pénale Internationale qui est une organisation juridique indépendante des Nations Unies et qui est compétente pour connaître des crimes de génocide, des crimes contre l'humanité, du crime d'agression ainsi que des crimes de guerre. Son siège se trouve à La Haye.

Le Statut du Conseil de l'Europe, signé à Londres le 5 mai 1949, dispose dans son article 1er que *«le but du Conseil de l'Europe est de réaliser une union plus étroite entre ses membres afin de sauvegarder et de promouvoir les idéaux et les principes qui sont leur patrimoine commun et de favoriser leur progrès économique et social. Ce but sera poursuivi au moyen des organes du Conseil par (entre autres) la sauvegarde et le développement des droits de l'Homme et des libertés fondamentales»*, et dans son article 3 que *«Tout Membre du Conseil de l'Europe reconnaît le principe de la prééminence du Droit et le principe en vertu duquel toute personne placée sous sa juridiction doit jouir des droits de l'Homme et des libertés fondamentales. Il s'engage à collaborer sincèrement et activement à la poursuite du but défini au chapitre 1er»*. L'aptitude et la volonté des Etats de se conformer à l'article 3 constituent une condition de leur admission au Conseil de l'Europe.

La Convention européenne de sauvegarde des droits de l'Homme et des libertés fondamentales (communément appelée Convention européenne des droits de l'Homme) est due à la volonté politique de certains pays membres des Nations Unies qui, dès 1946, ne voulaient pas se borner à une simple déclaration de principes, mais qui étaient d'accord pour couler ces principes dans une convention juridiquement contraignante, liant ses signataires et organisant de façon supranationale une protection efficace des droits de l'Homme. La Convention européenne des droits de l'Homme a été signée à Rome par les Etats membres du Conseil de l'Europe, le 4 novembre 1950. Elle a été suivie de plusieurs Protocoles additionnels, et d'un accord européen concernant les personnes participant aux procédures devant la Commission et la Cour européennes des droits de l'Homme. La Cour a été instituée en vertu de l'article 19 de la Convention dont le titre II règle sa composition et les modalités de son fonctionnement. Elle peut être directement saisie par tout ressortissant d'un des Etats contractants[16]. Son siège se trouve à Strasbourg.

La Charte des droits fondamentaux de l'Union européenne avait été proclamée lors du sommet européen de Nice, le 7 décembre 2000. Cette charte a été reprise (sous forme amendée) par le Traité de Lisbonne du 13 décembre 2007 qui a pour objet de modifier le Traité sur l'Union européenne et le Traité instituant la Communauté européenne. Cette charte a, pour les institutions de l'Union européenne ainsi que pour ses Etats membres, lorsqu'ils appliquent le droit communautaire, la force contraignante du traité lui-même; elle peut être invoquée par les citoyens dans le cadre de leurs relations avec les institutions communautaires ou en relation avec des actes nationaux de transposition ou d'exécution de règles du droit communautaire.

Cette charte trouve son inspiration dans le patrimoine spirituel et moral de la culture européenne. Elle est fondée sur les valeurs universelles de dignité humaine, de liberté, d'égalité et de solidarité. Elle repose sur les principes de la démocratie et de l'Etat de droit («*Rechtsstaat*»). Elle place l'individu au cœur de l'action politique et elle entend réaliser en Europe un espace de liberté, de sécurité et de justice.

Aux termes de son préambule, la charte doit être interprétée dans le respect des engagements antérieurs pris par les Etats membres de l'Union européenne en matière de droits de l'Homme. Le préambule renvoie à cet égard

---

[16] Convention européenne de sauvegarde des droits de l'Homme et des Libertés fondamentales:
Art. 32: «*1. La compétence de la Cour s'étend à toutes les questions concernant l'interprétation et l'application de la Convention et de ses Protocoles qui lui seront soumises dans les conditions prévues par les articles 33, 34, et 47 …*
2. En cas de contestation sur le point de savoir si la Cour est compétente, la Cour décide.»
Art. 34: «*La Cour peut être saisie par toute personne physique, toute organisation non gouvernementale ou tout groupe de particuliers qui se prétend victime d'une violation par l'une des Hautes Parties contractantes des droits reconnus dans la Convention ou ses protocoles. Les Hautes Parties contractantes s'engagent à n'entraver par aucune mesure l'exercice efficace de ce droit.*»
N.B. La possibilité prévue pour «*tout groupe de particuliers*» de saisir la Cour peut être rapprochée du droit reconnu par exemple par l'article 63 de la loi modifiée du 19 janvier 2004 concernant la protection de la nature et des ressources naturelles aux «*associations (agréées) d'importance nationale dont les statuts ont été publiés au Mémorial et qui exercent depuis au moins trois ans leurs activités statutaires dans le domaine de la protection de la nature et de l'environnement*» de se constituer partie civile en cas d'infraction à ladite loi, sans obligation de justifier d'un intérêt matériel et sans préjudice de l'action du ministère public. En vertu de l'article 7 de la loi modifiée du 7 novembre 1996 portant organisation des juridictions de l'ordre administratif, le recours en annulation contre un acte administratif à caractère réglementaire est de même ouvert, non seulement aux personnes justifiant d'une lésion ou d'un intérêt personnel, direct, actuel et certain, mais également «*aux associations d'importance nationale, dotées de la personnalité morale et agréées au titre d'une loi spéciale à exercer les droits reconnus à la partie civile en ce qui concerne les faits constituant une infraction au sens de cette loi spéciale*», à condition que l'acte réglementaire en question tire sa base légale de la loi spéciale dans le cadre de laquelle l'association a été agréée.

> en particulier à la Convention européenne des droits de l'Homme ainsi qu'à la jurisprudence développée par la Cour européenne des droits de l'Homme sur base de l'application de cette convention.

Plusieurs dispositions de la Constitution ont été actualisées sous l'effet des traités internationaux et notamment des textes précités.

> L'article 118 prévoit depuis la révision du 8 août 2000 que ***«Les dispositions de la Constitution ne font pas obstacle à l'approbation du Statut de la Cour Pénale Internationale, fait à Rome, le 17 juillet 1998, et à l'exécution des obligations en découlant dans les conditions prévues par ledit Statut»***.
>
> Lors de la révision du 24 octobre 2007, le libellé de l'article 16 a été aligné sur les dispositions de la Convention européenne des droits de l'Homme en supprimant en matière d'expropriation le caractère «préalable» de l'indemnisation.

5.3. LE RELEVÉ DES DROITS ET LIBERTÉS FONDAMENTAUX

Depuis 1848, la Constitution garantit les droits civils et politiques individuels classiques. Il s'agit essentiellement

- de l'égalité devant la loi (article 10*bis*);
- de la garantie de la liberté individuelle et des mesures de protection de la liberté ainsi que de la spécification des incriminations (article 12);
- de l'interdiction d'être distrait contre son gré du juge assigné par la loi (article 13);
- de la légalité des peines (article 14);
- de l'inviolabilité du domicile (article 15);
- de la protection de la propriété contre l'expropriation arbitraire (article 16);
- de l'interdiction de la peine de la confiscation générale des biens (article 17);
- de la protection de l'intégrité de la personne humaine (article 18);
- de la liberté de religion (articles 19 et 20);
- de la liberté d'opinion et de la presse (article 24);
- de la liberté de s'assembler (article 25);
- de la liberté d'association (article 26);

- du droit de pétition (article 27);
- de l'inviolabilité du secret postal (article 28).

Certains droits sociaux furent ajoutés dans le cadre de la révision constitutionnelle du 21 mai 1948 (droit au travail, droit à la sécurité sociale, droit à la protection de la santé et garantie des libertés syndicales (article 11, paragraphes 4 et 5)). En 1948, le Constituant a également inséré la protection de la liberté du commerce et de l'industrie (article 11(6)) et la garantie des droits naturels de la personne humaine et de la famille (article 11(3)). L'égalité entre femmes et hommes (article 11(2)) est prévue depuis la révision du 13 juillet 2006. Tant la protection des animaux que celle de l'environnement humain et naturel (article 11*bis*) sont inscrites dans la Constitution depuis la révision du 29 mars 2007.

La Constitution ne fait qu'effleurer ou ignore un grand nombre d'autres droits et principes, tels que la protection des données personnelles, les droits des enfants, le droit à un logement décent, le secret des communications téléphoniques. Elle ne contient pas non plus de référence au droit d'asile ou à la liberté des arts et sciences.

> La présente section fournit un inventaire systématique des dispositions relatives aux libertés publiques et aux droits du citoyen figurant au chapitre II de la Constitution.
>
> Il convient de noter que l'ordre numérique des articles afférents de la Constitution ne suit aucune logique de codification qui commencerait par exemple par les droits naturels (ou droits basiques) relatifs à la dignité et l'intégrité de la personne humaine et se poursuivrait par les «droits-liberté», les «droits-créance» et les objectifs à valeur constitutionnelle.

5.3.1. l'affirmation constitutionnelle des droits naturels

Constitution, article 11(1): **«*L'Etat garantit les droits naturels de la personne humaine ...*»**

La Cour constitutionnelle[17] a jugé que *«le droit naturel se restreint aux questions existentielles de l'être humain, au respect de sa dignité et de sa liberté. Les droits naturels sont définis comme «découlant de la nature humaine», c.-à-d. comme droits qui relèvent de la morale universelle et des droits de*

---

17 Cour constitutionnelle, arrêt 20/04 du 20 mai 2004.

l'Homme sans qu'il y ait besoin de normes juridiques préétablies pour en garantir l'existence.»

> «Les droits politiques que les hommes ont reçu de la nature ... dérivent essentiellement de leur qualité d'êtres sensibles et susceptibles d'idées morales, et capables de raisonner.»
>
> Condorcet[18]

Selon la Déclaration universelle des droits de l'Homme de 1948:

- «La reconnaissance de la dignité inhérente à tous les membres de la famille humaine et de leurs droits égaux et inaliénables constitue le fondement de la liberté, de la justice et de la paix dans le monde.» (préambule)
- «Tous les êtres humains naissent libres et égaux en dignité et en droits. Ils sont doués de raison et de conscience et doivent agir les uns vers les autres dans un esprit de fraternité.» (art. 1er)
- «Chacun peut se prévaloir de tous les droits et de toutes les libertés proclamés dans la présente Déclaration sans distinction aucune notamment de race, de couleur, de sexe, de langue, de religion, d'opinion politique ou de toute autre opinion, d'origine nationale ou sociale, de fortune, de naissance ou de toute autre situation.» (art. 2, alinéa 1)
- «Tout individu a droit à la vie, à la liberté et à la sûreté de sa personne.» (art. 3)

5.3.2. la garantie de la liberté individuelle

Constitution, article 12, première phrase: *«La liberté individuelle est garantie.»*

Une application essentielle des droits naturels de la personne humaine est la garantie de la liberté individuelle.

> «La liberté ne peut consister qu'à pouvoir faire ce que l'on doit vouloir et à n'être pas contraint de faire ce qu'on ne doit pas vouloir.»
>
> Montesquieu

---

18 Archives parlementaires françaises de 1793 (1re série, t. 58, p. 594).

C'est la liberté d'aller et de venir. C'est le droit de se mouvoir librement.

C'est là aussi une barrière contre l'arbitraire des pouvoirs publics. La garantie de la liberté individuelle protège notamment contre les poursuites et les arrestations illégales.

> «Si je puis me déterminer librement à agir, c'est que je vis, que je suis libre de mes mouvements, que je dispose à mon gré de ma personne, que je suis protégé dans mon intégrité physique.»
>
> Francis Delpérée

> «On n'aurait guère pu imaginer une formule plus vague que celle employée par le législateur d'antan pour garantir la liberté individuelle. Bien qu'une telle formule ait l'avantage d'englober l'ensemble des libertés, elle risque d'être arbitrairement interprétée et ainsi une liberté pourrait être exclue, étant donné qu'elle n'est pas expressément énumérée.
>
> La liberté individuelle englobe notamment la liberté d'aller et de venir, les libertés intellectuelles ou libertés de l'esprit, la liberté physique etc. Mais selon certains spécialistes en la matière, la liberté individuelle devrait englober aujourd'hui aussi le droit de disposer de son corps, et ainsi on aborde immédiatement des sujets comme le suicide, l'avortement, la prostitution ou l'euthanasie. La liberté peut-elle ici être absolue? La réponse dépend des convictions philosophiques et religieuses de chaque individu.»
>
> Luc Frieden[19]

> «La notion de liberté individuelle […] vise la liberté physique d'aller et de venir et les entraves qui peuvent y être apportées dans le cadre de poursuites judiciaires.»
>
> Cour constitutionnelle, Arrêt 20/04 du 20 mai 2004

A d'autres époques de l'histoire et dans d'autres parties du monde, cette garantie a conduit à l'interdiction de l'esclavage et de la servitude (cf. art. 4 de la Déclaration universelle des droits de l'Homme).

Le cadre légal qui doit être respecté en matière de privation de la liberté constitue l'aspect le plus important de la liberté individuelle.

La privation de liberté peut intervenir suite à une décision judiciaire (arrestation, emprisonnement …) ou à une décision administrative (placement

---

19 Luc Frieden, La Constitution luxembourgeoise à la veille de sa révision, p. 17.

d'une personne atteinte de troubles psychiques). Elle englobe encore les mesures d'expulsion en cas de violence domestique[20].

> A côté des privations de liberté, il y a aussi des restrictions de liberté (interdiction de conduire, interdiction d'exercer une activité commerciale...). Selon la Cour européenne des droits de l'Homme, il y a entre les privations de liberté, d'une part, et les restrictions de liberté, d'autre part, une différence de degré, non une différence de nature.

Les privations et restrictions de liberté ne peuvent s'appliquer que dans les cas prévus par la loi et selon les modalités qu'elle prévoit (Constitution, article 12, deuxième phrase). C'est le principe de la spécification des incriminations.

La détention arbitraire est prohibée. Toute mesure d'arrestation ou de placement doit faire l'objet d'une décision motivée du juge que la loi assigne à la personne privée de liberté, sans préjudice des règles particulières qui s'appliquent au flagrant délit (Constitution, article 12, troisième et quatrième phrases et article 13).

Enfin, chaque personne arrêtée ou placée doit être informée sans délai sur les moyens de recours dont elle dispose pour recouvrer sa liberté (Constitution, article 12, cinquième phrase). Et si sa privation de liberté est intervenue à tort, la personne concernée a droit à réparation.

Constitution, article 12: *«La liberté individuelle est garantie. – Nul ne peut être poursuivi que dans les cas prévus par la loi et dans la forme qu'elle prescrit. – Nul ne peut être arrêté ou placé que dans les cas prévus par la loi et dans la forme qu'elle prescrit. – Hors le cas de flagrant délit, nul ne peut être arrêté qu'en vertu de l'ordonnance motivée du juge, qui doit être signifiée au moment de l'arrestation, ou au plus tard dans les vingt-quatre heures. – Toute personne doit être informée sans délai des moyens de recours légaux dont elle dispose pour recouvrer sa liberté.»*

article 13: *«Nul ne peut être distrait contre son gré du juge que la loi lui assigne.»*

Le principe de la légalité des peines, consacré par l'article 14 de la Constitution, agit dans le même sens. C'est un principe fondamental de l'Etat de droit.

Constitution, article 14: *«Nulle peine ne peut être établie ni appliquée qu'en vertu de la loi.»*

---

20 Loi du 8 septembre 2003 sur la violence domestique.

Au regard de l'article 12, deuxième phrase, et de l'article 14, seule la loi au sens formel (et non un acte émanant du pouvoir réglementaire) peut ériger des faits en infraction ou établir des peines.

En outre, l'infraction et la peine doivent être établies avec suffisamment de précision pour écarter tout risque d'arbitraire au niveau de l'application. L'infraction et la peine qui s'y rattache doivent garantir leur prévisibilité et permettre au justiciable de mesurer exactement la nature et le type de tout acte ou comportement punissables.

Le principe de la légalité des peines s'étend au-delà du droit pénal et englobe par exemple le droit disciplinaire valant pour certaines professions ou dans la fonction publique.

> *«Il ressort de [l'article 14 de la Constitution] que pour être prononcée une peine doit être prévue par la loi, tant par son existence que par son taux de sévérité, et au jour de la commission du fait et à celui de la décision qui l'inflige.*
>
> *Le principe de la légalité de la peine entraîne la nécessité de définir les infractions en termes suffisamment clairs et précis pour en exclure l'arbitraire et permettre aux intéressés de mesurer exactement la nature et le type des agissements sanctionnables.*
>
> *Le principe de la spécification de l'incrimination est partant le corollaire de celui de la légalité de la peine consacrée par l'article 14 de la Constitution.»*
>
> Cour constitutionnelle, arrêt 12/02 du 22 mars 2002
>
> *«En droit disciplinaire, la légalité des peines suit les principes généraux du droit pénal et doit en observer les mêmes exigences constitutionnelles de base.»*
>
> Cour constitutionnelle, arrêts 12/02 du 22 mars 2002,
> 23/04 et 24/04 du 3 décembre 2004

S'y ajoute qu'un acte ne peut pas être puni s'il n'était pas déjà qualifié d'infraction pénale au moment où il a été commis. C'est le principe de la non-rétroactivité de la loi pénale. En vertu de l'article 2 du Code pénal, *«Nulle infraction ne peut être punie de peines qui n'étaient pas portées par la loi avant que l'infraction fût commise.*

Si la peine établie au temps du jugement diffère de celle qui était portée au temps de l'infraction, la peine la moins forte sera appliquée».

> La Convention européenne de sauvegarde des droits de l'Homme et des libertés fondamentales a retenu le même principe à son article 7:
>
> *« Art. 7. (Pas de peine sans loi)*
>
> *1. Nul ne peut être condamné pour une action ou une omission qui, au moment où elle a été commise, ne constituait pas une infraction d'après le droit national ou international. De même il n'est infligé aucune peine plus forte que celle qui était applicable au moment où l'infraction a été commise.*
>
> *2. Le présent article ne portera pas atteinte au jugement et à la punition d'une personne coupable d'une action ou d'une omission qui, au moment où elle a été commise, était criminelle d'après les principes généraux de droit reconnus par les nations civilisées. »*
>
> *« Le principe de la légalité des peines consacré par l'article 14 de la Constitution implique celui de la rétroactivité de la peine la plus douce. »*
> Cour constitutionnelle, arrêt 12/02 du 22 mars 2002

Un troisième aspect que la Constitution n'évoque que très partiellement est le droit à un procès équitable[21].

> Constitution, article 88: **« Les audiences des tribunaux sont publiques, à moins que cette publicité ne soit dangereuse pour l'ordre ou les mœurs, et, dans ce cas, le tribunal le déclare par un jugement. »**
> article 89: **« Tout jugement est motivé. Il est prononcé en audience publique. »**

La publicité est une garantie efficace de la bonne administration de la justice et de l'équité des procès. Elle s'applique tant au procès qu'au prononcé des jugements. Elle ne souffre d'exceptions que lorsque l'ordre ou les bonnes mœurs sont en cause (perturbation de l'audience par le public, audience concernant une affaire de pédophilie …).

Par ailleurs, l'obligation pour le juge de motiver sa décision constitue un autre garde-fou contre le risque d'arbitraire.

Les exigences de la Convention européenne de sauvegarde des droits de l'Homme et des libertés fondamentales vont plus loin:

- Le justiciable a droit à ce que sa cause soit entendue équitablement et dans un délai raisonnable par un tribunal impartial et indépendant.

---

21 cf. Paragraphe 6.5.2. *les garanties offertes aux justiciables.*

- Le principe de la présomption d'innocence est formellement confirmé: toute personne inculpée est considérée comme innocente jusqu'au moment où sa culpabilité est légalement établie (par un jugement en due forme ayant l'autorité de la chose jugée, c.-à-d. qui n'est plus susceptible de recours).
- L'inculpé a en outre:
  - droit à un procès tenu dans une langue qu'il comprend (sinon droit à un interprète mis gratuitement à sa disposition);
  - droit au temps nécessaire pour préparer sa défense;
  - droit de se défendre, droit à un conseil juridique de son choix;
  - droit d'interroger ou de faire interroger des témoins à charge et droit de faire convoquer des témoins à décharge.

> Convention européenne de sauvegarde des droits de l'Homme et des libertés fondamentales:
>
> *«Art. 6. Droit à un procès équitable*
>
> *1. Toute personne a droit à ce que sa cause soit entendue équitablement, publiquement et dans un délai raisonnable, par un tribunal indépendant et impartial, établi par la loi, qui décidera, soit des contestations sur ses droits et obligations de caractère civil, soit du bien-fondé de toute accusation en matière pénale dirigée contre elle. Le jugement doit être rendu publiquement, mais l'accès de la salle d'audience peut être interdit à la presse et au public pendant la totalité ou une partie du procès dans l'intérêt de la moralité, de l'ordre public ou de la sécurité nationale dans une société démocratique, lorsque les intérêts des mineurs ou la protection de la vie privée des parties au procès l'exigent, ou dans la mesure jugée strictement nécessaire par le tribunal, lorsque dans des circonstances spéciales la publicité serait de nature à porter atteinte aux intérêts de la justice.*
>
> *2. Toute personne accusée d'une infraction est présumée innocente jusqu'à ce que sa culpabilité ait été légalement établie.*
>
> *3. Tout accusé a droit notamment à:*
>
> *a) être informé, dans le plus court délai, dans une langue qu'il comprend et d'une manière détaillée, de la nature et de la cause de l'accusation portée contre lui;*
>
> *b) disposer du temps et des facilités nécessaires à la préparation de sa défense;*
>
> *c) se défendre lui-même ou avoir l'assistance d'un défenseur de son choix et, s'il n'a pas les moyens de rémunérer un défenseur, pouvoir être assisté gratuitement par un avocat d'office, lorsque les intérêts de la justice l'exigent;*

> d) interroger ou faire interroger les témoins à charge et obtenir la convocation et l'interrogation des témoins à décharge dans les mêmes conditions que les témoins à charge;
>
> e) se faire assister gratuitement d'un interprète, s'il ne comprend pas ou ne parle pas la langue employée à l'audience.»

Dans la mesure où la Constitution doit être un modèle de démocratie et de liberté, l'intérêt de compléter les articles 12 et 14 par les dispositions pertinentes de la Convention européenne précitée est évident.

5.3.3. l'égalité devant la loi

> «L'amour de la démocratie est celui de l'égalité.»
>
> Montesquieu

Le principe de l'égalité de tous les citoyens devant la loi est le fondement de toute démocratie.

> La Déclaration d'indépendance des Etats-Unis du 4 juillet 1776 dispose que «*tous les hommes sont créés égaux*».
>
> La Déclaration universelle des droits de l'Homme et du citoyen de 1791 retient à son article 1er que «*Les hommes naissent et demeurent libres et égaux en droits*».

Le principe de l'égalité était conçu au 19e siècle comme absence de distinction d'ordres (jadis noblesse, clergé, tiers état), comme droit des citoyens d'être admis indistinctement aux emplois publics et comme absence de tout privilège en matière d'impôts (cf. Constitution du 9 juillet 1848: articles 12 et 105).

Depuis le 19e siècle, la compréhension du principe a évolué dans le sens d'une garantie du citoyen contre l'arbitraire et la discrimination.

Le principe de l'égalité ne tolère pas de discrimination dans la loi ou lors de l'application de celle-ci[22]. L'égalité devant la loi garantit au citoyen d'être protégé contre un traitement arbitraire de la part de la loi, des pouvoirs publics chargés d'exécuter la loi et des services administratifs commis pour appliquer les mesures d'exécution.

---

22   cf. Paragraphe 5.3.8. *le droit à l'enseignement*.

> Constitution, article 10*bis*(1): «***Les Luxembourgeois sont égaux devant la loi.***»

Aujourd'hui, pratiquement une affaire sur deux parmi celles portées devant la Cour constitutionnelle se réfère au principe de l'égalité. Ce phénomène documente la préoccupation majeure des citoyens de ne pas être discriminés par rapport aux autres membres de la communauté nationale.

Or, l'égalité devant la loi n'a pas une portée absolue, mais ne s'applique que dans la mesure où tous ceux qui se trouvent dans la même situation de fait et de droit doivent être traités de la même façon.

Ainsi, la Cour constitutionnelle a retenu que *«le législateur peut, sans violer le principe constitutionnel de l'égalité, soumettre certaines catégories de personnes à des régimes légaux différents, à condition que la différence instituée procède de disparités objectives, qu'elle soit rationnellement justifiée, adéquate et proportionnée à son but»*[23].

> L'interprétation donnée de l'article 10*bis* par la Cour constitutionnelle est corroborée par la jurisprudence des juridictions administratives.
>
> *«[Le] principe de l'égalité devant la loi, applicable à tout individu touché par la loi luxembourgeoise si les droits de la personnalité, et par extension des droits extra-patrimoniaux sont concernés, ne s'entend pas dans un sens absolu, mais requiert que tous ceux qui se trouvent dans la même situation de fait et de droit soient traités de la même façon (cf. trib. adm. 12 janvier 1999, n° 10800 du rôle, Pas. adm. 2003, V° Lois et règlements, n° 2, et autres références y citées). – Le principe d'égalité de traitement est compris comme interdisant le traitement de manière différente des situations similaires, à moins que la différenciation soit objectivement justifiée. Il appartient par conséquent aux pouvoirs publics, tant au niveau national qu'au niveau communal, de traiter de la même façon tous ceux qui se trouvent dans la même situation de fait et de droit. Par ailleurs, lesdits pouvoirs publics peuvent, sans violer le principe de l'égalité, soumettre certaines catégories de personnes à des régimes légaux différents, à condition que les différences instituées procèdent de disparités objectives, qu'elles soient rationnellement justifiées, adéquates et proportionnées à leur but (cf. trib. adm. 6 décembre 2000, n° 10019 du rôle, Pas. adm. 2003, V° Lois et règlements, n° 2 et autres références y citées).»*
>
> TA, 2 février 2004, 16191

---

23   Cour constitutionnelle, arrêt 39/07 du 30 mars 2007.

L'égalité des citoyens en matière fiscale constitue un aspect particulier du principe de l'égalité devant la loi.

L'égalité en matière fiscale est consacrée par l'article 101 de la Constitution qui réserve au législateur la prérogative de prévoir des exemptions et modérations d'impôts.

> Ces dérogations sont très nombreuses et sont normalement appliquées dans le cadre de la politique étatique destinée, par exemple, à promouvoir la diversification industrielle ou l'acquisition d'une maison d'habitation, à stimuler les investissements dans le secteur HORECA ou dans l'agriculture, à attirer de nouveaux investisseurs étrangers, à encadrer une politique familiale dans l'intérêt de l'éducation des enfants ...

Constitution, article 101: *«Il ne peut être établi de privilège en matière d'impôts. Nulle exemption ou modération ne peut être établie que par une loi.»*

Le principe qu'il n'est besoin d'une autorisation spéciale pour engager des poursuites contre un fonctionnaire constitue un autre aspect spécifique du principe de l'égalité des citoyens devant la loi qui est inscrit à l'article 30 de la Constitution.

Constitution, article 30: *«Nulle autorisation préalable n'est requise pour exercer des poursuites contre les fonctionnaires publics, pour faits de leur administration, sauf ce qui est statué à l'égard des membres du Gouvernement.»*

Ni les fonctionnaires publics ni en principe les ministres n'ont une quelconque immunité lorsque des poursuites sont engagées contre eux et lorsque leur responsabilité juridique est ou risque d'être engagée.

> Toutefois, les membres du Gouvernement bénéficient, sauf pour l'hypothèse où leur responsabilité serait mise en cause dans le cadre du Statut de la Cour Pénale Internationale (art. 118 de la Constitution), d'une immunité relative de poursuite et de juridiction, car en vertu des articles 82, première phrase et 116, première phrase de la Constitution la Chambre a la maîtrise de l'action publique et les accusations admises contre un membre du Gouvernement en exécution dudit article 82 sont portées devant la Cour supérieure de justice.

> Constitution, article 82, première phrase: *«La Chambre a le droit d'accuser les membres du Gouvernement.»*
> article 116, première phrase: *«Jusqu'à ce qu'il y soit pourvu par une loi, la Chambre des Députés aura un pouvoir discrétionnaire pour accuser un membre du Gouvernement, et la Cour supérieure, en assemblée générale, le jugera, en caractérisant le délit et en déterminant la peine.»*

Les dispositions prévoyant cette double immunité apparaissent donc bien plus comme des privilèges tenant à des exigences de procédure que comme de vraies immunités, car une fois l'action publique déclenchée et la Cour supérieure de justice saisie, le droit commun s'applique. Encore faut-il noter que le soi-disant privilège d'être jugé par la Cour supérieure de justice prive en fait les concernés du double degré de juridiction.

Pendant leur séjour au Luxembourg, les étrangers sont protégés par la loi au même titre que les Luxembourgeois, selon l'article 111 de la Constitution.

> Constitution, article 111: *«Tout étranger qui se trouve sur le territoire du Grand-Duché, jouit de la protection accordée aux personnes et aux biens, sauf les exceptions établies par la loi.»*

Le même principe de non-discrimination des étrangers est également inscrit à l'article 14 de la Convention européenne de sauvegarde des droits de l'Homme et des libertés fondamentales:

«Art. 14. *Interdiction de discrimination*

La jouissance des droits et libertés reconnus dans la présente Convention doit être assurée, sans distinction aucune, fondée notamment sur le sexe, la race, la couleur, la langue, la religion, les opinions politiques ou toutes autres opinions, l'origine nationale ou sociale, l'appartenance à une minorité nationale, la fortune, la naissance ou toute autre situation.»

Il est admis que les droits et libertés regroupés sous le chapitre II de la Constitution sont compris dans la protection des étrangers[24] que garantit l'article 111.

> *«Les étrangers jouissent au Grand-Duché de tous les droits qui ne leur sont pas spécialement refusés. A défaut de texte contraire, ils sont assimilés*

---

24 cf. Paragraphe 2.3.3. *la nationalité* (in fine).

> *aux nationaux. Aucun droit ne peut être refusé à l'étranger, à moins que le législateur n'en ait expressément décidé ainsi.»*
> Conseil d'Etat, Comité du contentieux, 4 février 1964, *Pas.* 18, p. 266

Dans la mesure où la loi peut prévoir des exceptions au droit de l'étranger d'être traité sur un pied d'égalité avec le citoyen luxembourgeois, la Cour constitutionnelle est compétente pour vérifier si cette différenciation poursuit un objectif légitime et si la mise en œuvre de cette différenciation est rationnelle, appropriée et proportionnée.

Quant à l'égalité entre femmes et hommes (qui a trouvé son entrée dans la Constitution lors de la révision de l'article 11, le 13 juillet 2006), elle peut être considérée comme une autre application particulière du principe de l'égalité.

> Constitution, article 11(2): *«Les femmes et les hommes sont égaux en droits et en devoirs.*
> *L'Etat veille à promouvoir activement l'élimination des entraves pouvant exister en matière d'égalité entre femmes et hommes.»*

L'inscription de cette règle d'égalité reflète le souci du Constituant de donner une base constitutionnelle aux discriminations positives en faveur des femmes introduites par la loi du 12 février 1999 concernant l'action nationale en faveur de l'emploi.

L'objectif de la suppression des inégalités entre femmes et hommes dans tous les domaines de l'action communautaire (et notamment en matière d'emploi, de travail et de rémunération) est également inscrit dans la Charte des Droits fondamentaux de l'Union européenne à laquelle se réfère le Traité de Lisbonne du 13 décembre 2007. Son article 23 retient:

«L'égalité entre les femmes et les hommes doit être assurée dans tous les domaines, y compris en matière d'emploi, de travail et de rémunération.

Le principe de l'égalité n'empêche pas le maintien ou l'adoption de mesures prévoyant des avantages spécifiques en faveur du sexe sous-représenté».

En fait, l'inscription du principe d'égalité des sexes dans la Constitution était motivée tant par la volonté du Constituant d'en faire une règle constitutionnelle formelle que par le souci d'aligner le droit national aux exigences du droit communautaire (cf. Traité instituant la Communauté européenne, art. 3(2): *«Pour toutes les actions visées au présent article, la Communauté cherche à éliminer les inégalités et à promouvoir l'égalité entre les femmes et les hommes.»*).

> Nous retrouvons une démarche analogue dans d'autres constitutions européennes. L'article 3 de la Loi fondamentale allemande prévoit en son paragraphe 2 que *«Männer und Frauen sind gleichberechtigt. Der Staat fördert die tatsächliche Durchsetzung der Gleichberechtigung von Frauen und Männern und wirkt auf die Beseitigung bestehender Nachteile hin»*.
>
> Depuis la révision du 23 juillet 2008, l'article 1er, alinéa 2 de la Constitution française dispose que *«La loi favorise l'égal accès des femmes et des hommes aux mandats électoraux et fonctions électives ainsi qu'aux responsabilités professionnelles et sociales»*.

Or, les obligations de l'Etat de veiller à promouvoir l'élimination des inégalités entre hommes et femmes qui subsistent apparaissent comme des objectifs à valeur constitutionnelle plutôt que de constituer des droits que le citoyen concerné pourrait invoquer directement devant le juge. Une disposition légale ou réglementaire ne respectant pas le principe de l'égalité (en droits et en devoirs) entre femmes et hommes poserait cependant la question de la non-conformité avec l'article 11(2), alinéa 2.

> Le mode de transmission successorale du trône grand-ducal, qui remonte aux principes fixés dans le pacte de la famille de Nassau de 1783[25], et qui aujourd'hui réserve le droit de succession en priorité aux descendants mâles par ordre de primogéniture, n'est pas en phase avec l'article 11(2) de la Constitution, et place par conséquent l'Etat devant l'obligation de prendre les initiatives utiles pour éliminer l'entrave qui empêchent les filles de la famille régnante à accéder au trône dans les mêmes conditions que leurs frères.

5.3.4. la protection de l'intégrité de la personne humaine

L'intégrité de la personne humaine compte parmi les droits naturels au même titre que la garantie de la liberté individuelle et l'égalité devant la loi.

Or, la Constitution est laconique sur ce point en y réservant le seul article 18, limité en plus à un aspect très particulier de ce droit.

> Constitution, article 18: *«La peine de mort ne peut être établie.»*

---

[25] Constitution, article 3: *«**La Couronne du Grand-Duché est héréditaire dans la famille de Nassau, conformément au pacte du 30 juin 1783, à l'art. 71 du traité de Vienne du 9 juin 1815 et à l'art. 1er du traité de Londres du 11 mai 1867.**»*

La Déclaration universelle des droits de l'Homme est plus explicite dans son article 5 («*Nul ne sera soumis à la torture, ni à des peines ou traitements cruels, inhumains et dégradants*»), mais elle n'interdit pas la peine capitale.

La Convention européenne de sauvegarde des droits de l'Homme et des libertés fondamentales garantit le droit à la vie et interdit la torture, l'esclavage et le travail forcé, tout en décrivant avec beaucoup de précision les droits et les garanties qui en découlent:

«Art. 2. Droit à la vie

1. Le droit de toute personne à la vie est protégé par la loi. [La mort ne peut être infligée à quiconque intentionnellement, sauf en exécution d'une sentence capitale prononcée par un tribunal au cas où le délit est puni de cette peine par la loi.][26]

2. La mort n'est pas considérée comme infligée en violation de cet article dans les cas où elle résulterait d'un recours à la force rendu absolument nécessaire:

a) pour assurer la défense de toute personne contre la violence illégale;

b) pour effectuer une arrestation régulière ou pour empêcher l'évasion d'une personne régulièrement détenue;

c) pour réprimer, conformément à la loi, une émeute ou une insurrection.

Art. 3. Interdiction de la torture

Nul ne peut être soumis à la torture ni à des peines ou traitements inhumains ou dégradants.

Art. 4. Interdiction de l'esclavage et du travail forcé

1. Nul ne peut être tenu en esclavage ni en servitude.

2. Nul ne peut être astreint à accomplir un travail forcé ou obligatoire.

3. N'est pas considéré comme «travail forcé ou obligatoire» au sens du présent article:

a) tout travail requis normalement d'une personne soumise à la détention dans les conditions prévues par l'article 5 de la présente Convention, ou durant sa mise en liberté conditionnelle;

---

[26] Le Protocole additionnel n° 6 du 28 avril 1983 a aboli la peine de mort:
«***Art. 1er.*** – *Abolition de la peine de mort*
La peine de mort est abolie. Nul ne peut être condamné à une telle peine, ni être exécuté.»

> *b) tout service de caractère militaire ou, dans le cas d'objecteurs de conscience dans les pays où l'objection de conscience est reconnue comme légitime, à un autre service à la place du service militaire obligatoire;*
>
> *c) tout service requis dans le cas de crises ou de calamités qui menacent la vie ou le bien-être de la communauté;*
>
> *d) tout travail ou service formant partie des obligations civiques normales.»*

Le Code pénal retient comme peine criminelle la plus sévère que les tribunaux peuvent prononcer la réclusion à vie (cf. art. 7 du Code pénal), mais fait aujourd'hui abstraction de la peine des travaux forcés que le juge pénal pouvait prononcer encore jusqu'à l'entrée en vigueur de la loi du 13 juin 1994 relative au régime des peines. En matière correctionnelle, une peine privative de liberté qui ne dépasse pas six mois peut, à l'initiative du tribunal et de l'accord du prévenu, être muée en travail d'intérêt général non rémunéré (pour une durée de 40 à 240 heures) au profit d'une collectivité publique, d'un établissement public ou d'une association ou institution hospitalière ou philanthropique (cf. art. 22 du Code pénal).

5.3.5. la protection de l'intimité de la vie privée

La Constitution garantit l'intimité de la vie privée, de façon générale à l'article 11(3), tel que modifié lors de la révision du 29 mars 2007, et de façon particulière aux articles 15 et 28. Sous ces trois aspects, la garantie de l'intimité de la vie privée souffre à un titre ou un autre des exceptions que seule la loi peut cependant établir.

> Constitution, article 11(3): *«L'Etat garantit la protection de la vie privée, sauf les exceptions fixées par la loi.»*
>
> article 15: *«Le domicile est inviolable. Aucune visite domiciliaire ne peut avoir lieu que dans les cas prévus par la loi et dans la forme qu'elle prescrit.»*
>
> article 28: *«Le secret des lettres est inviolable. – La loi détermine quels sont les agents responsables de la violation du secret des lettres confiées à la poste.*
>
> *La loi réglera la garantie à donner au secret des télégrammes.»*

La protection de la vie privée, tout comme les applications particulières de ce principe que sont l'inviolabilité du domicile privé et le secret des communications, constituent dans un régime démocratique un droit fondamental de tout citoyen.

Ce droit a essentiellement pour but de protéger l'individu contre les ingérences excessives des pouvoirs publics dans sa vie privée[27]. Il est intimement lié à la façon des pouvoirs publics d'assurer la sécurité collective chaque fois que cette mission conduit les autorités publiques à s'immiscer dans l'intimité de la sphère privée (p.ex. écoutes téléphoniques) ou à procéder à une visite domiciliaire (p.ex. perquisition pour saisir des documents ou objets susceptibles d'avoir trait à un crime ou délit) ou à une fouille de véhicules.

> Vouloir établir un dénominateur commun entre la mission des pouvoirs publics d'assurer la sécurité collective et leur droit de s'immiscer dans l'intimité de la vie privée des individus signifie poser la question du respect de la proportionnalité entre les deux objectifs. «*[Toute] ingérence dans la vie privée touche aux conditions dans lesquelles s'exerce la liberté individuelle, la liberté d'aller et de venir, et le respect de la vie privée garantis par les articles 11(3) et 12 de la Constitution et l'article 8 de la Convention de sauvegarde des Droits de l'Homme et des Libertés fondamentales*»[28].

Le principe se retrouve tant dans la Convention européenne de sauvegarde des droits de l'Homme et des libertés fondamentales que dans les constitutions des autres démocraties européennes.

> La Convention européenne de sauvegarde des droits de l'Homme et des libertés fondamentales retient ainsi en son article 8:
>
> «*Art. 8. Droit au respect de la vie privée et familiale*
>
> *1. Toute personne a droit au respect de sa vie privée et familiale, de son domicile et de sa correspondance.*
>
> *2. Il ne peut y avoir ingérence d'une autorité publique dans l'exercice de ce droit que pour autant que cette ingérence est prévue par la loi et qu'elle constitue une mesure qui, dans une société démocratique, est nécessaire à la sécurité nationale, à la sûreté publique, au bien-être économique du pays, à la défense de l'ordre et à la prévention des infractions pénales, à la pro-*

---

[27] CEDH, arrêt du 23 juillet 1968 (relatif à certains aspects du régime linguistique de l'enseignement en Belgique).
[28] Avis du Conseil d'Etat du 20 mars 2007 (doc. parl. n° 5585[1]).

> tection de la santé ou de la morale, ou à la protection des droits et libertés d'autrui.»

L'inscription dans la Constitution du principe de la protection de la vie privée, qui ne remonte qu'à la révision du 29 mars 2007, constitue la consécration constitutionnelle d'une longue tradition légale.

> Le texte initial de la Constitution du 17 octobre 1868 avait déjà étendu le secret postal prévu dans la Constitution de 1848 à celui des télégrammes. Par la suite, le secret valant pour les lettres et les télégrammes a été étendu par la législation sur les télécommunications, pour englober depuis 2000 la correspondance dans son ensemble. Parallèlement, le Code d'instruction criminelle a été complété par un cadre légal très strict définissant les circonstances et les conditions dans lesquelles les autorités judiciaires, voire le Gouvernement, peuvent procéder aux repérages et écoutes téléphoniques jugés nécessaires pour enquêter sur les crimes ou délits ou encore les infractions contre la sûreté de l'Etat.
>
> En matière de procédure administrative non contentieuse, l'administré peut demander l'enlèvement de toute pièce étrangère à l'objet du dossier qui est de nature à lui causer préjudice, tout comme l'Administration peut refuser la communication d'informations pouvant constituer une atteinte à l'intimité de la vie privée d'autres personnes.
>
> A partir des années 1970, la protection légale de la vie privée s'est vue étendue au traitement des données à caractère personnel.
>
> La loi du 15 mars 2007 portant réglementation de la fouille des véhicules délimite clairement les prérogatives des parquets et de la Police pour procéder à de telles fouilles.

Quant aux conditions dans lesquelles la loi peut prévoir des exceptions en matière de protection de la sphère privée des citoyens, l'article 8 de la Convention européenne de sauvegarde des droits de l'Homme et des libertés fondamentales admet qu'il peut y être dérogé lorsque la sécurité nationale, la sûreté publique, le bien-être économique, le maintien de l'ordre public, la protection de la santé ou de la morale ou encore la protection des droits et libertés d'autrui sont en jeu ou lorsqu'il s'agit de prévenir des infractions pénales. Toutefois, toute exception prévue au principe de protection doit être légitime, appropriée et proportionnée.

<u>Le domicile privé est protégé par la loi.</u> L'intimité de la vie privée a souvent pour cadre privilégié le domicile. On est libre de choisir son domicile, de l'utiliser comme on veut, d'écarter les intrus.

> Le vol domestique et le vol par effraction sont punis plus sévèrement par le Code pénal que le vol simple.

Cette protection est assurée par le principe constitutionnel de l'inviolabilité du domicile.

Quant à l'inviolabilité du domicile, elle n'est pas absolue, parce que l'article 15 de la Constitution y admet des exceptions.

> Constitution, article 15: «*Le domicile est inviolable. Aucune visite domiciliaire ne peut avoir lieu que dans les cas prévus par la loi et dans la forme qu'elle prescrit.*»

Le Code d'instruction criminelle règle en détail dans son article 65 les conditions dans lesquelles une visite domiciliaire peut avoir lieu en vue d'une perquisition. Cette visite ne peut se faire que sur base d'un mandat délivré par le juge d'instruction.

La jurisprudence, et notamment celle de la Cour européenne des droits de l'Homme, a donné une interprétation large de ce qu'il faut entendre par domicile, en disposant que la notion de «vie privée» n'exclut pas les activités professionnelles et commerciales et que les garanties y relatives valent aussi pour les personnes morales qui ont dès lors droit au même respect. C'est ainsi que le domicile n'est pas seulement le lieu servant à l'habitation, mais y sont assimilés le lieu de travail ou le siège social, les bureaux et autres locaux professionnels d'entreprises, des caravanes et roulottes, une chambre d'hôpital.[29]

Le secret de la correspondance prévu à l'article 28 de la Constitution a également une longue tradition constitutionnelle. Si au début était visé le secret des lettres, étendu par la suite au secret des télégrammes, la protection est censée s'étendre depuis longtemps à d'autres formes de correspondance, telles que la téléphonie et les communications électroniques.

Alors que les lois ordinaires assurent entre-temps une protection efficace en la matière, le libellé de l'article 28 de la Constitution n'a pas été adapté en conséquence mais a gardé la teneur que lui avaient donnée les auteurs de la Constitution en 1868.[30]

---

29 CEDH, arrêt *Niemitz c/ Allemagne*, 16 décembre 1992 et arrêt *Société Colas Est et autre c/ France*, 17 avril 2002.
30 cf. Pour le détail: section 5.2. *les ancrages législatifs des droits et libertés fondamentaux.*

> Diverses constitutions européennes de facture plus récente étendent le secret des lettres et des télégrammes à d'autres formes de communication, dont notamment le téléphone.
>
> Sans préjudice des limitations que peut y apporter la loi en vertu du paragraphe 2, l'article 10(1) de la Loi fondamentale allemande dispose: *«Das Briefgeheimnis sowie das Post- und Fernmeldegeheimnis sind unverletzlich»*.
>
> La Constitution espagnole retient en son article 18, paragraphe 3: *«Le secret des communications, en particulier des communications postales, télégraphiques et téléphoniques, est garanti, sauf décision judiciaire»*.
>
> La Constitution néerlandaise règle la question en son article 13:
>
> *«1. Le secret des lettres est inviolable, sauf dans les cas prévus par la loi, sur ordre du juge.*
>
> *2. Le secret du téléphone et du télégraphe est inviolable, sauf, dans les cas prévus par la loi, par ceux qui ont été désignés à cet effet par la loi ou avec leur autorisation.»*

La protection de la vie privée en matière informatique relève également du domaine de la loi ordinaire. Tant le législateur communautaire que le législateur national réservent à cet aspect une attention toute particulière.

> Au fur et à mesure que la circulation des données personnelles se multiplie et se propage à des aspects de plus en plus nombreux de la vie de tous les jours, la perte par le citoyen de la maîtrise des données qui lui sont personnelles et les intrusions injustifiées dans sa vie privée augmentent. Le législateur[31] veille donc à assurer la transparence du traitement des données personnelles (collecte et enregistrement, exploitation et transmission à des tiers des données personnelles saisies) et à limiter au strict nécessaire la collecte, le traitement et la transmission des données selon les principes suivants:
>
> - le traitement n'est autorisé que s'il est justifié par une raison légitime, voire indispensable pour exécuter un contrat, pour respecter une obligation légale ou pour protéger la vie de l'intéressé;
> - le traitement doit être lié à une finalité clairement définie au préalable; toute utilisation non prévue et toute transmission non autorisée de données personnelles sont interdites;
> - le traitement doit être nécessaire et proportionnel par rapport à la finalité poursuivie (interdiction de stocker des données personnelles sup-

---

31 Loi modifiée du 2 août 2002 relative à la protection des personnes à l'égard du traitement de données à caractère personnel.

> plémentaires à ce qui est nécessaire pour répondre à l'exigence légale ou contractuelle, interdiction de stocker ces données au-delà de l'utilisation nécessaire à la finalité poursuivie);
> - les données traitées ne doivent comporter que des informations correctes sur la personne concernée;
> - toute personne doit être informée quant aux données collectées, enregistrées et utilisées ou transmises sur elle;
> - les données collectées et enregistrées doivent être traitées de manière confidentielle et stockées en des endroits et sur du matériel sûrs;
> - la surveillance de personnes identifiables est strictement limitée par la loi (caméras, vidéo, traçage informatique) à des cas de figure bien précis, énumérés par la loi et dans les formes prévues (par exemple la délégation du personnel et l'Inspection du Travail et des Mines doivent avoir été informées au préalable des prises d'image sur le lieu de travail);
> - le traitement d'informations personnelles sur des opinions ou convictions (adhésion à une religion, un parti, un syndicat), sur l'état de santé ou sur la vie sexuelle (y compris les données génétiques) requièrent une autorisation expresse de la part de la Commission nationale pour la protection des données.

Depuis la révision du 29 mars 2007, l'article 11(3) de la Constitution oblige l'Etat à garantir la protection de la vie privée, sous réserve des exceptions que seule la loi est habilitée à y apporter. Or, le Constituant n'a pas entendu prévoir de référence explicite à la protection de la sphère privée en matière informatique, comparable à la protection du domicile ou du secret des lettres et des télégrammes.

> L'article 18, paragraphe 4 de la Constitution espagnole dispose à cet égard que *«La loi limitera l'usage de l'informatique pour garantir l'honneur et l'intimité personnelle et familiale des citoyens et le plein exercice de leurs droits»*.

5.3.6. la liberté d'opinion et la liberté de la presse

Ces libertés ne constituent en fait que deux faces d'une seule et même liberté fondamentale. Il n'est dès lors que naturel qu'elles sont consacrées dans un même article de la Constitution.

> Constitution, article 24: «*La liberté de manifester ses opinions par la parole en toutes matières, et la liberté de la presse sont garanties, sauf la répression des délits commis à l'occasion de l'exercice de ces libertés. – La censure ne pourra jamais être établie.*»

La liberté d'opinion est un des droits les plus précieux de l'homme. Elle peut s'articuler par la parole, par des écrits ou par des actes.

Les principes démocratiques sur lesquels est fondé l'Etat de droit font que chacun est libre de dire ouvertement ce qu'il pense, de marquer son désaccord, de critiquer les opinions et les actes de ses concitoyens, de critiquer l'action des pouvoirs publics.

La liberté de manifester ses opinions a comme corollaire la tolérance des opinions d'autrui.

> «*Je ne suis pas d'accord avec ce que vous dites, mais je me battrai pour que vous puissiez le dire librement.*»
>
> Voltaire

Même si la liberté d'opinion est garantie par la Constitution, elle n'est pas absolue. Elle est limitée par les nécessités de l'ordre public et les bonnes mœurs ainsi que par le respect des droits d'autrui. Certains excès de la manifestation des opinions constituent des délits et sont punis par la loi pénale. Il en est ainsi des exhortations à commettre certains crimes ou délits et des atteintes portées à la considération et à l'honneur d'autrui (calomnie, diffamation, injures).

La liberté de la presse est une application majeure de la liberté d'opinion. L'exercice des droits qui s'y rattachent est réglé dans la loi modifiée du 8 juin 2004 sur la liberté d'expression dans les médias.

> L'article 2 de la loi précitée du 8 juin 2004 renvoie expressément à l'article 10 de la Convention européenne de sauvegarde des droits de l'Homme et des libertés fondamentales, qui est libellé comme suit:
>
> «*1. Toute personne a droit à la liberté d'expression. Ce droit comprend la liberté d'opinion et la liberté de recevoir ou de communiquer des informations ou des idées sans qu'il puisse y avoir ingérence d'autorités publiques et sans considérations de frontière. Le présent article n'empêche pas les Etats de soumettre les entreprises de radiodiffusion, de cinéma ou de télévision à un régime d'autorisations.*
>
> *2. L'exercice de ces libertés comportant des devoirs et des responsabilités peut être soumis à certaines formalités, conditions, restrictions ou sanctions, prévues par la loi, qui constituent des mesures nécessaires, dans une*

> *société démocratique, à la sécurité nationale, à l'intégrité territoriale ou à la sûreté publique, à la défense de l'ordre ou à la prévention du crime, à la protection de la santé ou de la morale, à la protection de la réputation et des droits d'autrui, pour empêcher la divulgation d'informations confidentielles ou pour garantir l'autorité et l'impartialité du pouvoir judiciaire.»*

La liberté de presse concerne l'ensemble des médias: presse écrite, parlée et audiovisuelle. Elle englobe tous les écrits imprimés, journaux, revues, livres …

Tout comme la liberté d'opinion, la liberté de la presse n'est limitée que par l'intérêt supérieur de la société (cf. Convention européenne de sauvegarde des droits de l'Homme et des libertés fondamentales, art. 10, paragraphe 2 reproduit ci-dessus) et par le respect des droits d'autrui.

> *«Par délits de presse il faut entendre toutes les infractions qui sont commises par l'abus de la liberté de presse, y compris les infractions de droit commun, du moment que la presse a servi à les commettre et qu'elles renferment un abus de la publication de la pensée.»*
> Cour (cass.), 5 janvier 1917, *Pas.* 10, p. 4

> *«Si les actes publics appartiennent à la discussion publique et que les critiques qu'ils soulèvent, quelque acerbes qu'elles soient, ne donnent pas lieu, en thèse générale, à une action en justice, l'appréciation de ces actes devient toutefois délictueuse du moment qu'elle s'attaque à l'honorabilité des personnes visées.»*
> Cour, 22 juillet 1899, *Pas.* 5, p. 160

A ce titre, la liberté de la presse comporte des devoirs et des responsabilités pour celui qui l'exerce (devoir d'exactitude et de véracité, respect de la présomption d'innocence, protection de la vie privée, protection de la réputation et de l'honneur d'autrui, protection des mineurs).

> La Cour européenne des droits de l'Homme a insisté sur l'obligation du journaliste de *«s'appuyer sur une base factuelle suffisamment précise et fiable qui pût être tenue pour proportionnée à la force [de l'allégation litigieuse]»*.[32]
>
> Elle a également précisé que le pluralisme, la tolérance et l'esprit d'ouverture dans une société démocratique font que la liberté d'expression doit va-

---

32   CEDH, arrêt *Thoma c/Luxembourg*, 29 mars 2001.

> loir *«non seulement pour les informations ou idées accueillies avec faveur ou considérées comme inoffensives ou indifférentes»*, mais aussi pour celles *«qui heurtent, choquent ou inquiètent l'Etat ou une fraction quelconque de la population»*.[33]

Afin de garantir les particuliers contre les abus toujours possibles de la presse et de permettre de les réparer immédiatement et gratuitement, la loi leur réserve un droit de réponse. Celui qui est cité dans un article de presse ou une émission radio ou télévisée a le droit d'y faire insérer gratuitement une réponse (qui ne doit ni être contraire aux lois, aux bonnes mœurs, aux intérêts de personnes tierces, ni porter atteinte à l'honneur de l'éditeur de l'agence de presse, ou à l'auteur de l'article).[34]

5.3.7. les libertés collectives

Par libertés collectives sont visés le droit de réunion, la liberté d'association, la liberté syndicale, la liberté des cultes.

La liberté de se réunir librement est consacrée à l'article 25 de la Constitution.

> Constitution, article 25: *«La Constitution garantit le droit de s'assembler paisiblement et sans armes, dans le respect des lois qui règlent l'exercice de ce droit, sans pouvoir le soumettre à une autorisation préalable. – Cette disposition ne s'applique pas aux rassemblements en plein air, politiques, religieux ou autres; ces rassemblements restent entièrement soumis aux lois et règlements de police.»*

> La liberté de réunion est un corollaire logique de la liberté de manifester ses opinions. Toutefois, comme les rassemblements risquent de créer leur propre dynamique, l'exercice de cette liberté a, de tout temps, éveillé des craintes et des suspicions du pouvoir en place. La crainte de voir l'ordre public compromis explique que le droit de réunion se trouve soumis, plus que toute autre liberté, à un régime restrictif.

---

33   CEDH, arrêt *Handisyde c/Royaume-Uni*, 7 décembre 1976.
34   Loi modifiée du 8 juin 2004 sur la liberté d'expression dans les médias, art. 36.

La Constitution retient deux approches fondamentalement différentes selon que le droit de réunion est exercé en un lieu fermé (lieu clos et couvert) ou en plein air.

Dans le premier cas, la Constitution exige que la réunion en lieu fermé se tienne paisiblement et sans armes, *«dans le respect des lois qui règlent l'exercice de ce droit»*. Si les organisateurs et les participants respectent ces conditions, une autorisation n'est pas requise.

Par contre, lorsque le rassemblement a lieu en plein air, il requiert *«une autorisation préalable»*.

> Cette exigence a parfois été expliquée par le fait que la manifestation se déroule sur le domaine public et dans les rues, et qu'il s'agit par conséquent d'un usage anormal de la voie publique qui demande dès lors l'application d'un régime juridique plus sévère. Aussi serait-il justifié de prendre (à titre préventif, moyennant les conditions fixées dans l'autorisation) à l'égard de ces réunions toutes les mesures de police nécessaires au maintien de l'ordre et de la tranquillité.[35]

Or, la mise en œuvre bien comprise des préoccupations des pouvoirs publics doit faire preuve d'une pondération équilibrée entre la garantie des libertés individuelles et le maintien de l'ordre. Toute restriction qu'une quelconque autorisation apportera dès lors au droit de se réunir en plein air devra répondre aux exigences de légitimité, d'adéquation et de proportionnalité par rapport au but recherché.

Le droit d'association est inscrit à l'article 26 de la Constitution.

Constitution, article 26: *«La Constitution garantit le droit d'association, dans le respect des lois qui règlent l'exercice de ce droit, sans pouvoir le soumettre à une autorisation préalable.»*

La notion d'association est différente de la notion de réunion. Tandis que la réunion constitue un groupement momentané de personnes formé en vue d'entendre l'exposé d'idées ou d'opinions ou de se concerter pour la défense d'intérêts, l'association implique un but déterminé, un objet durable, un minimum d'organisation qui présupposent une certaine permanence des liens qui existent entre les membres.

La liberté d'association permet à des individus de se grouper, sans autorisation préalable, pour sauvegarder leurs intérêts matériels, pour soutenir leurs

---

35   Jean Morhange, Les libertés publiques, pp. 72–73.

revendications sociales ou professionnelles ou pour réaliser des buts économiques, scientifiques, philanthropiques, artistiques ou autres. Il y a une grande diversité de formes pour s'associer: associations sans but lucratif, sociétés commerciales et coopératives, organisations syndicales, associations agricoles, clubs sportifs, œuvres de bienfaisance…

La liberté d'association comporte tant le droit d'une personne de devenir membre d'une association que de s'abstenir d'y adhérer[36].

Les libertés syndicales, garanties par l'article 11(4) de la Constitution, s'apparentent largement au droit d'association, au point qu'au moment du premier projet de leur inscription dans la Constitution, le Conseil d'Etat proposa d'y renoncer au motif que ce droit serait compris dans l'article 26 relatif à la liberté d'association[37].

Depuis la révision constitutionnelle du 21 mai 1948, la liberté syndicale se trouve formellement élevée au rang de droit constitutionnel au même titre que le droit au travail. Suite à la révision du 29 mars 2007, l'article 11(4) de la Constitution mentionne en outre explicitement, en corollaire aux libertés syndicales, le droit de grève dont l'organisation est confiée à la loi.

> Constitution, article 11(4): *«La loi garantit le droit au travail et l'Etat veille à assurer à chaque citoyen l'exercice de ce droit. La loi garantit les libertés syndicales et organise le droit de grève.»*

Dans le même ordre d'idées, la Constitution garantit aussi la liberté religieuse et de conscience. Cette liberté a une double face. D'une part, la liberté religieuse consiste dans le droit de chacun de professer et de pratiquer librement ses opinions religieuses. D'autre part, la liberté de conscience se trouve protégée par l'interdiction d'obliger quiconque à concourir aux actes ou cérémonies d'un culte ou à en observer les jours de repos.

Les articles 19 et 20 de la Constitution traitent de cette liberté.

> Constitution, article 19: *«La liberté des cultes, celle de leur exercice public, ainsi que la liberté de manifester ses opinions religieuses, sont garanties, sauf la répression des délits commis à l'occasion de l'usage de ces libertés.»*

---

36 Arrêt de la Cour administrative du 13 juillet 2004 retenant que *«l'obligation d'adhésion au syndicat de chasse constitue en effet une ingérence dans la liberté d'association ‹négative›»*.
37 Avis du Conseil d'Etat du 25 mars 1948, doc. parl. n° 18 (158), Compte rendu de la Chambre des députés, sess. ord. 1947–1948, p. 193.

> article 20: «*Nul ne peut être contraint de concourir d'une manière quelconque aux actes et aux cérémonies d'un culte ni d'en observer les jours de repos.*»

Si la liberté de pratiquer sa religion et de manifester ses convictions religieuses est donc garantie dans ses formes «positives» et «négatives», l'article 19 de la Constitution prend en outre soin d'empêcher la pratique de cultes religieux qui perturberaient l'ordre juridique de l'Etat de droit. L'Etat ne saurait en effet tolérer une mise en cause de l'ordre public ou de quelconques désordres occasionnés par l'exercice des cultes. Par ailleurs, les articles 142 et suivants du Code pénal protègent cette liberté tant contre des violences ou des menaces contraignant ou empêchant quelqu'un d'assister à un culte que contre des troubles ou désordres générés par l'exercice d'un culte.

L'article 22 de la Constitution permet par ailleurs de régler par le biais de conventions les rapports entre l'Etat et les différents cultes.

> Constitution, article 22: «*L'intervention de l'Etat dans la nomination et l'installation des chefs des cultes, le mode de nomination et de révocation des autres ministres des cultes, la faculté pour les uns et les autres de correspondre avec leurs supérieurs et de publier leurs actes, ainsi que les rapports de l'Eglise avec l'Etat, font l'objet de conventions à soumettre à la Chambre des Députés pour les dispositions qui nécessitent son intervention.*»

Dans ce contexte, les conventions suivantes ont été conclues entre l'Etat luxembourgeois et les cultes qu'il a reconnus. Ces conventions ont toutes été approuvées par une loi:

- l'Eglise protestante réformée du Luxembourg (loi du 23 novembre 1982 portant approbation de la Convention de reconnaissance de l'Eglise Protestante Réformée du Luxembourg, octroi de la personnalité juridique à celle-ci et détermination des fonctions et emplois rémunérés par l'Etat, faite à Luxembourg, le 15 juin 1982);
- l'Eglise catholique (loi du 10 juillet 1998 portant approbation de la Convention du 31 octobre 1997 entre le Gouvernement, d'une part, et l'Archevêché, d'autre part, portant refixation des cadres du culte catholique et réglant certaines matières connexes);
- l'Eglise protestante du Luxembourg (loi du 10 juillet 1998 portant approbation de la Convention du 31 octobre 1997 entre le Gouvernement, d'une part, et l'Eglise protestante du Luxembourg, d'autre part);

- le culte israélite (loi du 10 juillet 1998 portant approbation de la Convention du 31 octobre 1997 entre le Gouvernement, d'une part, et les communautés israélites du Luxembourg, d'autre part);
- l'Eglise orthodoxe hellénique (loi du 10 juillet 1998 portant approbation de la Convention du 31 octobre 1997 entre le Gouvernement, d'une part, et l'Eglise orthodoxe hellénique, d'autre part);
- les Eglises orthodoxes roumaine et serbe du Luxembourg (loi du 11 juin 2004 autorisant l'Etat à prendre en charge les traitements et pensions des ministres du culte des Eglises orthodoxes roumaine et serbe du Luxembourg et conférant la personnalité juridique de droit public auxdites Eglises);
- l'Eglise anglicane du Luxembourg (loi du 11 juin 2004 autorisant l'Etat à prendre en charge les traitements et pensions des ministres du culte de l'Eglise anglicane du Luxembourg et conférant la personnalité juridique de droit public à ladite Eglise).

Pour être complet, il convient de mentionner encore l'article 21 de la Constitution. Cette disposition – qui remonte à la Constitution de 1848 – s'explique surtout par son contexte historique, car dans la mesure où l'Etat ne reconnaît que la validité du mariage civil, il devrait se désintéresser des cérémonies religieuses y relatives.

> Constitution, article 21: *«Le mariage civil devra toujours précéder la bénédiction nuptiale.»*

5.3.8. le droit à l'enseignement

En vertu de la Constitution, tout ce qui relève de l'enseignement est de la compétence de la loi. L'article 23, qui régit la matière, organise de façon différente l'enseignement «primaire», l'enseignement secondaire et «moyen» et les études supérieures ou universitaires.

> Constitution, article 23: *«L'Etat veille à l'organisation de l'instruction primaire, qui sera obligatoire et gratuite et dont l'accès doit être garanti à toute personne habitant le Grand-Duché. L'assistance médicale et sociale sera réglée par la loi.*
> *Il crée des établissements d'instruction moyenne gratuite et les cours d'enseignement supérieur nécessaires.*

La loi détermine les moyens de subvenir à l'instruction publique ainsi que les conditions de surveillance par le Gouvernement et les communes; elle règle pour le surplus tout ce qui est relatif à l'enseignement et prévoit, selon des critères qu'elle détermine, un système d'aides financières en faveur des élèves et étudiants.

Chacun est libre de faire ses études dans le Grand-Duché ou à l'étranger et de fréquenter les universités de son choix, sauf les dispositions de la loi sur les conditions d'admission aux emplois et à l'exercice de certaines professions.»

Le droit à l'éducation est un droit fondamental de tout homme, qui en a besoin pour son épanouissement personnel et sa participation entière à la vie en société. Il se fonde par conséquent sur l'égalité d'accès à l'éducation dont découle le principe de la gratuité de l'enseignement.

Le premier protocole additionnel (20 mars 1952) de la Convention européenne de sauvegarde des droits de l'Homme et des libertés fondamentales retient à son article 2 le droit à l'instruction dans les termes suivants:

«Art. 2. Droit à l'instruction

Nul ne peut se voir refuser le droit à l'instruction. L'Etat, dans l'exercice des fonctions qu'il assumera dans le domaine de l'éducation et de l'enseignement, respectera le droit des parents d'assurer cette éduction et cet enseignement conformément à leurs convictions religieuses et philosophiques.»

La Constitution consacre le principe de la liberté de l'enseignement. Il n'y a pas de monopole en la matière qui serait réservé à l'Etat et aux communes. Le droit d'ouvrir des écoles privées est parfaitement compatible avec les exigences de la Constitution.

Il appartient à la loi de régler l'organisation scolaire et de déterminer les conditions de surveillance afférentes.

La loi organise l'enseignement fondamental, secondaire et supérieur ainsi que l'éducation différenciée. Elle règle les conditions de formation et d'accès à la profession des enseignants. Elle détermine les conditions de fonctionnement du système scolaire et celles qui permettent aux autorités publiques d'en exercer la surveillance.

La scolarité préscolaire et primaire est obligatoire.

> Contrairement à l'ancienne loi du 10 août 1912 concernant l'organisation de l'enseignement primaire qui avait retenu pour les enfants âgés de six ans révolus avant le 1er septembre l'obligation de suivre pendant neuf années consécutives l'instruction scolaire, la nouvelle législation consacre le droit à une formation scolaire réservé à tout enfant habitant le Luxembourg et âgé de trois ans ou plus (art. 2 de la loi du 6 février 2009 relative à l'obligation scolaire). Une autre loi du 6 février 2009 fait, à son tour, référence à la notion plus large d'enseignement fondamental, qui porte sur neuf années de scolarité, et qui englobe l'éducation précoce (une année à fréquentation facultative), l'éducation préscolaire (deux années à fréquentation obligatoire) ainsi que l'éducation primaire (six années à fréquentation obligatoire). L'obligation scolaire s'étend dorénavant sur douze années consécutives, et vaut pour chaque enfant âgé de quatre ans révolus avant le 1er septembre.

Le financement de l'enseignement est également du ressort du législateur. En principe, c'est l'Etat qui assure ce financement, à l'exception des infrastructures scolaires nécessaires pour ce que la loi appelle dorénavant «enseignement fondamental», infrastructures dont le financement est confié aux communes.

Sauf le droit de l'Etat d'homologuer les diplômes universitaires étrangers, l'article 23 de la Constitution garantit enfin la liberté des étudiants luxembourgeois de s'inscrire à un établissement universitaire de leur choix en vue d'effectuer leurs études post-secondaires.

> Le caractère rapiécé du libellé de l'article 23 ainsi que la terminologie utilisée par la loi du 6 février 2009 portant organisation de l'enseignement fondamental plaident pour une remise sur le métier de la rédaction de l'article 23 de la Constitution.

5.3.9. l'inviolabilité de la propriété

Si le droit à la propriété privée est considéré comme un droit fondamental, le Code civil (cf. art. 544[38]) rappelle que l'exercice de ce droit comporte des limites et est assorti de devoirs et de responsabilités.

---

[38] L'article 544 du Code civil définit la propriété comme «*droit de jouir et de disposer des choses, pourvu qu'on n'en fasse pas un usage prohibé par les lois ou par les règlements ou qu'on ne cause un trouble excédant les inconvénients normaux du voisinage rompant l'équilibre entre des droits équivalents*».

La propriété individuelle est justifiée parce qu'elle est considérée comme stimulant, entretenant et récompensant l'activité humaine et parce qu'elle en devient une condition essentielle de la liberté individuelle.

La Constitution protège la propriété contre l'emprise des pouvoirs publics, alors que le Code civil et le Code pénal la protègent contre les atteintes des particuliers.

> La protection de la propriété est également garantie par la Convention européenne de sauvegarde des droits de l'Homme et des libertés fondamentales dont le premier protocole additionnel retient cette protection suivant son article 1er:
>
> *«Art. 1er. Protection de la propriété*
> *Toute personne physique ou morale a droit au respect de ses biens. Nul ne peut être privé de sa propriété que pour cause d'utilité publique et dans les conditions prévues par la loi et les principes généraux du droit international.*
> *Les dispositions précédentes ne portent pas atteinte au droit que possèdent les Etats de mettre en vigueur des lois qu'ils jugent nécessaires pour réglementer l'usage des biens conformément à l'intérêt général et pour assurer le paiement des impôts ou d'autres contributions ou des amendes».*

Sans préjudice des législations qui comportent à des titres divers des servitudes s'imposant à la propriété dans l'intérêt général ou en vue de l'application de la législation fiscale ou pénale, l'inviolabilité de la propriété privée souffre une seule exception justifiée par l'intérêt général: l'expropriation pour cause d'utilité publique soumise aux conditions de l'article 16 de la Constitution.

> Constitution, article 16: *«Nul ne peut être privé de sa propriété que pour cause d'utilité publique et moyennant juste indemnité, dans les cas et de la manière établis par la loi.»*

Si la propriété privée se trouve donc protégée en principe, la Constitution admet la possibilité d'être privé de son bien dans le cadre de l'expropriation. Or, ce n'est qu'exceptionnellement que l'expropriation entre en ligne de compte. Les conditions pour ce faire sont énoncées comme suit dans la Constitution:

- la loi doit déterminer les conditions et procédures requises en vue de l'expropriation;

- l'expropriation n'est possible que pour cause d'utilité publique; le but dans lequel l'Etat procède à une expropriation doit clairement être identifié dans la loi comme constituant une cause d'utilité publique; les cas donnant lieu à expropriation doivent être désignés par la loi;
- le propriétaire privé de son bien doit être justement indemnisé de la perte de sa propriété, en faisant, le cas échéant, trancher la question par la justice.

> Il faut se rendre à l'évidence qu'au-delà des règles constitutionnelles d'expropriation pour cause d'utilité publique, somme toute restrictives, de nombreuses lois grèvent la propriété privée de toutes sortes de servitudes au point de rendre celle-ci impropre à l'usage libre que le propriétaire entend en faire. La législation sur les établissements dangereux, celle relative à la protection de la nature, les conditions légales du remembrement agricole, la législation en matière d'urbanisation en sont autant d'exemples qui se rapprochent en fait d'une dépossession à froid.

5.3.10. la liberté du commerce et de l'industrie

Lors de la révision de 1948, la garantie de la liberté commerciale, industrielle, artisanale, agricole et d'exercice des professions indépendantes a été reprise dans la Constitution comme pendant de la protection du travail qui y fut inscrite au même moment.

Ensemble avec l'inviolabilité de la propriété, il s'agit du seul droit constitutionnel à connotation économique.

L'alinéa 1er de l'article 11(6) garantit le libre exercice des activités entrepreneuriales et des professions libérales, tout en admettant que la loi peut y apporter des restrictions.

Constitution, article 11(6), alinéa 1er: *«La liberté du commerce et de l'industrie, l'exercice de la profession libérale et du travail agricole sont garantis, sauf les restrictions à établir par la loi.»*

5.3.11. les objectifs à valeur constitutionnelle repris dans la Constitution

La section 5.1. relative à la subdivision des droits et libertés fondamentaux a permis d'esquisser la différence entre les dispositions constitutionnelles, que le citoyen peut invoquer individuellement comme droits subjectifs, et les obligations de moyens, qui découlent pour l'Etat du chapitre II de la Constitution relatif aux libertés publiques et aux droits fondamentaux[39].

> En France, le Conseil constitutionnel a consacré un large éventail d'objectifs à valeur constitutionnelle qui va de la sauvegarde de l'ordre public à la possibilité pour toute personne de disposer d'un logement décent et à la lutte contre la fraude fiscale, en incluant la protection de la santé publique, l'accessibilité et l'intelligibilité des normes légales, ou encore le pluralisme des entreprises de presse. Cette jurisprudence n'a pas empêché le Constituant français de consacrer formellement certains objectifs à valeur constitutionnelle. Ainsi, à l'occasion de la modification prévue par la loi constitutionnelle du 23 juillet 2008 de modernisation des institutions de la Ve République, la portée de l'objectif de favoriser l'égal accès des femmes et des hommes aux mandats électoraux ainsi qu'aux fonctions électives a été étendue aux responsabilités professionnelles et sociales (cf. art. 1er de la Constitution française).
>
> D'autres constitutions européennes comme celles de l'Allemagne, de la Belgique, de l'Espagne, de l'Italie, des Pays-Bas ou du Portugal énoncent formellement les objectifs à valeur constitutionnelle retenus. L'article 23 de la Constitution belge, par exemple, mentionne le droit au travail et au libre choix d'une activité professionnelle, le droit à un niveau d'emploi aussi stable et élevé que possible, le droit à la sécurité sociale, à la protection de la santé et à l'aide médicale et juridique, le droit à un logement décent, le droit à la protection d'un environnement sain, le droit à l'épanouissement culturel et social.

Les objectifs à valeur constitutionnelle prévus par la Constitution luxembourgeoise sont notamment repris dans l'article 11(2), alinéa 2, (4) et (5) ainsi que dans l'article 11*bis*.

> Constitution, article 11:
> «*(2) (...)*
> *L'Etat veille à promouvoir activement l'élimination des entraves pouvant exister en matière d'égalité entre femmes et hommes.*
> *...*
> *(4) ... l'Etat veille à assurer à chaque citoyen l'exercice [du droit au travail]. La loi ... organise le droit de grève.*

---

[39] cf. Paragraphes 5.1.6. *les objectifs à valeur constitutionnelle* et 5.1.7. *les difficultés inhérentes à la subdivision des droits et libertés fondamentaux.*

> *(5) La loi règle quant à ses principes la sécurité sociale, la protection de la santé, les droits des travailleurs, la lutte contre la pauvreté et l'intégration sociale des citoyens atteints d'un handicap.*
> *…»*
>
> article 11*bis: «L'Etat garantit la protection de l'environnement humain et naturel, en œuvrant à l'établissement d'un équilibre durable entre la conservation de la nature, en particulier sa capacité de renouvellement, et la satisfaction des besoins des générations présentes et futures.*
> *Il promeut la protection et le bien-être des animaux.»*

La pratique montre que l'inscription des objectifs à valeur constitutionnelle est postérieure à leur consécration dans les traités internationaux ou dans les lois ordinaires. Tel est en particulier le cas de la promotion active par l'Etat de l'élimination des entraves qui peuvent subsister en matière d'égalité entre femmes et hommes[40], ou encore de la protection de l'environnement où une législation, qui a parfois des racines ancestrales et qui a été étoffée surtout au cours des dernières décennies, régit les différents aspects reconnus dignes de protection (comme la nature et les ressources naturelles, dont l'eau et les forêts, la lutte contre le bruit, la réduction des émissions nocives générées par l'industrie, le chauffage des bâtiments, …).

En ce qui concerne la protection des animaux, les actes de cruauté et de mauvais traitement excessifs envers ceux-ci ou leur exposition à des tortures lors de combats ou de spectacles étaient déjà sanctionnés par le Code pénal de 1879 (art. 561-5° et 6°). Actuellement, la matière est régie par la loi du 15 mars 1983 ayant pour objet d'assurer la protection de la vie et le bien-être des animaux qui a élargi et reformulé les incriminations initialement prévues par le Code pénal.

Tant la protection de l'environnement que celle des animaux sont conçues dans l'optique traditionnelle de la Constitution qui voit l'homme au centre. La nature n'est pas érigée en valeur propre dont l'homme serait une partie intégrante, ou une valeur absolue supplantant d'autres valeurs, mais devient une valeur parmi d'autres dignes à être protégée. L'homme est responsable pour préserver l'environnement et pour transmettre un environnement sain aux générations à venir. Par ailleurs, la Constitution considère l'animal comme objet de droit bien plus que comme être sensible, et renvoie aussi à l'Homme qui ne doit pas avilir sa dignité en soumettant les animaux à des traitements inappropriés à leur nature.

---

40 Traité CE, art. 3(2): *«Pour toutes les actions visées au présent article, la Communauté cherche à éliminer les inégalités et à promouvoir l'égalité entre les hommes et les femmes».*

En inscrivant la protection de l'environnement dans le nouvel article 11*bis* lors de la révision constitutionnelle du 29 mars 2007, le Constituant a opté pour une formulation qui fait allusion à un équilibre durable à établir entre la conservation de la nature et la satisfaction des besoins de la collectivité.

> La notion de développement durable a fait son entrée dans le langage politique grâce au rapport Brundtland[41] présenté à l'assemblée des Nations Unies en 1983.
>
> Le développement durable est défini comme un mode de développement économique cherchant à concilier le progrès économique et social et la préservation de l'environnement qui est considéré comme un patrimoine à transmettre aux générations futures, selon la formule empruntée à Antoine de Saint-Exupéry: *«Nous n'héritons pas de la Terre de nos ancêtres, nous l'empruntons à nos enfants»*. Aux termes du rapport Brundtland, le développement d'une société, pour être durable, suppose la reproduction, voire l'élargissement de son capital sous les trois aspects suivants: 1° le capital économique classique, 2° le capital écologique qui repose sur des systèmes de production et de consommation et qui, au profit des générations à venir, ne détériore pas les ressources naturelles au-delà de leur capacité de renouvellement, et 3° le capital d'équité sociale comprenant l'intégration dans la collectivité, l'accès aux richesses, leur partage équitable, la réduction de la pauvreté.
>
> Ne voulant pas ériger la protection de l'environnement en un droit supérieur aux droits économiques, sociaux et politiques, le Constituant n'a pas fait de référence directe et explicite au développement durable, considéré par ailleurs comme notion aux contours juridiques incertains. Le texte de l'alinéa premier de l'article 11*bis* s'inspire des dispositions de l'article 73 de la Constitution suisse.[42]

Etant donné que le principe général d'égalité, qui fait partie des fondements du régime démocratique luxembourgeois et qui se trouve consacré dans la Constitution depuis 1848, n'avait pas permis de garantir de manière effective l'égalité des sexes, il a été décidé d'élever celle-ci au rang de disposition constitutionnelle. Conscient que, pour important que ce principe puisse être sur le plan politique, sa mise en œuvre ne pourra se faire que par étapes, le Constituant

---

41 Le rapport en question a été élaboré par la Commission mondiale sur l'environnement et le développement présidée par la Ministre norvégienne de l'environnement Gro Harlem Brundtland et porte l'intitulé *«Notre avenir à tous»*.
42 Constitution de la Confédération suisse, article 73: *«La Confédération et les cantons œuvrent à l'établissement d'un équilibre durable entre la nature, en particulier sa capacité de renouvellement, et son utilisation par l'être humain»*.

a veillé, lors de la révision de l'article 11 le 13 juillet 2006, à ce que cette égalité constitue davantage qu'une simple déclaration d'intention sans toutefois revêtir la forme d'une obligation de résultat pour l'Etat. C'est pourquoi, en sus l'évocation du principe de l'égalité entre les femmes et les hommes, l'article 11(2) confie à l'Etat la mission de veiller activement à l'élimination des entraves pouvant subsister en la matière.

Les objectifs à valeur constitutionnelle, qui ont une connotation sociale, figurent aux paragraphes 4 et 5 de l'article 11 de la Constitution depuis les révisions constitutionnelles de 1948. Lors de la révision du 29 mars 2007, ils ont été précisés et complétés. Le droit de grève a été expressément élevé au rang de disposition constitutionnelle. Le terme *«repos des travailleurs»*, que la loi doit organiser, a été remplacé par la notion plus générale de *«droits des travailleurs»*. La protection de la santé ne se limite plus seulement à celle des travailleurs, mais englobe celle de toute la population, faisant que le domaine de la santé relève dorénavant son ensemble des matières réservées par la Constitution à la loi formelle. L'inscription dans la Constitution de la lutte contre la pauvreté et l'intégration dans la société des personnes handicapées était à son tour motivée par le souci de donner une base constitutionnelle à la politique appliquée en ces matières.

CHAMBRE
DES
DEPUTES

6 Les institutions du Grand-Duché de Luxembourg

L'exercice de la puissance souveraine de l'Etat est attribué à une pluralité d'institutions ou pouvoirs constitués qui ont pour mission de gouverner la collectivité. Leur organisation est conçue de façon à éviter l'arbitraire et à protéger les droits des citoyens. En ce faisant, la Constitution garantit – conformément au principe de la séparation des pouvoirs – qu'aucune institution n'exerce l'ensemble des pouvoirs publics, mais que les pouvoirs se contrôlent mutuellement.

> *«Les différentes sources de droit s'articulent en un ordre hiérarchique au sommet duquel figure la Constitution qui représente la clef de voûte de l'ordonnancement juridique, fixant les compétences et attributions des institutions de l'Etat.»*
>
> Cour d'appel, 24 juin 1992, *Pas.* 29, p. 8

Au niveau central de l'Etat, le Grand-Duc, la Chambre des députés, le Gouvernement et les juridictions se partagent l'exercice des pouvoirs institutionnels, exercice auquel participe encore le Conseil d'Etat.

La Constitution consacre en outre le principe de l'autonomie communale en réservant aux communes la prérogative de gérer par leurs organes propres leur patrimoine et leurs intérêts.

Enfin, à côté de la décentralisation géographique due à l'existence des communes, les établissements publics, que la loi peut créer en vertu de l'article 108*bis*, constituent une forme de décentralisation fonctionnelle.

Le présent chapitre traite des différentes institutions étatiques et des communes en distinguant:
- le Grand-Duc;
- la Chambre des députés;
- le Gouvernement;
- le Conseil d'Etat;
- les cours et tribunaux.

En fin de chapitre seront abordés les communes ainsi que les autres organes prévus par la Constitution (établissements publics et force publique).

6.1. LE GRAND-DUC

Selon la Constitution, le Grand-Duc occupe dans l'Etat une situation spéciale.

Il entretient à des titres divers des rapports avec les autres pouvoirs institutionnels[1]. Ses fonctions et attributions lui confèrent en plus un double rôle, celui d'être le chef de l'Etat et celui d'être le titulaire du pouvoir exécutif. Formellement, il peut intervenir dans l'organisation de la Chambre et exercer son droit d'initiative en matière législative. Enfin, la justice est rendue en son nom, sans qu'il soit pourtant en droit de s'ingérer dans l'exercice du pouvoir judiciaire.

La situation juridique du Grand-Duc qui se dégage de la Constitution est surtout compliquée par le fait qu'il est, en tant que chef de l'Etat, représentant de la Nation dans son ensemble et arbitre des pouvoirs institutionnels, et qu'en même temps il est détenteur d'un de ces pouvoirs, en sa qualité de titulaire du pouvoir exécutif.

Le chapitre Ier de la Constitution, intitulé *«De l'Etat, de son territoire et du Grand-Duc»*, traite des questions dynastiques dans les articles qui visent plus particulièrement le Grand-Duc. Le chapitre III *«De la Puissance souveraine»* comporte un paragraphe 1er intitulé *«De la Prérogative du Grand-Duc»*. Le chapitre V *«Du Gouvernement du Grand-Duché»* a trait à l'organisation et au mode de fonctionnement du pouvoir exécutif.

Prises au sens littéral, les attributions et les fonctions du Grand-Duc apparaissent comme très étendues. En pratique cependant, le jeu institutionnel, qui s'est forgé depuis que le Luxembourg est devenu une monarchie constitution-

---

1   cf. Paragraphes 2.4.3. *le pouvoir judiciaire*, 6.1.2. *les rapports du Grand-Duc avec la Chambre des députés* et 6.1.3. *le Grand-Duc, chef de l'exécutif.*

nelle, fait que les fonctions effectives du Grand-Duc ont aujourd'hui un caractère surtout représentatif. Le Grand-Duc est toutefois appelé à assurer des arbitrages politiques qui jouent notamment avant la constitution d'un nouveau Gouvernement à la suite d'élections législatives, par exemple si la volonté de l'électorat prête à interprétation, et plus rarement suite à une rupture de coalition qui enlève au Gouvernement la confiance de la majorité parlementaire.

> Dans sa contribution pour le Livre jubilaire édité à l'occasion du centième anniversaire du Conseil d'Etat en 1956, Charles-Léon Hammes note: *«Cette évolution (…) restreint certes le pouvoir de la Couronne que le texte de la Constitution ne limite pas.*
>
> *Mais il serait erroné de le considérer comme absolument effacé ou même amoindri.*
>
> *(…) le nouveau système, né d'une transformation de l'ordre politique, ajoute l'arbitrage temporisateur et hautement conciliateur d'opinions sous l'angle des intérêts supérieurs de l'Etat …»*
>
> Et, pour documenter cette fonction fondamentale du chef de l'Etat, *«droit d'autant plus éminent qu'il s'exerce par l'autorité morale suprême qui dirige les destinées du pays»*, l'auteur se réfère à l'ouvrage «The English Constitution» de Walter Bagehot et à la définition que le juriste anglais a donnée de cette fonction: *«The right to be consulted, the right to encourage, the right to warn»*, ajoutant *«And a king of great sense and sagacity would want no others»*.[2]
>
> Le rôle du chef de l'Etat, tel qu'il résulte de la lecture de la Loi fondamentale luxembourgeoise au début du 21e siècle, a été rappelé dans les documents parlementaires relatifs à la révision de l'article 34 de la Constitution: «en monarchie constitutionnelle, le Chef de l'Etat, de par son statut et son rôle, mais aussi de par son irresponsabilité politique, ne peut exprimer ses opinions au risque d'être mêlé aux débats partisans»[3].

---

2   Charles-Léon Hammes, «Le Gouvernement du Grand-Duché, essai sur son évolution» *in*: Le Conseil d'Etat du Grand-Duché de Luxembourg, Livre jubilaire publié à l'occasion du centième anniversaire de sa création, p. 492.

3   Exposé des motifs relatif au projet de révision de l'article 34 de la Constitution (doc. parl. n° 5967).

6.1.1. le Grand-Duc, chef de l'Etat

> Constitution, article 32 (1) et (2): «*(1) La puissance souveraine réside dans la Nation.*
> *Le Grand-Duc l'exerce conformément à la présente Constitution et aux lois du pays.*
> *(2) Le Grand-Duc n'a d'autres pouvoirs que ceux que lui attribuent formellement la Constitution et les lois particulières portées en vertu de la Constitution même, le tout sans préjudice de l'art. 3 de la présente Constitution*[4].»

C'est donc la Nation qui détient la souveraineté. En sa qualité de chef de l'Etat, le Grand-Duc ne fait qu'exercer la souveraineté au nom et pour compte de la Nation. En plus, l'exercice de la souveraineté par le Grand-Duc se meut dans le cadre et les limites tracés par la Constitution et les lois.

L'article 33, première phrase de la Constitution désigne explicitement le Grand-Duc comme chef de l'Etat.

> Constitution, article 33, première phrase: «*Le Grand-Duc est le chef de l'Etat, symbole de son unité et garant de l'indépendance nationale …*»

Le rôle de «*clé de voûte des institutions*»[5] assumé par le Grand-Duc en sa qualité de chef de l'Etat a conduit la commission des Institutions et de la Révision constitutionnelle de la Chambre des députés (à l'occasion de l'élaboration de la révision de l'article 33 de la Constitution du 12 janvier 1998) à identifier trois fonctions inhérentes à cette qualité:

- une fonction symbolique du Grand-Duc qui exprime l'identité du pays et symbolise l'unité et la permanence de l'Etat;
- une fonction de gardien des institutions qui est matériellement assurée par des dispositions constitutionnelles réservant au chef de l'Etat une permanence supérieure à celle des autres institutions;
- une fonction d'arbitre lorsque, dans des circonstances politiques difficiles, le chef de l'Etat peut faire peser son influence morale[6].

---

4   L'article 3 de la Constitution a trait au caractère héréditaire de la Couronne du Grand-Duché dans la famille de Nassau: «*Art. 3. La Couronne du Grand-Duché est héréditaire dans la famille de Nassau, conformément au pacte du 30 juin 1783, à l'art. 71 du traité de Vienne du 9 juin 1815 et à l'art. 1er du traité de Londres du 11 mai 1867.*»

5   Le terme est emprunté à Michel Debré qui qualifia ainsi, en 1958, lors de l'avènement de la Ve République en France, le rôle du Président de la République.

6   Doc. parl. n° 3908.

La formule du serment que le Grand-Duc prête[7] «***aussitôt que possible***», «***lorsqu'il accède au trône***», renvoie au moins aux deux premières des fonctions de chef de l'Etat identifiées par la commission parlementaire.

D'autres dispositions de la Constitution reprises au paragraphe 1er «*De la Prérogative du Grand-Duc*» du chapitre III «*De la Puissance souveraine*» permettent au chef de l'Etat d'assurer l'exercice de ses fonctions avec la dignité et le prestige nécessaires et en toute indépendance politique et matérielle.

Dans une monarchie constitutionnelle, le chef de l'Etat exerce ses fonctions à vie, contrairement à la durée limitée du mandat (renouvelable ou non) du président élu d'une république. Afin de protéger la situation du monarque et d'assurer la stabilité de l'institution monarchique, l'article 4 de la Constitution consacre le principe de l'inviolabilité de la personne du Grand-Duc.

> Constitution, article 4: «*La personne du Grand-Duc est inviolable.*»

Ce principe a comme corollaire l'irresponsabilité générale et absolue du Grand-Duc tant du point de vue pénal que du point de vue politique.

> Cette protection peut également être prévue dans une république pour compte du président élu. Elle ne vaut pourtant dans cette hypothèse que pendant la durée du ou des mandats accomplis par l'intéressé à la tête de l'Etat et pour les actes posés en exécution de ce ou de ces mandats.
>
> L'article 67 de la Constitution française dispose que «*Le Président de la République n'est pas responsable des actes accomplis en cette qualité, sous réserve des dispositions des articles 53-2* [renvoyant à la juridiction de la Cour pénale internationale] *et 68* [prérogative du Parlement constitué en Haute Cour en vue de destituer le Président de la République en cas de manquement à ses devoirs manifestement incompatible avec l'exercice de son mandat]».

Sur le plan de la responsabilité civile, le président de l'Administration des biens du Grand-Duc prend fait et cause pour le chef de l'Etat dans l'hypothèse où cette responsabilité risque d'être engagée.

Sur le plan de la responsabilité pénale, le Grand-Duc échappe en principe à toute condamnation pour crime, délit ou contravention. L'irresponsa-

---

[7] Constitution, article 5: «*(1)... Lorsque [le Grand-Duc] accède au trône, il prête, aussitôt que possible, en présence de la Chambre des Députés ou d'une députation nommée par elle, le serment suivant:*
(2) «Je jure d'observer la Constitution et les lois du Grand-Duché de Luxembourg, de maintenir l'indépendance nationale et l'intégrité du territoire ainsi que les libertés publiques et individuelles.»»
Voir aussi paragraphe 6.1.4. *les questions dynastiques* (sous «*les conditions d'accès au trône*»).

bilité pénale du Grand-Duc se trouve toutefois tempérée par l'article 118 de la Constitution[8].

Sur le plan politique, cette irresponsabilité a comme contrepartie la responsabilité ministérielle[9]. Quant à son application dans le temps, cette responsabilité ministérielle est préalable à l'irresponsabilité du Grand-Duc, ce qui se reflète entre autres dans le fait que non seulement ce sont les Ministres qui prennent les décisions, mais qu'ils «contresignent» les «dispositions du Grand-Duc» avant que celles-ci soient soumises à sa signature.

> Etant donné qu'en vertu de l'article 45 de la Constitution toutes les décisions prises par le Grand-Duc doivent être contresignées par un membre du Gouvernement responsable, la Chambre des députés est toujours à même de remettre en cause la décision grand-ducale en engageant la responsabilité du ou des Ministres qui y ont apposé leur contreseing. A la limite, la Chambre peut retirer la confiance au Gouvernement, l'obligeant de la façon à démissionner et ouvrant la voie soit à de nouvelles élections législatives, soit à la formation d'une nouvelle majorité parlementaire prête à soutenir un Gouvernement différemment composé. Il faut pourtant noter l'absence dans la Constitution de toute référence formelle à cette prérogative de la Chambre qui découle implicitement du principe de la responsabilité ministérielle.
>
> L'article 83 de la Constitution[10] doit également être rapproché de cette mise en équilibre des pouvoirs institutionnels en présence. Dans la mesure où un acte voulu par le Grand-Duc serait contraire à la loi pénale, le contreseing ministériel y apposé rendrait le Ministre signataire pour le moins coupable de complicité. Il n'en est que logique que la prérogative grand-ducale de gracier un Ministre, prévue par l'article 83, ne peut dans ces circonstances jouer qu'avec l'accord de la Chambre des députés.

<u>Sur le plan international, le Grand-Duché de Luxembourg est représenté par son chef de l'Etat.</u> A ce titre, le Grand-Duc fait les traités et déclare la guerre et la cessation de la guerre. Ses prérogatives sont toutefois exercées avec l'accord et sous le contrôle de la Chambre des députés.

---

8 Constitution, article 118: *«Les dispositions de la Constitution ne font pas obstacle à l'approbation du Statut de la Cour Pénale Internationale, fait à Rome, le 17 juillet 1998, et à l'exécution des obligations en découlant dans les conditions prévues par ledit Statut.»* La Cour Pénale Internationale a compétence notamment en matière de génocide, de crimes contre l'humanité et de crimes de guerre; sa compétence est complémentaire à celle des juridictions nationales.
9 Constitution, article 78: *«Les membres du Gouvernement sont responsables.»*
10 Constitution, article 83: *«Le Grand-Duc ne peut pas faire grâce au membre du Gouvernement condamné, que sur la demande de la Chambre.»*

Les modalités d'exercice de ces prérogatives sont énoncées à l'article 37 de la Constitution, alinéas 1er, 3 et 6.

> Constitution, article 37, alinéas 1er, 3 et 6: *«Le Grand-Duc fait les traités. Les traités n'auront d'effet avant d'avoir été approuvés par la loi et publiés dans les formes prévues pour la publication des lois.*
> …
> *Les traités secrets sont abolis.*
> …
> *Le Grand-Duc commande la force armée; il déclare la guerre et la cessation de la guerre après y avoir été autorisé par un vote de la Chambre émis dans les conditions de l'article 114, alinéa 2 de la Constitution.»*

Même si la Constitution ne le mentionne pas, sa qualité de chef de l'Etat fait encore que les ambassadeurs et les envoyés extraordinaires des autres Etats sont accrédités auprès du Grand-Duc.

Dans le cadre de ses prérogatives de chef de l'Etat, le Grand-Duc détient par ailleurs certains droits régaliens que nous analyserons ci-après.

Par droits régaliens, on entend des prérogatives qui, dans une monarchie absolue, sont attachées à la souveraineté princière et qui, dans une démocratie, sont conférées par la Constitution au chef de l'Etat.

■ le droit de grâce

> Constitution, article 38: *«Le Grand-Duc a le droit de remettre ou de réduire les peines prononcées par les juges, sauf ce qui est statué relativement aux membres du Gouvernement.»*[11]

La grâce grand-ducale est une mesure de clémence qui consiste dans la remise totale ou partielle ou dans la commutation des peines prononcées par les juridictions pénales. Elle permet au chef de l'Etat de tempérer les effets des peines prononcées, mais elle laisse subsister l'infraction et elle n'efface pas l'inscription au casier judiciaire. La décision du chef de l'Etat intervient normalement sur proposition du Ministre de la Justice et avec son contreseing, après avoir entendu la commission des grâces instituée auprès du Ministère de la Justice.

> Il ne faut pas confondre la grâce qui a toujours un effet individuel et qui ne joue qu'au niveau de l'exécution des peines, avec l'amnistie qui est une

---

11   dans ce Paragraphe, voir sous *«le principe de l'inviolabilité de la personne du Grand-Duc»*, p. 151.

> mesure à caractère général que peut décider le législateur et qui efface l'infraction elle-même. Contrairement à la grâce, l'amnistie déroge à la loi pénale, et seul le pouvoir législatif peut donc la décréter.
>
> Il ne faut pas non plus confondre le recours en grâce que le condamné à une peine pénale peut introduire après du Grand-Duc avec le recours gracieux ouvert à tout administré qui, en désaccord avec une décision prise par l'Administration, demande à celle-ci de réexaminer la décision intervenue.

- le droit de battre monnaie

> Constitution, article 39: «*Le Grand-Duc a le droit de battre monnaie en exécution de la loi.*»

C'est le pouvoir législatif qui ordonne l'émission de la monnaie. Le Grand-Duc ne fait qu'exécuter les prescriptions générales édictées à ce sujet par le législateur. La formule constitutionnelle lui donne cependant le privilège de faire frapper la monnaie à son effigie.

> D'après un usage très ancien, les monnaies portent l'empreinte de l'effigie du chef de l'Etat.
>
> Le droit de battre monnaie est considéré comme une prérogative de souveraineté. Or, dans ce domaine, le Luxembourg n'a jamais disposé d'une souveraineté pleine et entière. L'union monétaire européenne et l'introduction de l'euro en 2002 n'ont dès lors pas constitué un changement fondamental pour le Luxembourg, puisque, contrairement aux autres Etats européens qui ont adopté l'euro, l'abandon de la souveraineté monétaire n'a affecté qu'une prérogative limitée *ab initio* par les dispositions du Traité de l'Union économique belgo-luxembourgeoise (UEBL), conclu le 25 juillet 1921 et prévoyant le franc belge comme monnaie commune, tout en permettant au Luxembourg l'émission dans des dimensions limitées de ses propres billets de banque et pièces de monnaie.

- le droit de conférer des titres de noblesse

> Constitution, article 40: «*Le Grand-Duc a le droit de conférer des titres de noblesse, sans pouvoir jamais y attacher aucun privilège.*»

Le Grand-Duc exerce ce droit librement et souverainement de la manière qu'il juge la plus appropriée. Cette prérogative échappe en principe à tout contrôle de la part du législateur ou des juridictions. Toutefois, les arrêtés grand-ducaux décernant des titres de noblesse doivent être contresignés par un membre du Gouvernement responsable, conformément à l'article 45 de la Constitution.[12]

En tout cas, la Constitution interdit formellement d'assortir d'un quelconque privilège les titres de noblesse accordés par le Grand-Duc. A cet égard, l'article 40 se trouve en parfaite concordance avec l'article 10*bis*(1) de la Constitution[13].

> Jusqu'à la révision du 29 mars 2007, la Constitution retenait à son article 11 qu' «*il n'y a dans l'Etat aucune distinction d'ordres*».
>
> Cette disposition exprimait la volonté de l'époque (le texte en question remonte à la Constitution de 1848) d'empêcher le retour à l'organisation politique de l'Ancien Régime qui divisait la société en trois ordres: la noblesse, le clergé et le tiers état, les deux premiers bénéficiant de certains privilèges qui étaient refusés au troisième.
>
> Cette inégalité entre les ordres a été une des causes de la Révolution française dont la devise n'était pas par hasard «Liberté, Egalité, Fraternité».

■ le droit de conférer des ordres civils et militaires

> Constitution, article 41: «*Le Grand-Duc confère les ordres civils et militaires, en observant à cet égard ce que la loi prescrit.*»

La manière selon laquelle le Grand-Duc institue les ordres civils et militaires, en détermine les insignes et en arrête les statuts est prévue par une ordonnance royale grand-ducale du 25 novembre 1857, équipollente à une loi. Cette ordonnance prévoit aussi que les dépenses sont à charge du «trésor royal grand-ducal» (budget de l'Etat).

> Depuis la publication de l'ordonnance de 1857, nombre d'ordres, d'insignes et de médailles de reconnaissance ont été créés pour partie par des arrêtés grand-ducaux pris en exécution de ladite ordonnance et pour partie en application de dispositions légales. Pour le détail, il est renvoyé au Code administratif (cf. volume 4, *verbo* Distinctions honorifiques).

Les moyens mis à la disposition du Grand-Duc au vœu de la Constitution comportent, d'une part, une dotation fixée une fois pour toutes et, d'autre part,

---

[12] Constitution, article 45: «*Les dispositions du Grand-Duc doivent être contresignées par un membre du Gouvernement responsable.*»
[13] Constitution, article 10*bis(1)*: «*Les Luxembourgeois sont égaux devant la loi.*»

des biens immobiliers. La dotation que prévoit la Constitution est appelée liste civile. Elle est fixée au moment où le nouveau Grand-Duc accède au trône.

En outre, le budget de l'Etat prévoit au chapitre des dépenses à charge du Ministère d'Etat les crédits nécessaires pour le fonctionnement de la Maison du Grand-Duc.

> Hormis l'emploi du terme «Maison Souveraine» à l'article 43 de la Constitution, pouvant être considéré comme synonyme de «Maison du Grand-Duc», cette dernière notion n'est pas déterminée autrement dans la loi. Le terme apparaît uniquement dans la section de même nom du budget des dépenses courantes du Ministère d'Etat. Les frais de la Maison du Grand-Duc qui sont supportés par l'Etat aux termes de la loi budgétaire portent sur la liste civile, le traitement du secrétaire du Grand-Duc, d'autres frais de personnel et les frais de représentation du chef de l'Etat, des frais de fonctionnement et des dépenses liées à cette fonction ainsi que les frais de personnel et de représentation de l'ancien chef de l'Etat.

En outre, l'Etat met à la disposition du Grand-Duc le Palais grand-ducal à Luxembourg-ville et le Château de Berg.

> Constitution, article 43: *«La liste civile*[14] *est fixée à trois cent mille francs-or par an.*
> *Elle peut être changée par la loi au commencement de chaque règne. La loi budgétaire peut allouer chaque année à la Maison Souveraine les sommes nécessaires pour couvrir les frais de représentation.»*
> article 44: *«Le Palais Grand-Ducal à Luxembourg et le Château de Berg sont réservés à l'habitation du Grand-Duc.»*

6.1.2. les rapports du Grand-Duc avec la Chambre des députés

> Jusqu'à la révision de l'article 34 de la Constitution le 12 mars 2009, le Grand-Duc avait la prérogative de sanctionner et de promulguer les lois votées par la Chambre des députés. Cette prérogative était restée formellement la même depuis son inscription dans la Constitution de 1848. Seul le délai accordé au Grand-Duc pour faire connaître sa décision avait changé au rythme

---

14 La section 00.0 – «Maison du Grand-Duc» du budget des dépenses courantes de l'Etat comporte parmi les crédits y inscrits au titre de la Maison grand-ducale un article spécial relatif à la liste civile. Dans la loi budgétaire pour l'année 2009, ce crédit (non limitatif) est doté d'un montant de 1.040.320 euros.

de l'évolution des rapports entre la monarchie et les élus. Lors de la révision de l'article 34 en 1948, le délai fut de nouveau ramené de 6 à 3 mois, comme en 1848.

Or, l'évolution subie par la Constitution depuis le début du 20e siècle a réduit le rôle du Grand-Duc dans le processus législatif à une intervention purement formelle, en particulier quant à sa prérogative de sanctionner les lois. En effet, la révision constitutionnelle du 15 mai 1919 a consacré la souveraineté nationale. Celle du 21 mai 1948 a placé le Luxembourg sous le régime de la démocratie parlementaire. Enfin, celle du 12 janvier 1998 a souligné le rôle du Grand-Duc, chef de l'Etat, comme symbole de son unité, l'empêchant de participer au débat politique, et limitant dès lors son intervention dans le processus d'élaboration des lois à un acte symbolique.

A noter qu'avant la révision de la Constitution en 1919, un rapport de la Chambre avait déjà esquissé la portée du pouvoir du Grand-Duc résultant de l'article 34: *«D'après le texte formel de la Constitution, la Couronne n'enfreint pas ses pouvoirs si elle ne manifeste pas sa résolution avant les* [à cette époque] *six mois révolus. Mais il n'y a pas le moindre doute que la Couronne, ne pouvant pas être rendue responsable ni des actes qu'elle pose, ni de ceux qu'elle ne pose pas, n'engage pas sa responsabilité en usant du délai de six mois imparti par l'article 34 de la Constitution, mais celle de ses conseillers responsables* (= membres du Gouvernement) *est engagée. Il est donc clair que la Couronne n'a le droit de refuser sa signature, aussi longtemps que ses conseillers responsables sont d'accord avec elle et qu'ils en assument la responsabilité … Si la Couronne voulait assumer la responsabilité pour ses actes, ce serait une violation flagrante de la Constitution, qui n'admet pas la responsabilité de la Couronne. On peut dire que malgré le texte clair et formel, qui ne semble laisser aucune équivoque, le Grand-Duc n'a pas six mois pour faire connaître sa volonté, il a seulement ce droit si ses conseillers entendent couvrir sa responsabilité.»*[15]

En début de décembre 2008, le Premier Ministre avait fait part de la réticence du Grand-Duc d'entériner par sa sanction le vote parlementaire à intervenir sur la proposition de loi sur l'euthanasie et l'assistance au suicide[16], qui a finalement été adoptée le 18 décembre 2008 par la Chambre des députés. Or, comme l'avait relevé la commission parlementaire des Institutions et de la Révision constitutionnelle: *«Le refus direct ou indirect du Chef de l'Etat*

---

15 Compte rendu de la Chambre des députés, sess. ord. 1912–1913, vol. 3, Annexes; le délai de six mois a été ramené à trois mois lors de la révision constitutionnelle du 6 mai 1948, et le terme *«conseiller de la Couronne»* a été remplacé à l'article 45 par *«membre du Gouvernement»* lors de celle du 13 juin 1989.
16 Doc. parl. n° 4909 (l'intitulé initial *«proposition de loi de mourir en dignité»* ayant été changé en cours de procédure), proposition devenue la loi du 16 mars 2009.

> de sanctionner et de promulguer un texte voté par la Chambre des Députés et contresigné par les membres du Gouvernement responsables en vertu de l'article 45 de la Constitution [l'aurait mis] en conflit tant avec la Chambre des Députés qu'avec les membres du Gouvernement»[17].
>
> Pour éviter dès lors une crise institutionnelle, les milieux politiques se sont sans tarder concertés sur une révision du seul article 34 de la Constitution qui a eu pour objet unique d'ôter au Grand-Duc la prérogative de sanctionner les lois, tout en laissant pour le reste intouchées les autres dispositions concernant ses possibilités d'intervenir dans l'organisation de la Chambre ou ses compétences relatives à la mise en œuvre des lois, et tout en acceptant dans cette optique un certain manque de cohérence des différentes dispositions constitutionnelles relatives aux rapports entre le Grand-Duc et la Chambre.
>
> Tout en regrettant le choix d'une révision confinée au seul article 34, le Conseil d'Etat avait néanmoins appuyé la modification: «*Quant à l'essence de la modification … celle-ci [fait] mieux concorder l'article 34 avec d'autres principes constitutionnels sur la souveraineté et le rôle du Grand-Duc dans le jeu institutionnel. Dorénavant, il [appartient] aux seuls représentants de la Nation souveraine d'assumer le pouvoir législatif. Devant la toile de fond de l'évolution historique de notre Constitution, le projet de révision sous examen apparaît par conséquent comme un effort, certes isolé, mais important, pour rapprocher la ‹Constitution écrite› de la ‹Constitution vécue›*»[18].

Les rapports du Grand-Duc avec la Chambre des députés, qui peuvent être déduits des dispositions pertinentes de la Constitution, montrent que le Grand-Duc dispose d'un droit d'initiative législative qu'il partage avec la Chambre, en vertu de l'article 47. En pratique, l'initiative législative appartient toutefois au Gouvernement, mais les Ministres requièrent l'autorisation formelle du Grand-Duc (intervenant sous la forme d'un arrêté grand-ducal) pour déposer à la Chambre des députés les projets de loi qui ont été élaborés sous leur responsabilité.

Suite à la modification de l'article 34, le 12 mars 2009, le Grand-Duc ne fait plus que promulguer les lois, prérogative relevant de l'exercice du pouvoir exécutif[19]. Par ailleurs, il lui revient formellement d'ouvrir et de clore les

---

17 Rapport du 10 décembre 2008 relatif au projet de révision de l'article 34 de la Constitution (doc. parl. n° 5967[3]).
18 Avis du Conseil d'Etat du 9 décembre 2008 relatif au projet de révision de l'article 34 de la Constitution (doc. parl. n° 5967[2]).
19 cf. Paragraphe 6.1.3. *le Grand-Duc, chef de l'exécutif* (voir sous *«Le Grand-Duc promulgue les lois»*).

sessions de la Chambre et de convoquer la Chambre en session extraordinaire. En outre, il a le droit de dissoudre la Chambre.

> Constitution, article 47, alinéa 1er: *«Le Grand-Duc adresse à la Chambre les propositions ou projets de lois qu'il veut soumettre à son adoption.»*

Quant à l'intervention dans l'organisation des travaux de la Chambre des députés, les prérogatives du Grand-Duc sont prévues aux articles 72 et 74 de la Constitution.

En vertu de l'article 72, le Grand-Duc détient la prérogative d'ouvrir et de clore les sessions parlementaires ainsi que de convoquer la Chambre en session extraordinaire.

> Le Grand-Duc peut exercer cette prérogative soit personnellement, soit par l'intermédiaire d'un mandataire qui est normalement le Premier Ministre.
>
> Cette prérogative a aujourd'hui seulement encore un caractère formel puisqu'il est devenu courant de clore la session précédente le jour de l'ouverture de la session nouvelle.
>
> Toutefois, le Grand-Duc peut également convoquer la Chambre en session extraordinaire. Et cette faculté devient obligation lorsqu'un tiers des députés le demandent. En pratique, la Chambre se réunit en session extraordinaire après chaque élection parlementaire pour vérifier ses pouvoirs et pour statuer sur la validité du scrutin électoral.

> Constitution, article 72: *«(1) La Chambre se réunit chaque année en session ordinaire à l'époque fixée par le règlement.*
> *(2) Le Grand-Duc peut convoquer la Chambre extraordinairement; il doit le faire sur la demande d'un tiers des députés.*
> *(3) Toute session est ouverte et close par le Grand-Duc en personne, ou bien en son nom par un fondé de pouvoirs nommé à cet effet.»*

Par ailleurs, en vertu de l'article 74, le Grand-Duc a le droit de dissoudre la Chambre. L'arrêté de dissolution nécessite évidemment, comme toute autre disposition prise par le Grand-Duc, le contreseing d'un membre du Gouvernement. La décision de dissoudre la Chambre ne peut donc intervenir qu'avec l'accord du Gouvernement, lui-même responsable vis-à-vis de la majorité parlementaire qui le supporte.

La dissolution de la Chambre entraîne automatiquement de nouvelles élections qui doivent être organisées dans les trois mois.

A l'origine, la dissolution de la Chambre des députés était considérée comme une arme politique du Roi Grand-Duc qui lui permettait de se défaire d'un Parlement qui prenait des initiatives qui lui déplaisaient. Guillaume III avait ainsi proclamé la clôture de la session et la dissolution de la Chambre avant de promulguer une révision de la Constitution de 1848 par la voie de l'ordonnance royale grand-ducale du 27 novembre 1856.

Aujourd'hui, le recours à l'instrument de dissolution doit surtout être envisagé dans l'hypothèse où la coalition en place s'est rompue et où des considérations d'opportunité politique ou l'impossibilité de constituer une nouvelle majorité gouvernementale au sein de la Chambre en fonction plaident pour des élections anticipées.

Afin d'éviter une interruption trop longue du contrôle parlementaire s'exerçant normalement sur l'action gouvernementale, l'alinéa 2 de l'article 74 de la Constitution prévoit que les électeurs doivent être appelés aux urnes au plus tard trois mois après que la dissolution de la Chambre a été prononcée. Or, au regard des délais de procédure prévus par la loi électorale modifiée du 18 février 2003 pour organiser les nouvelles élections, il s'avère pratiquement impossible de respecter l'exigence constitutionnelle en question.

Constitution, article 74: «*Le Grand-Duc peut dissoudre la Chambre. Il est procédé à de nouvelles élections dans les trois mois au plus tard de la dissolution.*»

6.1.3. le Grand-Duc, chef de l'exécutif

En vertu de l'article 33 de la Constitution, le pouvoir exécutif est attribué au Grand-Duc.

Constitution, article 33, deuxième phrase: «*[Le Grand-Duc] exerce le pouvoir exécutif conformément à la Constitution et aux lois du pays.*»

Le pouvoir exécutif a pour mission d'assurer l'exécution des lois au sens formel et au sens matériel.

Tous les actes pris par le Grand-Duc dans l'exercice de ses fonctions relevant du pouvoir exécutif doivent, tout comme les actes qu'il pose en sa qualité de chef de l'Etat, être contresignés par un membre du Gouvernement responsable en vertu de l'article 45 de la Constitution[20].

---

20 cf. Paragraphe 6.1.1. *le Grand-Duc, chef de l'Etat.*

En effet, si formellement le pouvoir exécutif appartient au Grand-Duc, nous verrons à la section 6.3. que c'est en fait le Gouvernement qui l'exerce[21]. C'est également le Gouvernement qui en assume la responsabilité politique vis-à-vis de la Chambre des députés, appelée en vertu du principe de la séparation des pouvoirs à contrôler le pouvoir exécutif[22].

Le Grand-Duc promulgue les lois conformément à l'article 34 de la Constitution[23].

> Constitution, article 34: «*Le Grand-Duc promulgue les lois dans les trois mois du vote de la Chambre.*»

> Depuis la révision de l'article 34 de la Constitution, le 12 mars 2009, le Grand-Duc ne sanctionne plus les lois, prérogative considérée comme ayant relevé de la fonction législative.
>
> Pratiquement, la double prérogative grand-ducale de l'article 34 de sanctionner et de promulguer les lois se manifestait à l'époque sous la forme d'une seule et même signature: «*Le fait que dans la pratique la sanction, exercice d'une attribution législative du Grand-Duc, se confond avec la promulgation, exercice d'une attribution exécutive, ne change rien à la distinction fondamentale qu'il y a lieu d'établir entre ces deux attributions. L'apposition par le Grand-Duc sous la prescription votée par la Chambre, revêtue de la formule de promulgation, est en fait l'expression d'une double manifestation de la volonté qu'on pourrait théoriquement imaginer dans des actes séparés.*»[24]

La jurisprudence a défini la notion de promulgation comme étant «*l'acte par lequel le Chef d'Etat atteste au corps social l'existence de la loi et en ordonne l'exécution*»[25].

La promulgation atteste la teneur de la loi comme étant conforme au texte de loi voté par la Chambre. Elle ne constitue pas une condition de l'existence de la loi, car celle-ci vient à exister par son adoption par la Chambre des députés. Mais sans promulgation la loi reste sans force, car, à défaut d'avoir été promulguée et publiée, elle n'entre pas en vigueur. Sans être entrée en vigueur, elle n'a pas de caractère contraignant. Elle ne peut dès lors pas être rendue opposable.

---

21 cf. Section 6.3. *le Gouvernement.*
22 cf. Paragraphes 6.1.1. *le Grand-Duc, chef de l'Etat* (voir sous «*le principe de l'inviolabilité de la personne du Grand-Duc*») et 6.3.3. *la responsabilité ministérielle.*
23 cf. Paragraphe 6.2.6. *les autres attributions de la Chambre des députés* (voir sous «*confiance de la Chambre*»).
24 Pierre Majerus, L'Etat luxembourgeois, p. 151.
25 Cour d'appel, 14 février 1928, *Pas.* 11, pp. 389 et 390.

Le propre de l'autorité de promulgation est donc de constater l'existence et la teneur de la loi et d'ordonner son exécution[26].

> La formule de promulgation ajoutée *in fine* du dispositif des lois est libellée comme suit: *«Mandons et ordonnons que la présente loi soit insérée au Mémorial pour être observée et exécutée par tous ceux que la chose concerne»*.

Dans la même logique, seul le texte publié au Mémorial fait foi.

> *«La publication au Mémorial d'une loi ou d'un règlement fait foi à l'égard des autorités et du public de l'existence et de la teneur de cette loi sans possibilité de preuve contraire ... la publication au mémorial ... établit authentiquement l'existence et le contenu des lois et règlements. ... (Le) pouvoir judiciaire est tenu de les appliquer tels qu'ils ont été publiés et ne peut, sans empiéter sur les attributions du pouvoir exécutif, en examiner autrement la promulgation.»*
> Conseil d'Etat, Comité du contentieux, 6 juillet 1988, *Pas.* 28, p. 7

La promulgation et la publication doivent intervenir dans les trois mois du vote de la Chambre. Ce délai est compté à partir de la date du vote unique de la loi par la Chambre, si celle-ci est d'accord avec le Conseil d'Etat pour dispenser la loi du second vote constitutionnel. Par contre, le délai court à compter de la date du deuxième vote constitutionnel, si la dispense en a été refusée ou s'il s'agit du deuxième vote parlementaire d'une révision constitutionnelle.

Selon le Conseil d'Etat, la promulgation est à considérer comme *«une compétence liée du pouvoir exécutif de porter à la connaissance du public l'existence d'une loi, tout en donnant l'ordre aux autorités publiques de la publier, de l'observer et de la faire observer»*.[27]

> Conformément aux travaux préparatoires de la révision de l'article 34, la prérogative de l'autorité de promulgation de constater l'existence et la teneur de la loi avant d'en ordonner l'exécution ne semble pas conférer à celle-ci un quelconque droit de contrôle sur la régularité des conditions et des formes ayant conduit à l'adoption de la loi par la Chambre, contrôle que d'autres constitutions européennes prévoient explicitement. *«La promulgation s'avère*

---

26   Marc Besch, Traité de légistique formelle, p. 105.
27   Avis du Conseil d'Etat du 9 décembre 2008 (doc. parl. n° 5967[2]).

> *une compétence liée, relevant du pouvoir exécutif du Grand-Duc qui oblige celui-ci aux termes de l'article 5 de la Constitution».*[28]
>
> Il est à noter dans ce contexte que le Conseil d'Etat a pour mission de contrôler la conformité des lois à la Constitution[29], ce qui inclut la vérification de la régularité de la procédure d'adoption des lois; ce contrôle *ex ante* n'a cependant pas d'effet contraignant, la sanction prévue étant tout au plus suspensive. Toutefois, la loi adoptée dans des conditions non conformes aux règles procédurales exigées par la Constitution risque d'encourir la sanction du juge constitutionnel au même titre qu'une loi dont le contenu s'avère contraire à la Constitution. En effet, le pouvoir du juge constitutionnel s'étend, au regard du libellé de l'article 95*ter*(1), sur la conformité tant du contenu que de la forme d'adoption de la loi à la Constitution.
>
> Les lois portant approbation des traités sont cependant exclues de ce contrôle en vertu de l'article 95*ter*(2). Or, l'omission d'adopter une loi d'approbation d'un traité international dans les conditions de majorité qualifiée de l'article 114, alinéa 2, si le traité à approuver comporte le transfert temporaire à une instance internationale d'attributions normalement réservées aux pouvoirs constitutionnels, constituerait une irrégularité procédurale normalement susceptible d'encourir la sanction précitée. Dans les conditions données, ne serait-il pas indiqué de réfléchir à l'opportunité d'une extension des compétences de la Cour constitutionnelle au contrôle (*ex post*) de la régularité des lois d'approbation de traités internationaux? Une alternative pourrait par ailleurs consister à assortir la promulgation par l'autorité de promulgation de la faculté de renvoyer la loi à la Chambre en cas de doute quant à sa régularité. La réflexion préconisée pourrait englober la question d'une extension de la compétence du juge constitutionnel en vue de procéder, à l'initiative de l'autorité chargée de la promulgation ou de la Chambre, à un contrôle *ex ante* limité à la régularité de la procédure d'adoption des lois, tout en incluant dans ce contrôle celle des lois portant approbation de traités internationaux.

La publication de la loi[30] est nécessaire pour porter son contenu à la connaissance des citoyens, en vue de la rendre opposable en vertu de l'article 112 de la Constitution. Elle fait partie des attributions du pouvoir exécutif.

---

28 L'avis précité du Conseil d'Etat du 9 décembre 2008 (doc. parl. n° 5967²) rappelle qu'au moment d'accéder au trône le Grand-Duc a prêté le serment prescrit par l'article 5 de la Constitution qui débute par les mots: **«Je jure d'observer la Constitution ...»**.
29 cf. Paragraphe 6.4.1. *le Conseil d'Etat, organe consultatif en matière législative et réglementaire.*
30 cf. Section 7.3. *la publication des actes normatifs.*

> Constitution, article 112: «*Aucune loi, aucun arrêté ou règlement d'administration générale ou communale n'est obligatoire qu'après avoir été publié dans la forme déterminée par la loi.*»

> La voie normale de publication d'une loi consiste dans l'insertion de son texte au Mémorial. Toute loi, tout règlement publié au Mémorial entre en vigueur quatre jours après sa publication (y compris le jour de sa publication), à moins que l'acte légal ou réglementaire n'en dispose différemment. Cette règle ne vaut pas pour les arrêtés grand-ducaux n'ayant pas une portée générale (p.ex. arrêté portant nomination à une fonction publique); ceux-ci entrent en vigueur au moment de la signature, s'ils ne prévoient pas une autre date de prise d'effet.
>
> Les règles en question figurent dans l'arrêté royal grand-ducal du 22 octobre 1842 réglant le mode de publication des lois[31] (qui est équipollent à une loi) ainsi que dans quelques autres arrêtés complémentaires et règlements d'exécution pris par la suite.

Par ailleurs, les articles 36 et 37 de la Constitution confèrent au Grand-Duc un pouvoir général de prendre les règlements nécessaires pour l'exécution des lois et des traités.

> Constitution, article 36: «*Le Grand-Duc prend les règlements et arrêtés nécessaires pour l'exécution des lois.*»
> article, 37, alinéa 4: «*Le Grand-Duc fait les règlements et arrêtés nécessaires pour l'exécution des traités dans les formes qui règlent les mesures d'exécution des lois et avec les effets qui s'attachent à ces mesures, sans préjudice des matières qui sont réservées par la Constitution à la loi.*»

Le pouvoir réglementaire attribué au Grand-Duc par les articles 36 et 37 de la Constitution est appelé pouvoir réglementaire d'exécution[32].

Formellement, ce pouvoir réglementaire constitue une prérogative exclusive du Grand-Duc. Aucune autre instance – même pas la Chambre des députés – ne peut attribuer l'exécution d'une loi à une autorité autre que le Grand-Duc.

---

31 Code administratif, volume 2, *verbo* «Mémorial».
32 Pour la distinction entre pouvoir réglementaire d'exécution et pouvoir réglementaire d'attribution, il est renvoyé au tableau comparatif reproduit plus loin dans le présent paragraphe.

La Cour constitutionnelle avait dans son premier arrêt, prononcé le 6 mars 1998, retenu qu'une loi qui confère un pouvoir d'exécution directement à un ministre est contraire à la Constitution.[33]

L'article 76, alinéa 2 de la Constitution permet cependant au Grand-Duc de subdéléguer son pouvoir d'exécution des lois et traités aux membres du Gouvernement. Le pouvoir réglementaire qui est subdélégué de la façon peut être exercé, selon le cas, par un ou plusieurs membres du Gouvernement. Dans la hiérarchie des normes, le règlement ministériel est subordonné au règlement grand-ducal. Par ailleurs, il est, par voie d'exception, soumis au contrôle des juridictions, prévu à l'article 95 de la Constitution, dans les mêmes conditions que le règlement grand-ducal.[34]

> Constitution, article 76, alinéa 2: *«Dans l'exercice du pouvoir lui attribué par les articles 36 et 37, alinéa 4 de la Constitution, le Grand-Duc peut, dans les cas qu'il détermine, charger les membres de son Gouvernement de prendre des mesures d'exécution.»*

Or, le pouvoir réglementaire d'exécution ne peut intervenir que dans les matières que la Constitution n'a pas réservées à la loi formelle.

La Constitution désigne un certain nombre de matières où elle impose au législateur d'agir directement par la loi. Les dispositions afférentes apparaissent avec des libellés différents dans le texte constitutionnel. Citons à titre d'exemples l'article 11(4): *«La loi garantit le droit au travail …»*; l'article 11(5): *«La loi règle quant à ses principes la sécurité sociale, la protection de la santé, les droits des travailleurs, la lutte contre la pauvreté et l'intégration sociale des citoyens atteints d'un handicap.»*; l'article 12, troisième phrase: *«Nul ne peut être arrêté ou placé que dans les cas prévus par la loi et dans la forme qu'elle prescrit.»*; l'article 14: *«Nulle peine ne peut être établie ni appliquée qu'en vertu de la loi.»*; l'article 16: *«Nul ne peut être privé de sa propriété que (…) dans les cas et de la manière établis par la loi.»*; l'article 23, alinéa 3: *«La loi détermine les moyens de subvenir à l'instruction publique …»*; l'article 28, alinéa 2: *«La loi réglera la garantie à donner au secret des télégrammes.»*; l'article 35, alinéa 2: *«Aucune fonction salariée par l'Etat ne peut être créée qu'en vertu d'une disposition*

---

33 Cour constitutionnelle, arrêt 01/98 du 6 mars 1998. Cet arrêt a conduit à l'insertion du nouvel alinéa 2 dans l'article 76 de la Constitution.
34 cf. Paragraphe 6.7.1. *les établissements publics* (sous *«l'établissement public peut sous certaines conditions édicter des règlements»*).

> *législative.»*; l'article 86, première phrase: ***«Nul tribunal, nulle juridiction contentieuse ne peut être établi qu'en vertu d'une loi.»***; l'article 96: ***«Tout ce qui concerne la force armée est réglé par la loi.»***; l'article 97: ***«L'organisation et les attributions des forces de l'ordre font l'objet d'une loi.»***; l'article 99, première phrase: ***«Aucun impôt au profit de l'Etat ne peut être établi que par une loi.»***; l'article 107(5): ***«La loi règle la composition, l'organisation et les attributions des organes de la commune. Elle établit …»***; l'article 108*bis*: ***«La loi peut créer des établissements publics …»***.
>
> D'autres exemples de «matières réservées» concernent les restrictions apportées à la protection de la vie privée (article 11(3)), à la liberté du commerce et de l'industrie (article 11(6)), ou à l'inviolabilité du domicile (article 15). Sont encore concernées la réglementation du régime linguistique en matière administrative et judiciaire (article 29), l'acquisition et la cession par l'Etat d'objets immobiliers ainsi que la réalisation de grands projets d'infrastructure et de bâtiments publics (article 99, troisième et cinquième phrases).

Dans les matières réservées[35], le pouvoir réglementaire d'exécution ne joue donc pas. L'article 32(3) de la Constitution confère cependant dans ces matières au Grand-Duc un pouvoir réglementaire d'attribution.

Le pouvoir réglementaire dit d'attribution, qui intervient dans une matière réservée, doit être spécialement et expressément prévu par une loi. Selon les exigences formelles dudit article 32(3), une telle loi doit indiquer la finalité du règlement grand-ducal à intervenir, ainsi que les conditions et les modalités selon lesquelles il doit être pris. La Cour constitutionnelle a estimé qu'il est fait droit aux exigences formelles de l'article 32(3) de la Constitution lorsque la loi *«se borne à tracer les grands principes tout en abandonnant au pouvoir réglementaire la mise en œuvre du détail»;* pour ce faire, *«la loi doit fixer les règles essentielles»*, tout en laissant au règlement grand-ducal *«la charge de préciser les conditions d'application à partir du concept légalement formulé»*[36].

> Constitution, article 32(3): *«**Dans les matières réservées à la loi par la Constitution, le Grand-Duc ne peut prendre des règlements et arrêtés qu'aux fins, dans les conditions et suivant les modalités spécifiées par la loi.»***

---

[35] «Par matière réservée à la loi, on entend une matière spécialement désignée par la Constitution comme ne pouvant faire l'objet que d'une loi formelle» (TA 26 juillet 2000 – 11637).
[36] Cour constitutionnelle, arrêt 38/07 du 2 mars 2007.

Le pouvoir réglementaire d'attribution n'est pas susceptible d'être subdélégué à un ou plusieurs membres du Gouvernement, contrairement au pouvoir réglementaire d'exécution.

articles 36 et 37	**article 32(3)**
pouvoir réglementaire d'exécution:	pouvoir réglementaire d'attribution:
■ intervient dans les matières législatives autres que les matières réservées	■ intervient dans les matières réservées par la Constitution à la loi
■ peut s'appliquer de façon spontanée, sans que la loi ou le traité à exécuter le prévoie spécialement	■ doit être spécialement et expressément prévu dans la loi
■ a une portée générale que la loi ou le traité à exécuter n'a pas besoin de préciser	■ ne joue que pour la mise en œuvre du détail, lorsque la loi a posé les grands principes (finalité, conditions et modalités du règlement grand-ducal à intervenir) ou les règles essentielles
■ peut être subdélégué à un ou plusieurs membres du Gouvernement conformément à l'article 76, alinéa 2 de la Constitution	■ n'est pas susceptible de subdélégation

Une troisième application du pouvoir réglementaire du Grand-Duc est réservée à l'hypothèse d'une crise internationale.

En effet, l'article 32(4) de la Constitution confère au Grand-Duc la prérogative de prendre sans autre limitation les règlements nécessaires à la gestion de la crise. Ces règlements-là peuvent donc porter sur une matière réservée, et ils peuvent déroger à des dispositions légales existantes, donc même aux procédures de forme prescrites par les lois. Les règlements grand-ducaux pris dans ce contexte n'échappent toutefois pas au contrôle incident des juridictions en application de l'article 95 de la Constitution, à l'instar de tout autre règlement.

Or, le Grand-Duc ne peut prendre de tels règlements que s'il y a urgence. L'appréciation de savoir si la situation de crise internationale et si l'urgence de prendre un règlement sont données appartient au Grand-Duc et au Gouvernement.

Finalement, la durée de validité de ces règlements prend fin de plein droit après trois mois.

> Constitution, article 32(4): *« Toutefois, en cas de crise internationale, le Grand-Duc peut, s'il y a urgence, prendre en toute matière des règlements, même dérogatoires à des dispositions légales existantes. La durée de validité de ces règlements est limitée à trois mois. »*

> L'article 32(4) de la Constitution a connu une première application concrète avec le règlement grand-ducal du 10 octobre 2008 autorisant le Gouvernement à octroyer une garantie financière à un groupe bancaire. Pour que la garantie accordée puisse produire ses effets au-delà du terme de trois mois fixé aux règlements grand-ducaux pris en exécution de la disposition constitutionnelle précitée, la loi du 19 décembre 2008 concernant le budget des recettes et des dépenses de l'Etat pour l'exercice 2009 a repris les modalités d'octroi de cette garantie.

Dans un avis du 25 novembre 2008, le Conseil d'Etat a précisé que *« le pouvoir exorbitant conféré au Grand-Duc, dérogatoire aux compétences dévolues exclusivement au législateur dans les matières réservées à la loi formelle et dérogeant aux lois existantes, ne doit s'appliquer que dans des situations exceptionnelles requérant une intervention des pouvoirs publics avec une urgence telle que le processus législatif ne pourrait aboutir dans un délai adapté à la situation. La limitation de la durée d'application, prévue par le Constituant, doit permettre au législateur d'assumer à nouveau pleinement ses compétences »*.[37]

La Constitution ne se prononce pas sur l'hypothèse où la crise perdurerait au-delà de la durée d'effet des règlements grand-ducaux pris en vertu de l'article 32(4) et où la gravité de la crise empêcherait la Chambre de se réu-

---

[37] Avis complémentaire du Conseil d'Etat du 19 décembre 2008 relatif au projet de loi concernant le budget des recettes et des dépenses de l'Etat pour l'exercice 2009 (doc. parl. n° 5900⁶).

nir au-delà du délai prévu, rendant de la façon impossible le vote d'une loi spécifique.[38]

Quel serait le sort des dispositions réglementaires prises sur la base de l'article 32(4) à l'échéance de leur durée de validité, dans l'hypothèse où la Chambre serait empêchée d'assumer en temps utile ses prérogatives en vue de reprendre la substance de ces dispositions dans une loi, sachant que le problème se pose uniquement dans la mesure où il y a intérêt de maintenir la norme juridique édictée au-delà du délai de trois mois?

Suffit-il de constater formellement que, d'une part, les préalables de «cas de crise internationale» et d'«urgence» restent donnés, et que, d'autre part, les conditions pour procéder à l'élaboration d'une loi ne sont pas réunies, pour édicter dans les conditions de l'article 32(4) un nouveau règlement reprenant les dispositions réglementaires venant à échéance?

Dans l'hypothèse où la Chambre ne pourrait pas exercer ses attributions, la conséquence en serait le recours à répétition à des règlements grand-ducaux pris sur la base de l'article 32(4), un règlement relayant pour un nouveau terme de trois mois le règlement antérieur échu. Cette solution ne serait pas sans rappeler la théorie de la suppléance des institutions, mise en avant après la Deuxième Guerre mondiale pour justifier *ex post* les mesures du Gouvernement en exil, qui en temps normal auraient appartenu au législateur.[39] La doctrine n'est pas uniforme: «*Le Grand-Duc ne peut, dans une même matière, prendre de tels règlements d'exception en cascade. Il réglemente dans l'immédiat et pour une durée maximale de trois mois en épuisant de la sorte le pouvoir spécial qu'il tire directement de la Constitution. Pour le cas où une crise internationale risque de perdurer au-delà de ce délai, il appartient au parlement de décider s'il y a lieu de légiférer en la matière.*»[40] Un autre auteur opine dans le sens contraire: «*… si la situation de crise internationale et l'urgence devaient se poursuivre au-delà de trois mois, le Grand-Duc pourrait probablement prendre successivement plusieurs règlements iden-*

---

38 La Constitution néerlandaise règle différemment l'exercice des pouvoirs lorsque l'état d'exception a été déclaré. Selon son article 103:
«1. La loi détermine les cas dans lesquels l'état d'exception, à désigner comme tel par la loi, peut être proclamé par décret royal aux fins du maintien de la sécurité extérieure ou intérieure; elle règle les conséquences.
2. Il peut, à cette occasion, être dérogé aux dispositions de la Constitution concernant …
3. Immédiatement après la proclamation de l'état d'exception, puis, tant que celui-ci n'a pas été levé par décret royal, chaque fois qu'ils le jugent nécessaire, les Etats généraux décident du maintien de l'état d'exception; ils délibèrent et statuent en la matière réunis en une seule assemblée».
39 Le Conseil d'Etat, Gardien de la Constitution et des droits et libertés fondamentaux, commentaire de la Constitution article par article, pp. 387–388.
40 Marc Besch, Traité de légistique formelle, p. 125.

> tiques et étendre ainsi, dans les faits, la validité des dispositions au-delà de
> la durée de trois mois.»[41]

A notre avis, le caractère par définition exceptionnel du recours à la prérogative de l'article 32(4) doit être d'application stricte, interdisant *a priori* le maintien en vigueur des dispositions réglementaires au-delà du délai de trois mois moyennant renouvellement (à répétition) du règlement pris. Dans la mesure où cette interprétation donne lieu à des problèmes d'application pratique, la réponse appropriée sera d'apporter les précisions utiles aux dispositions constitutionnelles en place.

6.1.4. les questions dynastiques

L'article 1er de la Constitution rappelle que la forme étatique du Luxembourg est celle d'un Grand-Duché[42], dont le chef de l'Etat porte le titre de Grand-Duc.

> En 1815, les Grandes Puissances réunies au Congrès de Vienne décidèrent de créer un Grand-Duché de Luxembourg et de l'attribuer à titre personnel au Roi des Pays-Bas, Guillaume Ier d'Orange-Nassau, en compensation de la cession par celui-ci à la Prusse de quatre principautés situées sur la rive droite du Rhin.

La Couronne grand-ducale est, comme le rappelle l'article 3 de la Constitution, héréditaire dans la famille de Nassau.

> Constitution, article 3: «*La Couronne du Grand-Duché est héréditaire dans la famille de Nassau, conformément au pacte du 30 juin 1783, à l'art. 71 du traité de Vienne du 9 juin 1815 et à l'art. 1er du traité de Londres du 11 mai 1867.*»

> Dès 1815, les Rois des Pays-Bas étaient simultanément Grands-Ducs de Luxembourg: Guillaume Ier de 1815 à 1840, Guillaume II de 1840 à 1849 et Guillaume III de 1849 à 1890. Cette union personnelle cessa en 1890, suite au décès de Guillaume III.
>
> En effet, en vertu du pacte de la famille de Nassau de 1783[43], la succession au trône est réservée aux descendants mâles par ordre de primogéniture.

---

41 Marc Thewes, «Le Pouvoir réglementaire démembré» *In*: Annales du droit luxembourgeois, volume 14 – 2004, p. 118.
42 Constitution, article 1er: «*Le Grand-Duché de Luxembourg est un Etat démocratique …*»
43 cf. Section 3.7. *la révision constitutionnelle de 1919.*

L'absence de descendant mâle dans la branche des Orange-Nassau à la mort de Guillaume III (le Prince Alexandre, dernier fils survivant de Guillaume III, étant mort en 1884) fit passer la Couronne grand-ducale à la branche des Nassau-Weilburg, de sorte qu'Adolphe, Duc de Nassau, devint Grand-Duc de Luxembourg. L'année 1890 marque donc le début de la dynastie autochtone à proprement parler.

A la mort du Grand-Duc Adolphe en 1905, son fils Guillaume IV lui succéda sur le trône.

En 1907, le pacte de 1783 fut complété pour le Luxembourg dans le sens qu'en l'absence de descendant mâle du Grand-Duc ses filles pourront être appelées à lui succéder par ordre de primogéniture.

C'est ainsi que la Princesse Marie-Adélaïde put devenir Grande-Duchesse à la mort de son père en 1912. Au moment de son abdication en 1919, sa sœur Charlotte lui succéda. En 1964, le Grand-Duc Jean prit la relève jusqu'au moment de son abdication en 2000 en faveur de son fils Henri, l'actuel Grand-Duc.

L'article 5 de la Constitution détermine les conditions d'accès au trône du nouveau Grand-Duc en prévoyant notamment son obligation de prêter serment sur la Constitution en présence de la Chambre des députés ou d'une députation que celle-ci aura désignée à cet effet.

> Constitution, article 5: «*(1) Le Grand-Duc de Luxembourg est majeur à l'âge de dix-huit ans accomplis. Lorsqu'il accède au trône, il prête, aussitôt que possible, en présence de la Chambre des Députés ou d'une députation nommée par elle, le serment suivant:*
> *(2) «Je jure d'observer la Constitution et les lois du Grand-Duché de Luxembourg, de maintenir l'indépendance nationale et l'intégrité du territoire ainsi que les libertés publiques et individuelles».»*

L'article 5 de la Constitution de 1848 avait disposé que le Grand-Duc ne *«prend possession du trône»* qu'après avoir prêté serment. A partir de 1856, le même article prévoyait que lorsque le Grand-Duc *«prend les rênes du Gouvernement»*, il prête serment aussitôt que possible. Cette formule a été maintenue dans la Constitution de 1868, son libellé n'ayant été changé que par la révision du 25 novembre 1983 qui a retenu que lorsqu'il ***«accède au trône»***, le Grand-Duc prête le serment constitutionnel aussitôt que possible.

La formule de 1848 reflète de la manière la plus conforme l'esprit d'une monarchie constitutionnelle. Comme son pouvoir n'est pas d'inspiration divine mais qu'il évolue dans le cadre de la Constitution et des lois, le Grand-

> Duc devrait tout naturellement prêter serment de fidélité à la Constitution avant d'accéder au trône. La valeur juridique d'un acte posé avant l'assermentation serait-elle d'ailleurs acquise? Si le principe d'une assermentation *«aussitôt que possible»* après l'accès au trône était compréhensible à une époque où le Roi Grand-Duc résidait aux Pays-Bas, rien aujourd'hui ne devrait plus interdire un retour à la formule de 1848.
>
> On peut également se demander si la possibilité du nouveau Grand-Duc de prêter son serment devant une députation plutôt qu'en présence de l'ensemble de la Chambre a encore sa raison d'être, depuis qu'il ne réside plus à l'étranger, à moins d'imaginer que la question de la succession puisse se poser au moment d'une grave crise internationale empêchant l'ensemble des députés d'être présents lors de l'assermentation. Or, dans de telles circonstances, il serait probablement aussi difficile d'établir la légitimité du mandat de la députation, chargée de recevoir le serment.

Si, à la mort du Grand-Duc, son successeur n'a pas encore atteint l'âge de 18 ans, l'article 6 de la Constitution dispose qu'un Régent est désigné selon les règles du pacte de la famille de Nassau.

Si, par suite de maladie notamment, le Grand-Duc se trouve dans l'impossibilité de régner, la régence est organisée comme dans l'hypothèse où le Grand-Duc est mineur au moment d'accéder au trône (article 7, alinéa 1er).

Dès son entrée en fonctions, le Régent est assermenté (article 8).

En principe, les règles constitutionnelles s'appliquent pendant une régence de la même façon que dans les conditions normales où le règne est exercé par le Grand-Duc en personne. Toutefois, l'article 115 de la Constitution prend soin de ménager les intérêts du Grand-Duc mineur ou malade en interdisant de modifier pendant une régence les dispositions constitutionnelles relatives aux prérogatives du Grand-Duc, à son statut ou à l'ordre de succession.

Constitution, article 6: *«Si à la mort du Grand-Duc Son successeur est mineur, la régence est exercée conformément au pacte de famille.»*

article 7, alinéa 1er: *«Si le Grand-Duc se trouve dans l'impossibilité de régner, il est pourvu à la régence comme dans le cas de minorité.»*

article 8: *«(1) Lors de son entrée en fonctions, le Régent prête le serment suivant:*

(2) «Je jure fidélité au Grand-Duc. Je jure d'observer la Constitution et les lois du pays».»

article 115: *«Pendant une régence, aucun changement ne peut être apporté à la Constitution en ce qui concerne les prérogatives constitutionnelles du Grand-Duc, son statut ainsi que l'ordre de succession.»*

L'article 7, alinéa 2 de la Constitution a trait à la situation spécifique d'une vacance du trône. Cette situation est donnée si au sein de la famille régnante il n'y a plus personne pour assurer la succession du Grand-Duc disparu.

> Constitution, article 7, alinéa 2: *«En cas de vacance du Trône, la Chambre pourvoit provisoirement à la régence. – Une nouvelle Chambre, convoquée en nombre double dans le délai de trente jours, pourvoit définitivement à la vacance.»*

Dans ces conditions, il n'appartient plus au pacte de la famille de Nassau de déterminer le Régent (exigence d'ailleurs probablement difficile à concrétiser dans les circonstances données), mais c'est la Chambre des députés elle-même qui exerce provisoirement la «régence du pays» avant de pourvoir définitivement à la vacance, c'est-à-dire de désigner une famille princière qualifiée aux fins de reprendre la Couronne du Grand-Duché et répondant aux exigences qu'elle aura fixées à cet égard. Il s'agit ici d'une autre forme de suppléance des institutions, qui est, elle, expressément voulue par le Constituant.

> Le fait qu'en cas de vacance du trône l'article 7, alinéa 2 attribue non seulement la régence à la Chambre, mais charge celle-ci en plus de pourvoir à la vacance du trône, s'inscrit dans la logique constitutionnelle puisqu'en vertu de l'article 50 la Chambre représente le pays.
>
> Il est pourtant permis de douter de la possibilité de la Chambre de régler dans les 30 jours après l'apparition du problème la question de la vacance, surtout que pour ce faire elle doit se réunir en nombre double.

Un dernier aspect de la Constitution relatif à la dynastie est prévu à l'article 42 qui retient la faculté pour le Grand-Duc de désigner un Prince-Lieutenant.

> Constitution, article 42: *«Le Grand-Duc peut Se faire représenter par un Prince du sang, qui aura le titre de Lieutenant du Grand-Duc et résidera dans le Grand-Duché.*
> *Ce représentant prêtera serment d'observer la Constitution avant d'exercer ses pouvoirs.»*

Le Prince-Lieutenant exerce les compétences qui lui sont confiées conformément au mandat que lui a conféré le Grand-Duc. Il représente le Grand-Duc et peut signer toute disposition au nom du Grand-Duc dans les limites de son mandat. Le Grand-Duc conserve cependant la plénitude de ses attributions et pouvoirs. En particulier, les lois continuent à être promulguées par lui ou en son nom. De même, les règlements et arrêtés continuent à être pris par lui ou à être pris en son nom. Et, les décisions de justice continuent à être rendues au nom du Grand-Duc.

> L'obligation pour le Lieutenant-Représentant de résider au Luxembourg peut s'expliquer historiquement: *«Zur Zeit als die Krone dem niederländischen Königshause gehörte, sollte dadurch der Mißstand, dass der Fürst nicht im Lande wohnte, abgeschwächt und die vollständige Trennung des Grossherzogtums von den Niederlanden betont werden.*[44]*»*
>
> Il y a à plusieurs reprises eu des lieutenances:
> - du 5 février 1850 au 13 janvier 1879, celle du Prince Henri, frère du Roi Grand-Duc Guillaume III, instituée par ce dernier parce que ses devoirs comme Roi des Pays-Bas l'obligeaient à résider constamment hors du Grand-Duché;
> - du 4 avril 1902 au 17 novembre 1905, celle du Prince Guillaume, futur Grand-Duc Guillaume IV, fils du Grand-Duc Adolphe, à qui ce dernier avait confié les pouvoirs de Lieutenant lorsque son grand âge l'empêchait de continuer à exercer ses fonctions;
> - du 19 mars au 18 novembre 1908, celle de la Grande-Duchesse Marie-Anne, qui fut par la suite nommée Régente par son époux le Grand-Duc Guillaume IV lorsque son état de santé lui rendait difficile l'exercice en personne de tous ses pouvoirs;
> - du 4 mai 1961 au 12 novembre 1964, celle du Grand-Duc héritier Jean, institué Lieutenant-Représentant par sa mère, la Grande-Duchesse Charlotte, pour lui permettre de prendre une part active à l'exercice des prérogatives grand-ducales avant de les assurer pleinement;
> - enfin celle du Grand-Duc héritier Henri, nommé le 4 mars 1998 Lieutenant-Représentant du Grand-Duc Jean jusqu'au 7 octobre 2000, date à laquelle ce dernier abdiqua en sa faveur.

6.2. LA CHAMBRE DES DÉPUTÉS

Aux termes de l'article 50 de la Constitution, la Chambre des députés représente le pays[45].

---

44 Paul Eyschen, Das Staatsrecht des Grossherzogtums Luxemburg, § 13 Der Grossherzog, p. 191.
45 cf. Paragraphe 6.1.2. *les rapports du Grand-Duc avec la Chambre des députés.*

En vertu de l'article 47, la Chambre partage avec le Grand-Duc l'initiative législative. Et elle exerce surtout le pouvoir législatif conformément aux articles 46, 59, 65 et 66.

La Constitution lui réserve en outre certaines attributions en matière financière et lui accorde un droit de regard sur les actes du Gouvernement. En matière internationale, l'assentiment de la Chambre est nécessaire pour qu'un traité puisse sortir ses effets sur le territoire du Grand-Duché. Enfin, en vertu du Traité de Lisbonne du 13 décembre 2007 modifiant le Traité sur l'Union européenne et le Traité instituant la Communauté européenne[46] et dans la mesure où le traité en question entrera en vigueur, la Chambre bénéficiera, à l'instar des parlements nationaux des autres Etats membres, d'un rôle renforcé en matière de contrôle de la conformité de l'action communautaire avec les intérêts nationaux.[47]

Les députés sont désignés par voie d'élection. Le mode d'élection est déterminé par la Constitution qui définit aussi les conditions à remplir pour être électeur ou éligible[48].

La Chambre détermine la manière d'exercer ses attributions par la voie de son règlement, alors que son organisation est réglée par la loi.

> Constitution, article 51(2): *«L'organisation de la Chambre est réglée par la loi.»*
> article 70: *«La Chambre détermine par son règlement le mode suivant lequel elle exerce ses attributions.»*

La loi électorale modifiée du 18 février 2003 aborde l'organisation de la Chambre en se limitant au statut de parlementaire: fixation d'une indemnité annuelle aux députés, régime d'assurance-maladie, indemnisation des fonctionnaires ayant accepté un mandat de député et obligés dès lors de quitter leurs fonctions, congé politique des députés, régime des collaborateurs personnels pour lesquels la Chambre met à disposition des fonds.

Quant au règlement de la Chambre, nous l'aborderons dans le cadre du paragraphe 6.2.4. ci-après[49].

---

46   Le Traité de Lisbonne a été approuvé par la loi du 3 juillet 2008, mais son entrée en vigueur est suspendue suite au vote négatif de l'Irlande dans le cadre du référendum tenu sur la question le 12 juin 2008.
47   cf. Paragraphe 6.2.7. *la participation des parlements nationaux à l'action législative de l'Union européenne*.
48   cf. Paragraphe 2.3.3. *la nationalité* (voir sous *«droits politiques»*).
49   cf. Paragraphe 6.2.4. *le mode de fonctionnement de la Chambre des députés*.

6.2.1. la place de la Chambre des députés parmi les institutions de l'Etat

> Constitution, article 50: *«La Chambre des Députés représente le pays. Les députés votent sans en référer à leurs commettants et ne peuvent avoir en vue que les intérêts généraux du Grand-Duché.»*

L'article 50, première phrase de la Constitution précise le régime politique luxembourgeois comme étant celui d'une démocratie représentative[50]. Le pouvoir législatif n'est pas exercé par le peuple directement (démocratie directe), mais par des représentants que le peuple a désignés par voie électorale (démocratie représentative).

Le système parlementaire luxembourgeois comporte une originalité par rapport à d'autres démocraties représentatives. En effet, l'organisation constitutionnelle de l'Etat luxembourgeois ne prévoit qu'une seule chambre[51].

L'article 50, deuxième phrase de la Constitution interdit en outre le mandat impératif. En effet, les députés doivent toujours avoir devant les yeux l'intérêt général de l'ensemble du pays.

> L'interdiction du mandat impératif signifie que le député ne doit pas se limiter à la défense servile des intérêts d'une région, voire de la circonscription dans laquelle il a été élu. Cette interdiction défend également aux partis politiques, sur les listes électorales desquels les députés ont fait campagne avant les élections et sur les listes desquels ils ont été élus, d'imposer aux députés individuels, membres de «leur» groupe parlementaire, la vue des instances du parti, lorsque tel sujet politique est présenté au vote. Or, l'intérêt d'être réélu ainsi que l'allégeance politique à un parti déterminé rendent souvent difficile le respect de cette interdiction.
>
> L'introduction du scrutin de liste lors de la révision du 15 mai 1919[52] a consacré l'existence des partis, qui dès la seconde moitié du 19ᵉ siècle avaient commencé à regrouper des candidats autour de programmes politiques avec lesquels ceux-ci se présentaient devant les électeurs. La reconnaissance relativement tardive des partis politiques par la Constitution, l'insertion de l'article 32*bis* ne datant que du 31 mars 2008, ne doit dès lors pas induire en erreur sur le rôle effectif que jouent les partis comme rouages importants de l'action politique, et qui très souvent risque d'ébranler la liberté

---

50   cf. Paragraphe 2.5.1. *la forme de l'Etat luxembourgeois* (voir sous *«le caractère représentatif de la démocratie luxembourgeoise»*).
51   cf. Section 3.4. *la Constitution de 1848.*
52   Le texte de l'actuel article 51(5) avait été introduit dans la Constitution comme alinéa premier de l'article 52 lors de la révision du 15 mai 1919.

de vote du député individuel, pourtant corollaire naturel de l'interdiction du mandat impératif.

Le scrutin de liste réserve en pratique aux partis un quasi-monopole pour désigner les candidats. Par ailleurs, la loi du 21 décembre 2007 portant réglementation du financement des partis politiques n'a pas seulement introduit une certaine transparence et réduit la possibilité de recueillir des dons, en interdisant par exemple ceux venant de personnes morales; dorénavant, les partis bénéficient d'un subventionnement considérable de la part de l'Etat qui s'ajoute aux moyens mis à la disposition des groupes politiques constitués au sein de la Chambre. Matériellement, le député est dès lors largement tributaire de son parti pendant la durée de son mandat ainsi qu'au cas où il se représente aux élections.

L'inscription formelle des partis politiques au chapitre III. – «De la Puissance souveraine» de la Constitution n'est donc certainement pas faite pour faciliter la mise en œuvre de l'article 50. En effet, la légitimité institutionnelle que les partis politiques peuvent tirer de l'article 32*bis* leur permettra d'influer d'autant plus aisément sur l'attitude à adopter par «leurs» députés lors des votes parlementaires[53]. Or, la révision en question n'a pas touché à d'autres dispositions relatives au statut du député.

Si les nombreuses facilités matérielles et financières dont disposent les partis politiques et leurs groupes parlementaires accroissent la dépendance du député individuel, l'inscription des partis à l'article 32*bis* n'a pourtant sur le plan juridique formel aucunement altéré ni les prérogatives constitutionnelles du député, ni les responsabilités qui se rattachent à son mandat.

Le rappel, à l'article 51(1), que le régime politique que s'est donné le Luxembourg est celui de la démocratie représentative, confirme les dispositions de l'article 50.

> Constitution, article 51(1): *«Le Grand-Duché de Luxembourg est placé sous le régime de la démocratie parlementaire.»*

L'article 51(1) peut être considéré comme précisant la nature de la forme de l'Etat luxembourgeois, énoncée à l'article 1er de la Constitution.[54]

---

53   Constitution, article 32*bis*: **«Les partis politiques concourent à la formation de la volonté populaire et à l'expression du suffrage universel. Ils expriment le pluralisme démocratique.»**
54   Constitution, article 1er: **«Le Grand-Duché de Luxembourg est un Etat démocratique, libre, indépendant et indivisible.»**; cf. Paragraphe 2.5.1. *la forme de l'Etat luxembourgeois* (sous «démocratie parlementaire»).

6.2.2. le régime électoral

L'article 51(3) à (6) de la Constitution fixe les règles de désignation des députés et leur nombre.

Le pays est divisé en quatre circonscriptions électorales:
1° le Sud, comprenant les cantons d'Esch-sur-Alzette et Capellen;
2° le Centre, comprenant les cantons de Luxembourg et Mersch;
3° le Nord, comprenant les cantons de Diekirch, Redange, Wiltz, Clervaux et Vianden;
4° l'Est, comprenant les cantons de Grevenmacher, Remich et Echternach.

Les villes d'Esch-sur-Alzette, de Luxembourg, de Diekirch et de Grevenmacher sont les chefs-lieux des quatre circonscriptions.

Lors de la révision du 20 décembre 1988, le nombre des députés a été définitivement fixé à 60, de sorte qu'il ne change plus comme auparavant au rythme de l'évolution démographique du pays. La loi électorale attribue:

- à la circonscription Sud 23 députés,
- à la circonscription Centre 21 députés,
- à la circonscription Nord 9 députés, et
- à la circonscription Est 7 députés.

> L'article 52 de la Constitution de 1848 renvoyait à la loi électorale pour déterminer la composition de la Chambre des députés, précisant que celle-ci se composait «*dans la proportion d'un député au plus sur 3000 âmes de population*». Le renvoi à la loi était maintenu dans la Constitution de 1856 (art. 51) disposant que le maximum des membres de l'Assemblée des Etats était fixé à 36. La Constitution de 1868 reprenait cette approche (art. 51), précisant que le nombre des députés ne pouvait pas excéder un député sur quatre mille habitants ni être inférieur à un député sur cinq mille cinq cents habitants.

La question du nombre des députés est une question éminemment politique puisqu'elle détermine la relation plus ou moins proche ou plus ou moins éloignée entre le député et ses électeurs, voire les habitants.

Dans cette optique, la répartition des mandats par circonscription revêt la même importance. Or, il faut constater que le rapport entre les députés et le nombre d'habitants, voire d'électeurs inscrits varie pour partie fortement d'une circonscription à l'autre.

Circon-scription	Nombre d'habitants (recense-ment 2001)	Nombre d'électeurs inscrits (élections 2004)	Nombre de députés	Rapport habitants/députés	Rapport électeurs inscrits/députés
Sud	171.807	89.085	23	7.470:1	3.873:1
Centre	148.330	63.099	21	7.063:1	3.005:1
Nord	67.454	36.911	9	7.495:1	4.101:1
Est	51.948	28.588	7	7.421:1	4.084:1

L'élection se fait au scrutin de liste à la proportionnelle. Pour chacune des quatre circonscriptions électorales, les groupements politiques doivent constituer des listes de candidats dont le nombre ne peut être supérieur au total des députés à élire dans la circonscription.

Les élections sont directes, c'est-à-dire les électeurs élisent leurs députés sans intermédiaire.

Les députés sont élus par les électeurs, c'est-à-dire par les Luxembourgeois à qui la loi électorale a accordé le droit de voter, sur la base du suffrage universel pur et simple. Le régime du suffrage universel permet à tous les citoyens luxembourgeois, sans distinction entre femmes et hommes, qui remplissent les conditions prévues par la loi, de participer à l'élection des députés.

> Constitution, article 51: «*(3) La Chambre se compose de 60 députés. Une loi votée dans les conditions de l'article 114, alinéa 2 fixe le nombre des députés à élire dans chacune des circonscriptions.*
> *(4) L'élection est directe.*
> *(5) Les députés sont élus sur la base du suffrage universel pur et simple, au scrutin de liste, suivant les règles de la représentation proportionnelle, conformément au principe du plus petit quotient électoral et suivant les règles à déterminer par la loi.*
> *(6) Le pays est divisé en quatre circonscriptions électorales:*
> *– le Sud avec les cantons d'Esch-sur-Alzette et Capellen;*
> *– le Centre avec les cantons de Luxembourg et Mersch;*
> *– le Nord avec les cantons de Diekirch, Redange, Wiltz, Clervaux et Vianden;*
> *– l'Est avec les cantons de Grevenmacher, Remich et Echternach.*»

Le suffrage universel pur et simple, c'est-à-dire sans distinction de sexe, de fortune, de qualité ou de rang, assure une stricte égalité à tous les électeurs en ce qui concerne l'exercice de leur droit de vote.

La participation aux élections législatives est réservée aux seuls Luxembourgeois ayant qualité d'électeurs. Ceux-ci sont également admis aux élections pour le Parlement européen et aux élections communales. Ils peuvent enfin participer aux référendums organisés sur le plan national ou local.

Les élections pour le Parlement européen admettent sous certaines conditions (cf. loi électorale) la participation des ressortissants communautaires résidant au Luxembourg. Ceux-ci sont également éligibles, à condition que la liste sur laquelle ils sont inscrits comporte une majorité de candidats ayant la nationalité luxembourgeoise.

En matière d'élections communales, les étrangers répondant aux exigences légales quant à la durée de leur résidence au Luxembourg, qu'ils soient ressortissants communautaires ou originaires d'un pays tiers, peuvent également être électeurs. Le droit d'éligibilité est pourtant réservé aux Luxembourgeois et aux ressortissants communautaires, les derniers étant exclus des fonctions de bourgmestre et d'échevin.

Il existe donc des collèges électoraux différemment composés pour les trois types d'élections.

Le vote est obligatoire, contrairement à d'autres pays européens. Au Luxembourg, l'exercice de l'électorat actif ne constitue pas seulement un droit politique, mais est considéré par le législateur comme un devoir civique. L'abstention non justifiée est punie d'une amende. La sanction s'aggrave en cas de récidive.

Les électeurs ne peuvent pas se faire remplacer. Ceux qui se trouvent dans l'impossibilité de prendre part au scrutin doivent faire connaître leurs motifs d'abstention au procureur d'Etat territorialement compétent, avec les justifications nécessaires. Les électeurs âgés de plus de 75 ans sont excusés de plein droit, et n'ont dès lors pas besoin de faire connaître leurs motifs en cas d'abstention de participer à l'élection.

Les électeurs domiciliés à l'étranger et ceux qui, le jour des élections, sont absents du pays pour des raisons professionnelles ou qui ne sont pas en mesure de se déplacer pour des raisons de santé ainsi que les électeurs âgés de plus de 75 ans ont la possibilité de voter par correspondance.

Les électeurs votent au chef-lieu de la commune de leur résidence ou dans les localités de vote déterminées par arrêté grand-ducal.

Les élections sont secrètes. Le principe du vote secret n'est pas formellement inscrit dans la Constitution, mais la loi électorale prévoit de nombreuses et minutieuses formalités destinées à assurer ce secret.

Chaque électeur dispose d'autant de suffrages qu'il y a de députés à élire dans sa circonscription. Les listes pour le Parlement européen peuvent compter au maximum six candidats, nombre identique au nombre de voix dont dispose l'électeur et au nombre de députés luxembourgeois au Parlement européen.

Le vote peut être exprimé, soit par suffrage de liste, soit par suffrage nominatif. L'électeur qui vote par suffrage de liste ne peut exprimer aucun vote nominatif, sous peine de voir son bulletin être annulé (à moins que la liste choisie comprenne moins de candidats qu'il y a de députés à élire dans la circonscription). Celui qui vote nominativement peut choisir ses candidats sur la même liste ou sur des listes différentes (panachage), mais il doit prendre soin de ne pas exprimer plus de votes qu'il n'y a de sièges disponibles.

La répartition des sièges entre les listes se fait proportionnellement au nombre total des suffrages recueillis par chaque liste.

D'abord, il est procédé à une première répartition. Le nombre total des suffrages valables est divisé par le nombre des députés à élire dans la circonscription + 1. On obtient ainsi le «nombre électoral», qui est arrondi vers le haut s'il n'est pas entier. Ensuite, le nombre de voix qu'une liste a obtenues est divisé par le nombre électoral pour connaître le nombre des sièges de la liste.

Si les sièges ne peuvent pas être tous distribués de cette manière, on procède à une répartition supplémentaire. Le nombre des voix d'une liste est divisé par le nombre des sièges obtenus lors de la première répartition + 1. Le nombre de voix obtenu par chaque liste est divisé par le nombre ainsi obtenu. La liste qui obtient le nombre le plus élevé engrange le restant des sièges. Ce système est répété autant de fois qu'il reste de sièges à pourvoir.

Les sièges obtenus par chaque liste sont ensuite attribués aux candidats de cette liste ayant obtenu le plus de voix. S'il y a égalité de voix, privilège est accordé au candidat qui est désigné par tirage au sort par le président du bureau principal de la circonscription.

Le résultat du recensement général des suffrages et les noms des élus sont proclamés publiquement par le président du bureau principal de la circonscription.

Les élections législatives (tout comme celles pour le Parlement européen) ont lieu tous les cinq ans, à moins d'une dissolution anticipée de la Chambre des députés. Cette périodicité des élections permet de maintenir la communauté d'idées et de vues entre le corps électoral et les députés qu'il a élus pour siéger à la Chambre des députés.

Constitution, article 56: *«Les députés sont élus pour cinq ans.»*

> La Constitution détermine également les conditions de l'électorat passif ainsi que les conditions d'exclusion du droit de vote actif et passif et les incompatibilités avec le mandat de député (dont le relevé peut être complété par la loi ordinaire). Elle prévoit aussi les conditions de l'électorat actif tout en autorisant pour le surplus la loi ordinaire d'ajouter d'autres conditions, seule l'exigence de cens (paiement d'un impôt minimal) étant explicitement écartée (cf. articles 52, 53, 54, 55 et 58)[55].

La Chambre, une fois constituée sur base du résultat électoral, se réunit en session extraordinaire pour vérifier si les nouveaux députés répondent aux conditions d'éligibilité et si les opérations électorales ont eu lieu dans les conditions de la loi.

> Constitution, article 57(1): «*La Chambre vérifie les pouvoirs de ses membres et juge les contestations qui s'élèvent à ce sujet.*»

Dès que ce contrôle est terminé, les députés prêtent le serment prévu par l'article 57(2) de la Constitution.

> Constitution, article 57: «*(2) A leur entrée en fonctions, [les députés] prêtent le serment qui suit:*
> «*Je jure fidélité au Grand-Duc, obéissance à la Constitution et aux lois de l'Etat*».
> *(3) Ce serment est prêté en séance publique, entre les mains du président de la Chambre.*»

6.2.3. la situation personnelle du député

Afin de permettre aux députés d'exercer leur mission sans entrave et en toute indépendance, l'article 68 de la Constitution leur garantit l'immunité parlementaire. Ils doivent en effet pouvoir parler et agir librement dans l'intérêt du pays. Ils ne peuvent être ni poursuivis ni arrêtés pour des paroles prononcées par eux dans l'enceinte de la Chambre, alors même que ces paroles constitueraient des infractions à la loi pénale, comme par exemple des calomnies, des injures, des diffamations ou des exhortations à l'émeute.

---

55 cf. Paragraphe 2.3.3. *la nationalité* (voir sous «*droits politiques*»).

L'immunité parlementaire est permanente, c'est-à-dire elle protège le député pendant et en dehors de la durée des sessions. Elle couvre également l'ancien député pour des opinions émises pendant l'exercice de son mandat.

> Constitution, article 68: *«Aucune action, ni civile, ni pénale, ne peut être dirigée contre un député à l'occasion des opinions et votes émis par lui dans l'exercice de ses fonctions.»*

Cependant, il en est autrement des infractions commises par un député en dehors de l'enceinte de la Chambre des députés. A cet égard, les règles de droit commun sont applicables, sauf que l'arrestation d'un député pendant une session parlementaire n'est possible que sur base d'une autorisation préalable de la Chambre. Cette autorisation n'est pas requise en cas de flagrant délit, et elle ne couvre que l'engagement de l'action publique.

> Constitution, article 69: *«A l'exception des cas visés par l'article 68, les députés peuvent être poursuivis en matière pénale, même durant la session.*
> *Cependant, l'arrestation d'un député pendant la durée de la session est, sauf le cas de flagrant délit, soumise à l'autorisation préalable de la Chambre.*
> *L'autorisation de la Chambre n'est pas requise pour l'exécution des peines, même celles privatives de liberté, prononcées à l'encontre d'un député.»*

Enfin, le dernier article du chapitre de la Constitution relatif à la Chambre des députés, l'article 75, définit le cadre permettant d'indemniser les députés pour le temps qu'ils consacrent à l'exercice de leur mission publique. La Constitution assure en effet aux députés, sous forme d'indemnités et de prise en charge des frais occasionnés lors de l'exercice de leur mandat, les moyens de subsistance requis pour compenser les pertes financières dues à l'abandon ou à la restriction de leur activité professionnelle.

> Constitution, article 75: *«Les membres de la Chambre des Députés toucheront, outre leurs frais de déplacement, une indemnité, dont le montant et les conditions sont fixés par la loi.»*

> Le montant de cette indemnité et les autres conditions financières et sociales dont bénéficie le député sont fixés à l'article 126 de la loi électorale modifiée du 18 février 2003.

6.2.4. le mode de fonctionnement de la Chambre des députés

La Constitution comporte un certain nombre de dispositions relatives au fonctionnement de la Chambre. Mais sa façon de s'organiser et de procéder est réglée en détail dans le règlement de la Chambre auquel renvoie l'article 70.

> Constitution, article 70: *«La Chambre détermine par son règlement le mode suivant lequel elle exerce ses attributions.»*

> Le règlement de la Chambre (dans sa version arrêtée au 25 octobre 2007) est subdivisé en 5 titres portant les intitulés suivants:
>
> - De l'organisation de la Chambre et de son fonctionnement;
> - De la procédure en matière de projets de loi et de propositions de loi;
> - Des questions, des motions, des résolutions, des interpellations et des débats;
> - De la procédure budgétaire;
> - Des procédures et dispositions particulières.
>
> Le règlement comporte en outre une annexe relative au «Règlement d'ordre intérieur de la Commission de Contrôle parlementaire du Service de Renseignement de l'Etat».
>
> Dans la mesure où le règlement de la Chambre détermine le mode de son fonctionnement et de son organisation interne, la raison d'être de l'article 51(2) qui dispose que *«L'organisation de la Chambre est réglée par la loi»* est difficilement perceptible.
>
> Par ailleurs, le statut et la procédure d'engagement du personnel de la Chambre qui sont réglés sur base dudit règlement sont douteux en présence de l'exigence formelle de l'alinéa 2 de l'article 35 de la Constitution.[56]

Quant aux dispositions relatives à la Chambre qui sont explicitement prévues dans la Constitution même, elles ont notamment trait à la procédure législative[57] et aux autres attributions de la Chambre[58].

La législature (c.-à-d. la durée de mandat d'une Chambre issue d'une élection parlementaire, normalement de 5 ans) comporte plusieurs sessions dont la durée est fixée par le règlement. En fait, après chaque nouvelle élection, la

---

[56] Constitution, article 35, alinéa 2: *«Aucune fonction salariée par l'Etat ne peut être créée qu'en vertu d'une disposition législative».*
[57] cf. Paragraphe 6.2.5. *l'exercice de la fonction législative.*
[58] cf. Paragraphe 6.2.6. *les autres attributions de la Chambre des députés.*

Chambre se réunit en session extraordinaire pour valider le résultat électoral et le mandat de ses membres. Elle se réunit ensuite en session ordinaire annuelle; la pratique politique actuelle veut que la session précédente soit close le jour de l'ouverture de la session suivante[59].

La Chambre constitue pour chaque session son bureau composé d'un président, de 3 vice-présidents et de 7 membres (article 4 du règlement de la Chambre).

> Constitution, article 60: «*A chaque session, la Chambre nomme son président et ses vice-présidents et compose son bureau.*»

Les séances sont publiques. Cette règle vaut uniquement pour les séances plénières. Lors des réunions des commissions de travail, le public n'est pas admis. En outre, la publicité des séances plénières connaît aussi des exceptions, à décider par la Chambre elle-même; ainsi, les votes portant sur la nomination de personnes se font normalement au scrutin secret.

> Constitution, article 61: «*Les séances de la Chambre sont publiques, sauf les exceptions à déterminer par le règlement.*»

La publicité des débats parlementaires est une garantie essentielle pour les électeurs, car elle leur permet de suivre et de contrôler les travaux des mandataires qu'ils ont élus.

> Le verbatim des débats en séance plénière, qui est publié sur Internet et distribué aux ménages, puise sa raison d'être dans la volonté de donner au travail parlementaire la plus grande publicité possible, d'en assurer ainsi la transparence et de susciter l'intérêt du public pour les affaires de l'Etat.

Pour pouvoir valablement délibérer, la majorité des députés doit être présente, soit personnellement, soit par procuration. En effet, le vote par procuration est admis, chaque député présent ne pouvant toutefois recevoir plus d'une procuration.

---

59   Pour l'article 72 de la Constitution: Paragraphe 6.1.2. *les rapports du Grand-Duc avec la Chambre des députés* (voir sous *«intervenir dans l'organisation des travaux de la Chambre des députés»*).

Les décisions de la Chambre sont adoptées à la majorité des voix exprimées. En vue de l'adoption d'une décision, seules les voix favorables sont comptées. En cas d'égalité de voix, la proposition mise en délibération est rejetée[60].

> Constitution, article 62: «*Toute résolution est prise à la majorité absolue des suffrages. En cas de partage de voix, la proposition mise en délibération est rejetée.*
> *La Chambre ne peut prendre de résolution qu'autant que la majorité de ses membres se trouve réunie.*»
> article 65, alinéa 3: «*Le vote par procuration est admis. Nul ne peut toutefois recevoir plus d'une procuration.*»

Enfin, l'article 71 de la Constitution règle de façon un peu anachronique la question du lieu de réunion de la Chambre des députés, en ne disposant pas directement que celle-ci siège dans la capitale, mais en désignant comme lieu de réunion celui de la «*résidence de l'administration du Grand-Duché*».

> Constitution, article 71: «*Les séances de la Chambre sont tenues dans le lieu de la résidence de l'administration du Grand-Duché.*»

Etant donné qu'il convient de considérer le «*lieu de la résidence de l'administration du Grand-Duché*» comme synonyme de «siège du Gouvernement», on découvre par l'intermédiaire de l'article 109 de la Constitution que la Chambre des députés se réunit dans la capitale.[61] Le terme «*administration du Grand-Duché*» figure dans le texte constitutionnel depuis l'époque où les «conseillers de la Couronne» portaient le titre d'«administrateurs généraux», aujourd'hui appelés «membres du Gouvernement»[62]. Il y a donc lieu de voir dans la notion de «*résidence de l'administration*» le siège du Gouvernement, et non seulement le lieu où est établie l'administration centrale, interprétation qui coïncide d'ailleurs avec le texte de l'article 109, qui parle aussi de «*siège du Gouvernement*»[63].

---

60 En mai 1924, le président du Gouvernement Emile Reuter avait signé avec la Belgique une convention visant l'unification des réseaux ferrés luxembourgeois Guillaume-Luxembourg et Prince-Henri, la nouvelle compagnie étant censée être placée sous l'autorité d'un conseil d'administration où les représentants belges auraient détenu la majorité. Le 20 janvier 1925, la Chambre des députés rejeta la convention à égalité de voix, ce qui provoqua une crise gouvernementale et entraîna la démission du Gouvernement.
61 Constitution, article 109, première phrase: «*La ville de Luxembourg est la capitale du Grand-Duché et le siège du Gouvernement.*»
62 Révision de l'article 45 de la Constitution, le 13 juin 1989.
63 cf. section 7.1. le statut de la Ville de Luxembourg.

6.2.5. l'exercice de la fonction législative

> Constitution, article 46: *«L'assentiment de la Chambre des Députés est requis pour toute loi.»*

Le pouvoir de faire les lois est le propre de la Chambre des députés. L'article 46 ne reflète plus correctement la compétence de la Chambre depuis la suppression de la sanction grand-ducale des lois dans le cadre de la modification de l'article 34 de la Constitution, le 12 mars 2009. En effet, la Chambre est dorénavant seule à exercer la fonction législative, compétence qui ne se limite pas à donner son assentiment aux lois, mais qui consiste à les adopter, car c'est par son vote et par son vote seul que la loi vient à exister.

Par ailleurs, la Chambre et le Grand-Duc ont chacun le droit d'initiative en matière législative (article 47). Quant au droit d'initiative du Grand-Duc, il est en fait exercé par le Gouvernement. La pratique veut que les initiatives gouvernementales soient appelées «projets de loi» et les initiatives parlementaires «propositions de loi».

Dans l'hypothèse où l'initiative législative est due à un membre du Gouvernement (cas de figure courant), l'avant-projet de loi élaboré dans un ministère est approuvé par le Conseil de Gouvernement et le Grand-Duc autorise le ministre du ressort à déposer le projet de loi à la Chambre des députés.

> Constitution, article 47, alinéa 1er: *«Le Grand-Duc adresse à la Chambre les propositions ou projets de lois qu'il veut soumettre à son adoption.»*

Parallèlement, le Gouvernement veille à requérir, conformément à la loi, les avis des chambres professionnelles pour autant qu'elles soient concernées par la matière traitée. Dans la mesure où leur consultation est prévue, les avis d'autres organes sont également recueillis.

> *«Au vœu de l'article 43bis de la loi du 4 avril 1924 portant création de chambres professionnelles à base élective, telle qu'elle a été modifiée par la loi du 12 février 1964, l'avis de la Chambre des fonctionnaires et employés publics doit être demandé pour toutes les lois et tous les arrêtés qui concernent principalement les fonctionnaires et employés.»*
> Conseil d'Etat, Comité du contentieux, 17 décembre 1980

Lorsqu'en vertu de l'article 83*bis* de la Constitution[64] le Conseil d'Etat est saisi du projet de loi, il reçoit le texte du projet, généralement accompagné de l'exposé des motifs et d'un commentaire des articles ainsi que de tout autre document prescrit ou utile et des prises de position des chambres professionnelles et autres autorités ou organismes éventuellement consultés.

Dans la mesure où il estime que l'une ou l'autre formulation du projet de loi ou des amendements y relatifs ne sont pas conformes à la Constitution, aux engagements internationaux du Luxembourg ou aux principes généraux du droit, le Conseil d'Etat peut assortir ses observations d'une opposition formelle[65], en vue de signaler d'avance qu'il se verra obligé de refuser la dispense du second vote à l'ensemble de la loi en cas de maintien de la disposition critiquée.

Normalement après réception de l'avis du Conseil d'Etat, le projet de loi est examiné par la commission compétente de la Chambre, qui désigne à cet effet un rapporteur. Si la commission estime qu'il y a lieu à amendement (= modification d'un projet ou d'une proposition de loi en cours de procédure), elle formule un texte alternatif, soit basé sur l'avis du Conseil d'Etat, soit fondé sur un texte qu'elle a élaboré elle-même. Le Gouvernement peut, pour sa part, élaborer aussi des amendements, s'il ne souhaite pas suggérer l'adoption de ceux-ci directement par la commission parlementaire saisie, aux travaux de laquelle il assiste. Le projet amendé est soumis au Conseil d'Etat pour avis complémentaire, procédure qui peut se répéter autant de fois que la commission parlementaire juge indiqué de réagir par de nouveaux amendements aux avis complémentaires du Conseil d'Etat. Finalement, la commission rend son rapport avec une recommandation de texte à soumettre au vote en séance plénière de la Chambre.

> Constitution, article 66: *«La Chambre a le droit d'amender et de diviser les articles et les amendements proposés.»*

La Chambre vote sur les projets de loi dans les conditions de l'article 65 de la Constitution.

> Constitution, article 65, alinéas 1er et 2: *«La Chambre vote sur l'ensemble de la loi. Ce vote intervient toujours par appel nominal.*

---

64 cf. Section 6.4. *le Conseil d'Etat.*
65 Pour les prérogatives du Conseil d'Etat en matière de procédure législative: Paragraphe 6.4.2. *l'intervention du Conseil d'Etat en matière de dispense du second vote constitutionnel.*

> *A la demande de cinq députés au moins, le vote sur l'ensemble de la loi peut être précédé par un vote portant sur un ou plusieurs articles de la loi.»*

La Chambre vote les lois après que le Conseil d'Etat a rendu son avis sur le texte des projets afférents ainsi que sur les amendements qui s'y rapportent.

A titre exceptionnel, la Chambre peut procéder, préalablement au vote sur l'ensemble de la loi, au vote d'un ou plusieurs de ses articles avant que le Conseil d'Etat n'ait rendu son avis sur ceux-ci. Dans cette hypothèse, le Conseil d'Etat est tenu, en vertu de l'article 83*bis* de la Constitution[66], d'émettre son avis dans le délai déterminé par la loi. En vertu de l'article 2(4) de la loi du 12 juillet 1996 portant réforme du Conseil d'Etat, ce délai est fixé à trois mois. Cette disposition permet d'éviter qu'à défaut d'avis du Conseil d'Etat la procédure d'adoption d'un projet de loi ou d'une proposition de loi ne puisse être bloquée.

Or, la procédure de l'article 65, alinéa 2, ne joue pas pour l'ensemble d'une loi soumise au vote de la Chambre, mais ne vise expressément qu'un ou plusieurs articles de la loi. Le but premier en est de ne pas priver les députés minoritaires de la possibilité de proposer des amendements. Ce n'est qu'accessoirement que le Conseil d'Etat est visé.

En tout cas, le Conseil d'Etat est tenu d'émettre son avis dans le délai de trois mois que lui fixe l'article 2(4) de la loi précitée du 12 juillet 1996. Ce délai n'est donc pas accordé de cas en cas par la Chambre qui ne peut dès lors pas non plus le prolonger. Ce délai s'impose au Conseil d'Etat en vertu de l'effet combiné de la prescription de l'article 65 de la Constitution et de l'exigence légale précitée de 1996, et il lui appartient soit d'émettre son avis endéans les trois mois prévus, soit de ne pas se prononcer dans ce délai. La seconde option reviendrait pour le Conseil d'Etat à se dessaisir lui-même du dossier soumis à son avis, en renonçant à y prendre position; en effet, dans ces conditions, *«la Chambre peut passer au vote sur l'ensemble de la loi»* (cf. art. 2(4), alinéa 2, de la loi précitée du 12 juillet 1996), sans plus attendre cet avis. Un vote de la loi intervenant en l'absence de l'avis du Conseil d'Etat ne serait donc pas inconstitutionnel dans ces circonstances.

Dans le cas où le Conseil d'Etat émettrait son avis après l'échéance du délai, mais avant l'adoption de la loi par la Chambre, celle-ci resterait libre de prendre en considération ou non la position du Conseil d'Etat.

---

[66] Constitution, article 83*bis*, alinéa 1er, deuxième phrase: **«Sur les articles votés par la Chambre conformément à l'article 65, [le Conseil d'Etat] émet son avis dans le délai fixé par la loi.»**

> Si les dispositions décrites permettent donc de passer outre à l'absence d'avis du Conseil d'Etat après le délai prévu, la Chambre reste souveraine pour fixer son ordre du jour et garde l'entière liberté de choisir la date d'évacuation de la loi. Par ailleurs, l'intervention du Conseil d'Etat dans la procédure de dispense du second vote constitutionnel n'est pas affectée par la disposition visée.

En vertu de l'article 59 de la Constitution, toutes les lois sont soumises deux fois au vote de la Chambre avec un intervalle minimum de trois mois. Ce double vote a été justifié pour compenser l'absence d'une deuxième chambre parlementaire, alors que le délai entre le premier et le second vote est censé engendrer une période de réflexion supplémentaire permettant de confirmer ou, le cas échéant, d'infirmer le premier vote. Le deuxième vote prévu par l'article 59 précité n'est toutefois pas requis si la Chambre et le Conseil d'Etat sont d'accord pour en accorder la dispense. En pratique, la dispense du second vote est devenue la règle et ce n'est qu'exceptionnellement que la Chambre décide elle-même d'en faire abstraction ou que le Conseil d'Etat se voit obligé de refuser la dispense[67].

> Constitution, article 59: «*Toutes les lois sont soumises à un second vote, à moins que la Chambre, d'accord avec le Conseil d'Etat, siégeant en séance publique, n'en décide autrement. – Il y aura un intervalle d'au moins trois mois entre les deux votes.*»

Après que la Chambre a adopté le texte dans son ensemble et décidé qu'il n'y a pas lieu à second vote, et que le Conseil d'Etat a, à son tour, accordé la dispense, la loi est promulguée.[68]

Si le Conseil d'Etat refuse par contre la dispense, la Chambre procède au second vote sur un texte de loi à l'identique après avoir observé un intervalle d'au moins trois mois à compter de son premier vote. Le texte de loi est définitivement adopté par ce deuxième vote.

Chaque député a le droit de faire des propositions de loi (cf. article 47, alinéa 2 de la Constitution et article 56 du règlement de la Chambre, version à jour au 25 octobre 2007). Il est par ailleurs en droit de présenter des amendements (cf. article 66 de la Constitution), soit par le biais de la commission saisie du projet de loi concerné (cf. article 71(1) du règlement de la Chambre), soit en séance

---

[67] cf. Paragraphe 6.4.2. *l'intervention du Conseil d'Etat en matière de dispense du second vote constitutionnel*.

[68] cf. Paragraphe 6.1.3. *le Grand-Duc, chef de l'exécutif* (voir sous «*le Grand-Duc promulgue les lois*»).

publique, à condition que, dans ce cas, l'amendement proposé soit appuyé par cinq députés au moins (cf. article 72(1) du règlement de la Chambre).

> Constitution, article 47, alinéa 2: «*La Chambre a le droit de proposer au Grand-Duc des projets de lois.*»

Le libellé de l'alinéa 2 de l'article 47 ne répond plus à la réalité du pouvoir législatif, qui appartient à la seule Chambre. En effet, on voit mal pourquoi celle-ci devrait s'adresser au Grand-Duc pour exercer son droit d'initiative en matière législative.

La proposition de loi émanant d'un ou de plusieurs députés est déposée au greffe de la Chambre. Si elle est déclarée recevable sur proposition de la Conférence des présidents, elle est transmise, suivant la nouvelle procédure proposée, au Gouvernement afin de lui permettre d'y prendre position. Dans les six mois, la Chambre se prononce en séance publique quant à la poursuite de la procédure législative. Dans l'affirmative, le Conseil d'Etat ainsi que les chambres professionnelles concernées en seront saisis.

> En vertu de la proposition de modification de la commission parlementaire du Règlement du 8 janvier 2009[69], «*La Chambre décide de la recevabilité d'une proposition de loi sur proposition de la Conférence des Présidents*» (art. 58(1)).
>
> «*La proposition de loi est transmise au Gouvernement qui peut rendre un avis ...*» (art. 59).
>
> «*(Dans un délai de six mois après son dépôt) la proposition de loi est présentée et discutée en séance publique quant à la poursuite de la procédure législative.*» (art. 61(1)).
>
> «*Si la Chambre se prononce en faveur de la poursuite de la procédure législative de la proposition de loi, celle-ci est renvoyée par la Conférence des Présidents pour examen à une commission ... La proposition de loi est également transmise au Conseil d'Etat et aux chambres professionnelles concernées pour avis.*» (art. 63(1)).

Les lois portant révision de la Constitution sont adoptées dans les conditions de l'article 114, alinéa 2 de la Constitution[70].

---

69   Modification proposée du Règlement de la Chambre des députés (doc. parl. n° 5864[1]).
70   cf. Paragraphe 4.3.1. *la procédure de révision de la Constitution*.

> Constitution, article 114, alinéa 2: «*Nulle révision ne sera adoptée si elle ne réunit au moins les deux tiers des suffrages des membres de la Chambre, les votes par procuration n'étant pas admis.*»

Par ailleurs, plusieurs articles de la Constitution prévoient que certaines lois doivent être votées dans les conditions de l'article 114, alinéa 2.

Les conditions de vote de l'article 114, alinéa 2 de la Constitution s'imposent:

- aux approbations par la Chambre d'une déclaration de guerre ou de cessation d'une guerre réservée par l'article 37, alinéa 6 au Grand-Duc;
- aux lois d'approbation des traités visés à l'article 49*bis* de la Constitution, c'est-à-dire des traités en vertu desquels l'exercice d'attributions réservées par la Constitution aux pouvoirs législatif, exécutif ou judiciaire est dévolu temporairement à des institutions de droit international;
- aux lois conférant une nouvelle pondération au nombre des députés à élire dans chacune des circonscriptions électorales selon l'article 51(3);
- aux lois prévues à l'article 107(4) pour déterminer les conditions de nationalité à remplir par les membres du collège des bourgmestre et échevins.

Nonobstant le renvoi aux conditions de vote de l'article 114, alinéa 2 de la Constitution, le projet ou la proposition de loi suit la procédure ordinairement applicable à l'adoption des lois, sauf que, lorsque la Chambre procède au vote, la loi doit recueillir non seulement la majorité absolue des suffrages, comme prévu à l'article 62, mais son adoption requiert au moins les deux tiers des suffrages des membres de la Chambre. En outre, les votes par procuration ne sont pas admis. C'est dire qu'en vue de l'adoption des lois dans les conditions de vote de l'article 114, alinéa 2 au moins 40 des 60 députés composant la Chambre doivent se prononcer en faveur de la loi.

6.2.6. les autres attributions de la Chambre des députés

A côté de l'exercice de la fonction législative, la Chambre des députés détient d'autres prérogatives constitutionnelles.

La Constitution a confié à la Chambre la faculté d'accorder ou de refuser au Gouvernement l'autorisation de percevoir des recettes et d'effectuer des dépenses. Cette autorisation s'exprime normalement par le vote annuel du budget de l'Etat. Le Gouvernement, organe du pouvoir exécutif, ne peut donc se procurer des ressources ni disposer des fonds prélevés qu'après y avoir été autorisé par la loi budgétaire.

> Le refus du budget par la Chambre équivaudrait à un retrait de la confiance et mettrait le Gouvernement dans l'impossibilité de remplir ses fonctions, l'acculant à l'obligation de démissionner. Dans ces conditions, le Gouvernement ne disposerait en effet plus de majorité parlementaire disposée à appuyer son action politique et ne saurait plus faire adopter des lois.

Le budget est établi sous la forme d'un projet de loi et toutes les règles procédurales valant pour le suivi des initiatives législatives du Gouvernement y sont applicables. Le budget de l'Etat est ainsi adopté sous les conditions et dans les formes du vote d'une loi ordinaire.

Le contrôle de la Chambre sur la gestion des finances de l'Etat par le Gouvernement comporte également la prérogative d'arrêter annuellement les comptes de l'Etat; c'est un corollaire de son droit de voter chaque année le budget. En effet, la Chambre ne met pas uniquement à la disposition du Gouvernement les moyens financiers dont il a besoin pour mener son action politique; elle vérifie également si l'emploi des crédits budgétaires a été fait en conformité avec la loi budgétaire.

Constitution, article 104: *«Chaque année la Chambre arrête la loi des comptes et vote le budget. – Toutes les recettes et dépenses de l'Etat doivent être portées au budget et dans les comptes.»*

L'obligation du Gouvernement de faire confirmer annuellement les impôts par une loi formelle tend dans le même sens. Cette prérogative est censée prévenir une politique fiscale arbitraire, voire une ponction fiscale excessive de l'exécutif.

> *«... en matière fiscale la loi doit fixer les règles essentielles concernant l'assiette, le taux et le recouvrement de l'impôt.»*
> Cour constitutionnelle, arrêt 38/07 du 2 mars 2007

Constitution, article 99, première phrase: *«Aucun impôt au profit de l'Etat ne peut être établi que par une loi.»*
article 100: *«Les impôts au profit de l'Etat sont votés annuellement. – Les lois qui les établissent n'ont de force que pour un an, si elles ne sont renouvelées.»*

> article 102: «*Hors les cas formellement exceptés par la loi aucune rétribution ne peut être exigée des citoyens ou des établissements publics qu'à titre d'impôt au profit de l'Etat ou de la commune.*»

Par ailleurs, la Chambre est compétente pour surveiller la gestion du patrimoine de l'Etat. Cette surveillance concerne le patrimoine foncier et immobilier de l'Etat, les charges financières auxquelles l'Etat s'engage au-delà d'un exercice budgétaire, la gestion des ressources humaines. Les dispositions afférentes figurent aux articles 99 et 35 de la Constitution.

> – en matière d'engagement de dépenses pluriannuelles:
> article 99, septième phrase: «*Aucune charge grevant le budget de l'Etat pour plus d'un exercice ne peut être établie que par une loi spéciale.*»
>
> – en matière d'emprunts:
> article 99, deuxième et cinquième phrases: «*Aucun emprunt à charge de l'Etat ne peut être contracté sans l'assentiment de la Chambre. (…) (…) tout engagement financier important de l'Etat [doit] être [autorisé] par une loi spéciale.*»
>
> – en matière de gestion du patrimoine immobilier de l'Etat:
> article 99, troisième à sixième phrases: «*Aucune propriété immobilière de l'Etat ne peut être aliénée si l'aliénation n'en est autorisée par une loi spéciale. Toutefois une loi générale peut déterminer un seuil en dessous duquel une autorisation spéciale de la Chambre n'est pas requise. – Toute acquisition par l'Etat d'une propriété immobilière importante, toute réalisation au profit de l'Etat d'un grand projet d'infrastructure ou d'un bâtiment considérable, tout engagement financier important de l'Etat doivent être autorisés par une loi spéciale. Une loi générale détermine les seuils à partir desquels cette autorisation est requise.*[71]»
>
> – en matière de ressources humaines:
> article 35, alinéa 2: «*Aucune fonction salariée par l'Etat ne peut être créée qu'en vertu d'une disposition législative.*»

Afin de pouvoir exercer de façon appropriée sa surveillance de la gestion des finances publiques, la Chambre des députés a institué en son sein une com-

---

[71] Ce seuil est fixé par l'article 80 de la loi modifiée du 8 juillet 1999 sur le budget, la comptabilité et la trésorerie de l'Etat.

mission du contrôle de l'exécution budgétaire (présidée, contrairement à la pratique courante valable pour les autres commissions parlementaires, par un député de l'opposition).

La Chambre recourt en outre aux services de la Cour des comptes. Celle-ci a pour mission principale de contrôler la gestion financière de l'Etat. Dans le cadre de cette mission, elle vérifie notamment le compte général de l'Etat et soumet ses observations à la Chambre au moment où celle-ci se trouve saisie du projet de loi d'approbation dudit compte (cf. article 104 de la Constitution). Selon l'article 105 de la Constitution, la loi peut confier d'autres missions à la Cour des comptes.

> Nonobstant l'autonomie de gestion dont bénéficient les établissements publics (Fonds d'aménagement et d'urbanisation du plateau de Kirchberg, Fonds de rénovation de la Vieille-Ville ...) et les sociétés commerciales à participation étatique majoritaire (CFL, SNCI ...), la mission de contrôle de la Cour des comptes comporte également la vérification de la légalité et de la régularité des opérations comptables et de la bonne gestion financière des moyens que l'Etat a mis à la disposition de ces entités.
>
> Les fonctions de la Cour des comptes peuvent être comparées à celles de l'audit interne d'une société privée exercées pour compte du conseil d'administration de la société. La démarche de la Cour des comptes pour exécuter ses missions légales s'apparente d'ailleurs à bien des égards à la démarche de l'audit interne d'une société commerciale.

La Cour des comptes est complètement indépendante du pouvoir exécutif. Elle dépend directement de la Chambre des députés, lien qui est souligné par l'article 105, paragraphes 2 et 3 de la Constitution qui met en exergue ses relations avec la Chambre et la nomination de ses membres sur proposition de celle-ci.

Constitution, article 105: «*(1) Une Cour des comptes est chargée du contrôle de la gestion financière des organes, administrations et services de l'Etat; la loi peut lui confier d'autres missions de contrôle de gestion financière des deniers publics.*
(2) Les attributions et l'organisation de la Cour des comptes ainsi que les modalités de son contrôle et les relations avec la Chambre des Députés sont déterminées par la loi.
(3) Les membres de la Cour des comptes sont nommés par le Grand-Duc sur proposition de la Chambre des Députés.

> *(4) Le compte général de l'Etat est soumis à la Chambre des Députés, accompagné des observations de la Cour des comptes.»*

La Chambre ne contrôle pas seulement la gestion financière et patrimoniale de l'Etat assurée par le Gouvernement. Elle exerce au-delà de cette surveillance un contrôle général de l'action politique du Gouvernement.[72]

Chaque député a ainsi la faculté de poser aux différents membres du Gouvernement des questions parlementaires (questions écrites, questions urgentes, questions avec débat) au sujet d'une affaire d'administration ou de gouvernement. Le ministre interrogé est tenu d'y répondre dans le délai prévu à cet effet par le règlement de la Chambre (2 ou 4 semaines selon le cas).

Pour des sujets d'importance politique majeure, le député a la possibilité d'interpeller le Gouvernement. L'interpellation a lieu en séance publique de la Chambre. Elle donne l'occasion à l'interpellant d'exposer le problème et d'interroger le Gouvernement sur sa position y relative, tout en permettant un débat public de la Chambre sur le thème de l'interpellation.

La Chambre peut également inviter le Gouvernement par des motions à mettre en œuvre les orientations qu'elle entend donner à l'action gouvernementale.

En outre, l'article 64 de la Constitution confère à la Chambre un droit d'enquête dont le détail est réglé par une loi du 18 avril 1911[73]. Ce droit d'enquête permet à la Chambre d'exercer un contrôle sur le fonctionnement institutionnel et administratif de l'Etat. Normalement, ce droit est exercé par l'intermédiaire d'une commission d'enquête *ad hoc* chargée de mener les investigations, d'interroger les représentants des instances impliquées, d'entendre des témoins.

> Les prérogatives en la matière s'apparentent à celles d'un juge d'instruction. Surtout dans l'hypothèse où une enquête est diligentée par la Chambre au sujet d'événements qui ont parallèlement déclenché une instruction pénale, le risque d'immixtion dans une enquête judiciaire est donné. Or, une telle situation serait incompatible avec le principe de la séparation des pouvoirs.

> Constitution, article 64: *«La Chambre a le droit d'enquête. La loi règle l'exercice de ce droit.»*

---

72 Règlement de la Chambre des députés à jour au 25 octobre 2007, Titre III. – Des questions, des motions, des résolutions, des interpellations et des débats.
73 Loi du 18 avril 1911 sur les enquêtes parlementaires. Une proposition de loi déposée le 22 avril 2004 par le député Alex Bodry est en instruction (proposition de loi n° 5331); elle est censée adapter la législation de 1911.

Le droit de pétition constitue une forme de l'exercice de la liberté d'opinion. En pratique, les pétitions sont adressées au président de la Chambre des députés. Le droit de pétition permet d'attirer l'attention de la Chambre sur des intérêts individuels mis en cause par l'action politique du Gouvernement. Son exercice peut également servir à inciter la Chambre à prêter une attention suffisante aux intérêts du ou des pétitionnaires, soit en initiant une proposition législative, soit en prenant en compte ces intérêts dans le cadre d'une procédure législative en cours.

> Constitution, article 27: «*Chacun a le droit d'adresser aux autorités publiques, des pétitions signées par une ou plusieurs personnes. Les autorités constituées ont seules le droit d'adresser des pétitions en nom collectif.*»
> article 67: «*Il est interdit de présenter en personne des pétitions à la Chambre.*
> *La Chambre a le droit de renvoyer aux membres du Gouvernement les pétitions qui lui sont adressées. – Les membres du Gouvernement donneront des explications sur leur contenu, chaque fois que la Chambre le demandera.*
> *La Chambre ne s'occupe d'aucune pétition ayant pour objet des intérêts individuels, à moins qu'elle ne tende au redressement de griefs résultant d'actes illégaux posés par le Gouvernement ou les autorités, ou que la décision à intervenir ne soit de la compétence de la Chambre.*»

> Le formalisme dont la Constitution a voulu entourer l'introduction de pétitions est de moins en moins respecté.
> La règle selon laquelle les autorités publiques seules peuvent exercer le droit de pétition en nom collectif (ce qui exclut *a priori* les associations privées) n'est plus guère observée. L'interdiction de présenter en personne une pétition à la Chambre n'est plus non plus respectée.
> Au niveau de la Chambre, il existe une commission des pétitions chargée d'analyser les requêtes introduites par les pétitionnaires. Cette commission est chargée en outre d'assurer le suivi du travail du Médiateur.

A l'époque, le droit de pétition constituait un moyen subsidiaire d'obtenir satisfaction lorsqu'il n'était pas possible de trouver une solution avec l'autorité compétente et que tous les autres moyens de recours étaient épuisés[74]. Aujourd'hui,

---

74 «*In der Praxis wird die Petition an die Volksvertretung nur als subsidiäres Rechtsmittel betrachtet, das erst dann zur Hand genommen werden darf, wenn bei den Behörden selbst keine Abhülfe zu erwirken und der ordentliche Instanzenzug bereits ohne Erfolg durchgemacht worden ist.*» (Paul Eyschen, Das Staatsrecht des Grossherzogthums Luxemburg, p. 66).

le citoyen dispose d'autres moyens légaux pour protéger ses intérêts individuels, rendant largement désuet le recours à la pétition.

> En effet, afin de faire valoir ses intérêts, le citoyen a à sa disposition la procédure administrative non contentieuse, qui est prévue par la loi du 1er décembre 1978 et le règlement grand-ducal afférent du 8 juin 1979, et qui règle ses rapports avec l'Administration. En outre, une loi du 22 août 2003 a institué le Médiateur qui a précisément pour mission de recevoir les réclamations au sujet du fonctionnement des administrations et qui dépend directement de la Chambre des députés.

Enfin, le Gouvernement ne peut exercer son action politique qu'à condition de bénéficier de la confiance de la Chambre. La confiance peut être retirée au Gouvernement par le biais d'une motion spéciale de défiance votée par la Chambre ou par le vote négatif au sujet d'un projet de loi sur lequel le Gouvernement aura posé la question de confiance. Mis en minorité par la délibération de la Chambre, le Gouvernement est contraint de démissionner.

Le fait pour la Chambre de voter la confiance au Gouvernement ou de la lui retirer est fermement ancré dans la pratique constitutionnelle, même si la Constitution omet d'en parler formellement (contrairement à la mention de la prérogative du Grand-Duc de dissoudre la Chambre, inscrite à l'article 74 de la Constitution). D'autres constitutions européennes comportent à cet égard des dispositions explicites.[75]

6.2.7. la participation des parlements nationaux à l'action législative de l'Union européenne

L'influence croissante du droit communautaire dans l'ordre juridique luxembourgeois souligne l'utilité d'une association plus étroite de la Chambre des députés au processus législatif propre à l'Union européenne. D'autres constitutions européennes, dont notamment celle de la France et de l'Allemagne, règlent d'ores et déjà l'association de leurs parlements respectifs à l'action politique communautaire.

> Tant la primauté du droit communautaire sur le droit national que l'extension des compétences de l'Union européenne à un nombre de plus en plus

---

[75] Voir à cet effet la Loi fondamentale allemande (articles 63 et 69(3)), la Constitution espagnole (articles 99 et 101) ou la Constitution française (articles 49 et 50).

grand de domaines traditionnellement réservés aux pouvoirs institutionnels nationaux soulignent l'importance d'une association plus étroite des parlements des Etats membres au processus décisionnel de l'Union.

Un protocole annexé au Traité d'Amsterdam de 1997 et portant «sur le rôle des parlements nationaux dans l'Union Européenne» avait constitué un premier pas timide dans cette direction. Ledit protocole prévoit notamment l'information des parlements nationaux sur les documents de consultation préparés par la Commission (livres verts, livres blancs, communications) ainsi que sur ses propositions législatives (propositions de directive ou de règlement soumises au Conseil).

Le Traité constitutionnel du 29 octobre 2004, dont la ratification n'a pas abouti, avait à son tour prévu de renforcer le rôle des parlements nationaux en leur assurant une information très large sur les initiatives communautaires et en leur attribuant un réel contrôle des principes de subsidiarité et de proportionnalité des actes communautaires par rapport au droit national des Etats membres.

En vertu du principe de subsidiarité, l'Union européenne ne doit intervenir que dans la mesure où les objectifs d'une action envisagée ne peuvent être atteints de manière suffisante par les Etats membres tant au niveau central qu'au niveau régional ou local.

Cette approche est également reprise dans le Traité de Lisbonne du 13 décembre 2007. Au cas où ce traité entrera en vigueur, la Chambre des députés sera directement associée au processus législatif de l'Union européenne.

Les projets d'actes législatifs de l'Union européenne[76] seront transmis à la Chambre des députés tout comme aux parlements des autres Etats membres. Ils devront être motivés au regard des principes de subsidiarité et de proportionnalité, une fiche explicative étant jointe à cet effet.

Un délai de 8 semaines devra, sauf urgence motivée, être respecté entre le moment où un projet d'acte législatif sera mis à la disposition des parlements nationaux et la date à laquelle il pourra être inscrit à l'ordre du jour du Conseil en vue de son adoption.

Chaque parlement national disposera de deux voix (soit deux voix pour la Chambre des députés en raison du système parlementaire unicaméral luxembourgeois, soit une voix pour chaque chambre dans les Etats membres ayant un système parlementaire bicaméral). Si un tiers de l'ensemble des voix ex-

---

76 Par acte législatif au sens de l'article 249A, nouvellement inséré dans le Traité instituant la Communauté européenne (désormais «Traité sur le fonctionnement de l'Union européenne»), on entend les actes juridiques adoptés par la procédure législative, définie à l'article 251, soit les règlements, les directives et les décisions adoptés conjointement par le Parlement européen et le Conseil, sur proposition de la Commission.

primées par les parlements nationaux (ou un quart des voix pour les propositions législatives en matière de coopération judiciaire pénale ou de coopération policière) sont négatives, le projet devra être réexaminé par l'organe dont il émane (en principe la Commission européenne).

Si un projet législatif est contesté par une majorité de parlements nationaux, la Commission devra, si elle entend maintenir ce projet, justifier ce maintien dans un avis motivé. Si le Conseil (avec une majorité de 55% de ses membres) ou le Parlement européen (à la majorité des suffrages exprimés) conteste la compatibilité du projet avec le principe de subsidiarité, l'examen de la proposition législative ne sera pas poursuivi.

La Chambre des députés pourra également saisir, à travers le Gouvernement, la Cour de Justice des Communautés européennes («Cour de Justice de l'Union européenne», selon le Traité de Lisbonne), afin que celle-ci se prononce sur la violation ou non du principe de subsidiarité par un acte législatif communautaire.

Dans la perspective de l'entrée en vigueur du Traité de Lisbonne, la commission du Règlement examinera l'intérêt de compléter le règlement de la Chambre par une annexe, intitulée «Aide-mémoire sur la coopération entre la Chambre des Députés et le Gouvernement du Grand-Duché de Luxembourg en matière de politique européenne». Cet aide-mémoire sera censé régler les modalités d'information de la Chambre sur la politique de la Commission européenne, sur la programmation et les initiatives législatives à l'échelon européen ainsi que sur la transposition des directives communautaires et la convocation de conférences intergouvernementales aux fins de modifier les traités fondateurs de l'Union européenne. Il prévoit aussi le droit de la Chambre d'être consultée sur des questions d'intérêt communautaire et d'assumer ses droits en matière de respect du principe de subsidiarité[77].

6.3. LE GOUVERNEMENT

Aux termes des articles 76 et suivants de la Constitution, le Gouvernement participe à l'exercice du pouvoir exécutif sous l'autorité du Grand-Duc. Par le biais du contreseing ministériel, il endosse la responsabilité politique des actes posés formellement par le Grand-Duc.

---

[77] Document parlementaire n° 5979.

6.3.1. la fonction gouvernementale

Une lecture littérale des dispositions du chapitre V, que la Constitution réserve au Gouvernement, peut donner une fausse impression de la façon dont est organisé le pouvoir exécutif.

Cette ambiguïté est d'abord due au souci du Constituant de 1868 de traduire les principes démocratiques d'une façon ménageant les prérogatives monarchiques. Par ailleurs, les dispositions relatives à l'organisation du Gouvernement sont restées les mêmes, malgré l'accentuation progressive de la démocratie parlementaire qui a été formalisée lors de la révision constitutionnelle de 1919.

Si donc la «Constitution écrite» reflète encore largement l'optique institutionnelle qui a prévalu au 19ᵉ siècle, la «Constitution vécue» réserve actuellement au Gouvernement, placé sous la présidence d'un Premier Ministre, la direction des affaires de l'Etat, la fonction de gouverner. En vue de ce faire, le Gouvernement doit avoir la confiance de la Chambre des députés. En outre, le Gouvernement exerce en pratique l'initiative législative que le Grand-Duc partage avec la Chambre en vertu de l'article 47 de la Constitution, et il exerce le pouvoir exécutif que détient formellement le Grand-Duc. Le Gouvernement assume par conséquent deux fonctions nettement distinctes: celle de gouverner et celle qui consiste à exécuter des lois.

Aujourd'hui le rôle des membres du Gouvernement n'est plus celui d'un «administrateur général» ou d'un «conseiller de la Couronne»[78], car sous l'effet de la démocratisation des institutions le Gouvernement s'est émancipé et occupe une position prédominante dans la gestion des affaires publiques, tout en restant responsable vis-à-vis de la Chambre, représentant les intérêts de la Nation.

> *«(...) si on admet qu'au gouvernement compète la synthèse de la conception, de la décision et de l'exécution, il faut reconnaître que loin de le cantonner dans l'exercice d'un pouvoir subordonné, ces prérogatives lui assignent une position éminente dans les activités étatiques. Il convient partant de distinguer dans le concept de gouvernement deux fonctions, l'une gouvernementale, l'autre administrative.*
>
> *La première tend à créer des règles de droit spontanées; c'est le déploiement d'une puissance initiale, puisque la matière n'avait jusqu'alors fait l'objet d'aucune intervention antérieure.*

---

78 cf. Paragraphe 6.3.2. *l'organisation du Gouvernement.*

> *La seconde n'est qu'une activité secondaire et dérivée qui précise une norme juridique préexistante dont la genèse peut émaner d'un autre pouvoir que le sien.*
>
> *L'intérêt de la constatation de cette dualité de l'activité gouvernementale consiste en ce qu'elle permet de caractériser le régime politique de l'Etat et de faire le point de son statut, de sa constitution, selon que sa branche principale, qui est le pouvoir de décision, l'emporte par la mesure et les modalités qu'il est appelé à apporter dans l'exercice du pouvoir.»*[79]

6.3.2. l'organisation du Gouvernement

Aux termes de l'article 76, alinéa premier, de la Constitution, il appartient au Grand-Duc d'organiser «*son*» gouvernement sans intervention de la part d'une autre institution. Les dispositions de mise en œuvre de l'article 76 remontent à un arrêté royal grand-ducal itérativement modifié du 9 juillet 1857 portant organisation du Gouvernement grand-ducal. Cet arrêté revêt la valeur d'un acte autonome du pouvoir grand-ducal, équipollent aux lois.

> Constitution, article 76, alinéa 1er: «*Le Grand-Duc règle l'organisation de son Gouvernement, lequel est composé de trois membres au moins.*»
> article 77: «*Le Grand-Duc nomme et révoque les membres du Gouvernement.*»

Dans plusieurs arrêts rendus au cours des années 1970, le Comité du contentieux du Conseil d'Etat avait analysé la portée du pouvoir conféré au Grand-Duc par l'article 76. Cette jurisprudence a été relayée par l'interprétation réservée à la disposition en question par les juridictions administratives.

> *«Lorsqu'un arrêté grand-ducal a été pris en vertu de l'art. 76 de la Constitution qui abandonne au Grand-Duc d'organiser son Gouvernement, il s'agit en l'occurrence d'un pouvoir autonome procédant de l'idée de la séparation des pouvoirs et devant permettre au Grand-Duc de déterminer en pleine indépendance du Parlement l'organisation de son Gouvernement; dans ce domaine, son pouvoir est originaire et discrétionnaire et, par conséquent, les arrêtés y relatifs, basés sur ledit art. 76, sont des actes équipollents aux lois.»*
> Conseil d'Etat, Comité du contentieux, 24 février 1976

---

[79] Charles-Léon Hammes, «Le Gouvernement du Grand-Duché, essai sur son évolution» *In:* Le Conseil d'Etat, Livre jubilaire publié à l'occasion du centième anniversaire de sa création, 1957, p. 472.

> «... le Grand-Duc peut librement créer les ministères et faire la répartition des départements ou des affaires ministérielles entre les ministres (voir Pierre Majerus, L'Etat luxembourgeois, éd. 1983, p. 162). En matière d'organisation du gouvernement, cette disposition constitutionnelle confère au Grand-Duc un pouvoir réglementaire direct et autonome en disposant que le Grand-Duc règle l'organisation de son gouvernement. Ce pouvoir est donc indépendant de la cause d'ouverture fondamentale des règlements qui est l'exécution des lois. L'octroi de ce pouvoir autonome par la Constitution procède de l'idée de la séparation des pouvoirs: l'organe gouvernemental doit être indépendant à l'égard du Parlement; pour cette raison, il doit pouvoir déterminer en pleine indépendance son organisation intérieure. ... les règlements fondés sur l'article 76 de la Constitution sont donc, dans leurs domaines, des actes équipollents aux lois (voir Pierre Pescatore, Introduction à la science du droit, éd. 1978, n° 95, p. 152).»
>
> TA, 6 novembre 2006, 22074

Sur le plan formel, la Constitution confère au Grand-Duc une liberté absolue de choisir les membres du Gouvernement parmi ses femmes et hommes de confiance. Par membres du Gouvernement, il faut entendre actuellement le Premier Ministre, le Vice-Premier Ministre, les Ministres, les Ministres délégués et les Secrétaires d'Etat.

> Le droit de nomination prévu par l'article 76 s'applique traditionnellement aussi aux fonctionnaires relevant de la carrière des conseillers de Gouvernement, considérés comme étant «adjoints au Gouvernement». La prérogative grand-ducale en question ne s'étend cependant pas à l'organisation de l'Administration dont la nomination du personnel des bureaux, la création de services administratifs, la fixation des traitements ... relèvent du domaine de la loi[80] (cf. article 35, alinéa 2 de la Constitution). Au regard de l'exigence constitutionnelle en question, le statut spécial des conseillers de Gouvernement peut paraître douteux.

En fait, le pouvoir du Grand-Duc de nommer et de révoquer les membres du Gouvernement est toutefois limité par le principe démocratique qui veut que le Gouvernement doive bénéficier de la confiance de la Chambre des députés. A défaut de cette confiance, l'action gouvernementale serait bloquée. Aussi la composition du Gouvernement reflète-t-elle bien plus le rapport des forces poli-

---

[80] Constitution, article 35, alinéa 2: «*Aucune fonction salariée par l'Etat ne peut être créée qu'en vertu d'une disposition législative.*»

tiques en présence à la Chambre des députés qu'un choix personnel du Grand-Duc. La composition du Gouvernement, le choix du Premier Ministre ainsi que le nombre, les noms, les titres (fonctions) et les attributions des autres membres du Gouvernement résultent de l'accord de coalition sur lequel se fonde la majorité parlementaire dont est normalement issu le Gouvernement. Formellement, le Grand-Duc désigne le Premier Ministre sur base des accords politiques intervenus entre les partis disposés à constituer la nouvelle majorité parlementaire, et il nomme les autres membres, appelés à former avec le Premier Ministre l'équipe gouvernementale, conformément aux propositions que lui ont soumises les partenaires de coalition par l'intermédiaire du Premier Ministre désigné.

> Nous avons montré en introduction de la section 6.1. *le Grand-Duc* que contrairement à la situation ayant prévalu au moment de la rédaction de la Constitution, le Grand-Duc règne, mais il ne gouverne plus. La mission de gouverner revient entre-temps au Gouvernement qui assume la conception et la direction des affaires politiques de l'Etat et qui exerce en outre le pouvoir exécutif, même si la grande majorité des actes administratifs (normatifs comme les règlements grand-ducaux ou individuels comme les arrêtés de nomination) continuent à porter la signature grand-ducale.
>
> L'action étroitement liée qui est menée par le Grand-Duc et le Gouvernement pour assurer l'exercice du pouvoir exécutif n'est cependant pas remise en cause. Elle est d'ailleurs soulignée par l'article 79 de la Constitution: **«Il n'y a entre les membres du Gouvernement et le Grand-Duc aucune autorité intermédiaire.»**
>
> Le système électoral fondé sur le scrutin de liste et la représentation proportionnelle (cf. article 51(5) de la Constitution) fait qu'il n'est guère courant qu'à une élection parlementaire un seul parti obtienne la majorité des sièges à la Chambre des députés. En vue de la constitution d'une majorité parlementaire, deux partis au moins doivent dès lors en général former une coalition pour réunir un nombre suffisant de députés disposés à soutenir l'action du Gouvernement.
>
> Traditionnellement, le Premier Ministre est issu du plus grand des partis de la «majorité», la fonction de Vice-Premier Ministre étant assumée par le chef de file de l'autre parti.
>
> Hormis le rôle du Premier Ministre d'assurer la coordination de l'action gouvernementale et de présider le Conseil de Gouvernement lui conféré par l'arrêté royal grand-ducal modifié du 9 juillet 1857 portant organisation du Gouvernement grand-ducal, il n'y a pas dans la Constitution de hiérarchie entre celui-ci et les autres Ministres. La prérogative du Premier Ministre, qui

porte traditionnellement le titre de Ministre d'Etat, de coordonner l'action gouvernementale remonte à l'arrêté royal grand-ducal du 9 juillet 1857 précité, qui dispose dans son article 6 que *«Le Ministre d'Etat surveille la marche générale des affaires et veille au maintien de l'unité des principes à appliquer dans les diverses parties du service de l'Etat»*.

Au regard des attributions qui, sous l'effet de la pratique institutionnelle, sont devenues celles du Gouvernement, le libellé constitutionnel apparaît comme dépassé. Dans la perspective de la refonte constitutionnelle projetée par la Chambre des députés, il se recommandera par conséquent de réfléchir à une nouvelle orientation à donner aux compétences formelles du Gouvernement comme institution autonome. Ses relations avec la Chambre devront être complétées et précisées. Et le rôle du Premier Ministre, comme chef du Gouvernement, aura avantage a être circonscrit conformément à ses prérogatives effectives.

Lors de la formation d'un nouveau Gouvernement, un arrêté grand-ducal répartit les domaines relevant de l'action gouvernementale entre les différents ressorts placés sous la responsabilité d'un Ministre. Dans les Constitutions luxembourgeoises du 19e siècle, les membres du Gouvernement portaient le titre d' *«administrateur général»* (cf. art. 78 de la Constitution de 1848), de *«conseiller de la couronne»* (cf. art. 45 des Constitutions de 1856 et de 1868), qui fut changé par après en *«directeur général»*. La désignation *«ministre»* a été introduite par un arrêté grand-ducal du 24 mars 1936, mais la désignation *«conseiller de la couronne»* avait survécu dans la Constitution jusqu'à la révision de son article 45, le 13 juin 1989. Depuis lors, la Constitution retient de façon générale la désignation de *«membre du Gouvernement»*.

Quant aux Secrétaires d'Etat, ils sont en principe membres à part entière du Gouvernement et, à ce titre, participent avec voix délibérative aux réunions du Conseil de Gouvernement. Au niveau du ou des ressorts qui leur sont attribués, ils agissent dans le cadre de la délégation de compétence qui leur a été accordée par voie d'arrêté grand-ducal. Selon l'article 4 de l'arrêté royal grand-ducal précité de 1857 (modifié par un arrêté grand-ducal du 9 juillet 1971), *«Le Secrétaire d'Etat a la direction d'un département ministériel en tout ou en partie par délégation de compétence qui lui est donnée avec Notre accord par le Ministre du département ministériel auquel le Secrétaire d'Etat est affecté. Le Ministre pourra lui donner en outre une délégation de signature pour les affaires non comprises dans la délégation de compétence. Le Secrétaire d'Etat en tant que membre du Gouvernement est titulaire des droits et devoirs ministériels.»* Ce libellé s'oppose à une limitation des attributions du Secrétaire d'Etat à une simple délégation de signature, comme c'était le cas dans le Gouvernement en place entre 1999 et 2004.

> La jurisprudence de la Cour administrative semble, par une interprétation très libre du principe précité, atténuer la portée de la disposition voulant que le Secrétaire d'Etat a la direction d'une partie au moins d'un département ministériel.
>
> *«Un ministre a la faculté de déléguer au secrétaire d'Etat tout ou partie de sa compétence, ce qui implique délégation de signature dans la même mesure. Il a également la faculté de retenir tout ou partie de sa compétence, mais de donner au secrétaire d'Etat une délégation de signature. Dans le dernier cas, le secrétaire d'Etat n'a pas de pouvoir de décision autonome, mais le droit de signer les affaires visées par la délégation au nom du ministre.»*
> CA, 1er mars 2001, 12294C
>
> Or, il reste que, nonobstant cette jurisprudence, l'arrêté royal grand-ducal de 1857 détermine les pouvoirs du Secrétaire d'Etat qui *«a la direction d'un département ministériel en tout ou en partie»*. Le ministre compétent n'est dès lors pas en droit de retenir l'ensemble des compétences relevant du ressort auquel le Secrétaire d'Etat est affecté.

6.3.3. la responsabilité ministérielle

L'article 4 de la Constitution dispose que la personne du Grand-Duc est inviolable[81]. Dès lors sa responsabilité ne peut pas être engagée. Par conséquent, le contrôle, que la Chambre des députés exerce sur le pouvoir exécutif, vise le Gouvernement[82]. En effet, l'article 78 ajoute que les membres du Gouvernement sont responsables.

> Constitution, article 4: *«La personne du Grand-Duc est inviolable.»*
> article 45: *«Les dispositions du Grand-Duc doivent être contresignées par un membre du Gouvernement responsable.»*
> article 78: *«Les membres du Gouvernement sont responsables.»*

La responsabilité des membres du Gouvernement s'étend aussi bien aux actes qu'ils posent individuellement (règlements et arrêtés ministériels, décisions administratives signées par eux ou signées en leur nom par un fonctionnaire bé-

---

81 cf. Paragraphe 6.1.1. *le Grand-Duc, chef de l'Etat* (voir sous *«le principe de l'inviolabilité de la personne du Grand-Duc»*).
82 Pour l'immunité de poursuite et de juridiction des membres du Gouvernement, il est renvoyé au Paragraphe 5.3.3. *l'égalité devant la loi* (voir sous *«poursuite d'un fonctionnaire»*).

néficiant à ce titre d'une délégation de signature) qu'aux décisions collectives du Gouvernement et aux dispositions grand-ducales.

> «Aux termes de l'article 45 de la Constitution, le contreseing d'un seul ministre responsable est suffisant pour la validité d'un arrêté grand-ducal.»
> Cour, 24 juillet 1952, *Pas.* 15, p. 355

> On peut se demander pourquoi le Constituant a entendu ajouter que le contreseing des dispositions grand-ducales doit être donné *«par un membre du Gouvernement responsable»*. N'aurait-il pas suffi de dire que les actes du Grand-Duc doivent être contresignés, par exemple, par le Ministre ou le Secrétaire d'Etat du ressort, alors que la responsabilité des membres du Gouvernement se trouve de toute façon consacrée à l'article 78? Une explication possible est de voir dans la phrase de l'article 45 un raccourci, l'idée étant de dire que les dispositions du Grand-Duc doivent être contresignées par un membre du Gouvernement qui, par son contreseing, en assume la responsabilité.

Cette responsabilité est générale, et l'ordre écrit ou verbal du Grand-Duc ne peut pas en dispenser, comme le rappelle formellement l'article 81 de la Constitution.

Constitution, article 81: *«En aucun cas, l'ordre verbal ou écrit du Grand-Duc ne peut soustraire un membre du Gouvernement à la responsabilité.»*

Sur le plan politique, la responsabilité du Gouvernement dans son ensemble ou la responsabilité politique d'un ministre peut être engagée par la Chambre des députés[83]. Même en l'absence de disposition constitutionnelle afférente, il est d'usage qu'au cas où la Chambre des députés a refusé la confiance à un ministre ou au Gouvernement dans son ensemble, le ministre ou le Gouvernement présentent leur démission au Grand-Duc.

6.4. LE CONSEIL D'ÉTAT

> Institué par la Constitution «réactionnaire» de 1856 comme conseil de la Couronne pour faire contrepoids à une Chambre des députés trop éprise,

---

83 cf. Paragraphe 6.2.6. *les autres attributions de la Chambre des députés* (voir sous *«confiance de la Chambre»*).

aux yeux du Roi Grand-Duc Guillaume III, d'esprit libéral et de parlementarisme démocratique, le Conseil d'Etat avait une triple mission jusqu'à la réforme intervenue en 1996: 1° émettre un avis sur les projets et propositions de loi, 2° conseiller le pouvoir exécutif en matière réglementaire ainsi que «sur toutes autres questions qui lui seront déférées par le Roi Grand-Duc ou par les lois» et 3° assumer les fonctions de juridiction administrative (fonction déléguée au Comité du contentieux créé en son sein). L'article 76, alinéa 2 de la Constitution de 1856 se présentait comme suit: «*Il y aura, à côté du Gouvernement, un conseil appelé à délibérer sur les projets de loi et les amendements qui pourraient y être proposés, ainsi que sur les contestations concernant la légalité des arrêtés et règlements généraux; à régler les conflits d'attribution et les questions de contentieux administratif; et à donner son avis sur toutes autres questions qui lui seront déférées par le Roi Grand-Duc ou par les lois. – L'organisation de ce conseil et la manière d'exercer ses attributions sont réglées par la loi.*»

Dans l'article correspondant de la Constitution de 1868, la prérogative du Conseil d'Etat de se prononcer sur les contestations concernant la légalité des arrêtés et règlements généraux et à régler les conflits d'attribution a été supprimée.

Les fonctions juridictionnelles en matière de contentieux administratif détenues jusqu'en 1996 par le Conseil d'Etat ont été transférées aux juridictions administratives nouvellement créées lors de la révision constitutionnelle du 12 juillet 1996. Depuis lors, un nouveau chapitre V*bis* est réservé au Conseil d'Etat. Il comporte l'unique article 83*bis*.

Constitution, article 83*bis*: «*Le Conseil d'Etat est appelé à donner son avis sur les projets et propositions de loi et les amendements qui pourraient y être proposés, ainsi que sur toutes autres questions qui lui seront déférées par le Gouvernement ou par les lois. Sur les articles votés par la Chambre conformément à l'article 65, il émet son avis dans le délai fixé par la loi.*
L'organisation du Conseil d'Etat et la manière d'exercer ses attributions sont réglées par la loi.»

6.4.1. le Conseil d'Etat, organe consultatif en matière législative et réglementaire

Aux termes de l'article 83*bis* de la Constitution, le Conseil d'Etat est un organe consultatif, qui donne son avis sur tous les projets de loi et les propositions de loi ainsi que sur tous les amendements proposés auxdits projets et propositions.

En vertu de la loi du 12 juillet 1996 portant réforme du Conseil d'Etat (art. 2(1)), les projets de règlement grand-ducal sont également soumis à son avis, sauf les cas d'urgence à apprécier par le Grand-Duc.

En résumé, le Conseil d'Etat est appelé à émettre un avis sur les actes suivants:

- les projets de loi initiés par le Gouvernement, et les propositions de loi introduites par les députés;
- les amendements apportés audits projets et propositions de loi;
- les projets de règlements grand-ducaux (sauf ceux adoptés selon la procédure d'urgence) et les amendements y relatifs.

Depuis le 1er janvier 2009, ce ne sont plus seulement les avis du Conseil d'Etat relatifs aux projets de loi qui sont publiés comme documents parlementaires, mais les avis rendus au sujet de projets de règlements ou d'arrêtés grand-ducaux sont dorénavant également librement accessibles au public.

> En outre, selon l'article 83*bis* de la Constitution, le Gouvernement peut saisir le Conseil d'Etat de toutes autres questions, et l'article 3 de la loi du 12 juillet 1996 retient qu'en particulier *«Le Gouvernement, avant de soumettre au Conseil d'Etat un projet de loi ou de règlement, peut demander son avis sur le principe»*. *«De son côté, le Conseil d'Etat peut appeler l'attention du Gouvernement sur l'opportunité de nouvelles lois ou de nouveaux règlements ou de modifications à introduire dans les lois et règlements existants.»*
>
> En pratique, les possibilités offertes par l'article 3 de la loi précitée de 1996 sont peu utilisées.

En principe, le Conseil d'Etat n'est tenu par aucun délai pour émettre son avis, sauf l'hypothèse prévue à l'article 65 de la Constitution.

Constitution, article 65, alinéa 2: *«A la demande de cinq députés au moins, le vote sur l'ensemble de la loi peut être précédé par un vote portant sur un ou plusieurs articles de la loi.»*

Article 83*bis*, alinéa 1er, deuxième phrase: *«Sur les articles votés par la Chambre conformément à l'article 65, [le Conseil d'Etat] émet son avis dans le délai fixé par la loi.»*

> L'article 65 de la Constitution constitue la seule exception à la règle que le Conseil d'Etat dispose librement du temps qu'il juge nécessaire pour émettre ses avis. La Chambre peut en effet, conformément à cet article, procéder, à la demande d'au moins cinq députés, au vote d'un ou de plusieurs articles d'un projet de loi ou d'une proposition de loi avant que le Conseil d'Etat n'ait émis son avis. A compter du jour où ce vote est intervenu, le Conseil d'Etat dispose d'un délai fixé à trois mois par la loi précitée du 12 juillet 1996 pour se prononcer. Faute d'avis dans ce délai, la Chambre peut procéder au vote sur l'ensemble de la loi en projet sans plus attendre l'avis afférent du Conseil d'Etat (cf. article 2(4) de ladite loi)[84]. Ce mécanisme peut jouer en particulier en vue de l'adoption d'un amendement au cours de la procédure de votation de ce qu'il est convenu d'appeler «texte adopté en première lecture».

6.4.2. l'intervention du Conseil d'Etat en matière de dispense du second vote constitutionnel

Aux termes de l'article 59, toutes les lois sont soumises à un second vote qui intervient à un intervalle d'au moins trois mois du premier vote, à moins que la Chambre des députés et le Conseil d'Etat ne soient d'accord pour dispenser la loi votée de ce second vote[85].

Contrairement à ses autres attributions qui ont un caractère purement consultatif, l'article 59 de la Constitution confère au Conseil d'Etat un vrai pouvoir décisionnel dans le cadre du processus législatif. En effet, le refus du Conseil d'Etat d'accorder la dispense du second vote a un effet suspensif d'au moins trois mois et oblige la Chambre à procéder au terme de ce délai à un deuxième vote si elle entend adopter le projet de loi concerné. C'est dès lors à bon escient que l'article 59 fait partie du Chapitre IV. – *De la Chambre des Députés* et non du Chapitre V*bis*. – *Du Conseil d'Etat*.

L'initiative en matière de dispense du second vote constitutionnel appartient à la Chambre des députés. Le Conseil d'Etat n'est appelé à y donner son accord que par après.

En fait, la Chambre décide régulièrement, tout de suite après le vote d'une nouvelle loi, qu'il n'y a pas lieu à second vote. Cette pratique est parfaitement en ligne avec la Constitution. Même si, tout comme la Chambre des députés, le Conseil d'Etat n'est pas limité dans son pouvoir d'appréciation quant à son

---

84   cf. Paragraphe 6.2.5. *l'exercice de la fonction législative* (voir sous «*conditions de l'article 65*»).
85   cf. Paragraphe 6.2.5. *la procédure législative* (voir sous «*le Conseil d'Etat peut assortir ses observations d'une opposition formelle*»).

accord ou non de dispenser du second vote constitutionnel une loi votée une première fois, décision qu'il n'est d'ailleurs pas obligé de motiver, il a en général pris l'habitude de suivre la Chambre.

Toutefois, s'il estime une disposition d'un projet ou d'une proposition de loi contraire à la Constitution, aux traités internationaux auxquels le Luxembourg est partie, ou, plus rarement, aux principes généraux du droit, il en fait état dans son avis. Et il souligne le problème en annonçant qu'il refusera la dispense du second vote, si la Chambre des députés ne donne pas suite à ses observations quant au point critiqué qu'il a assorti d'une «opposition formelle»[86]. Ce procédé vise à prévenir la Chambre d'un refus de dispense qui interviendra s'il n'est pas tenu compte de la considération afférente jugée essentielle par le Conseil d'Etat.

> Lors de la séance académique du 27 novembre 2006, dans le cadre de la célébration officielle du 150e anniversaire du Conseil d'Etat, son président avait mis en exergue la situation insatisfaisante en la matière due au fossé qui sépare la Constitution écrite et la Constitution vécue:[87]
>
> *«En général, mais pas obligatoirement, la décision du Conseil d'Etat de refuser son accord à une démarche initiée par la Chambre des députés à l'effet de la dispense du second vote constitutionnel est précédée par une «opposition formelle» fondée sur des motifs communément tirés de l'article 2, paragraphe (2) de sa loi organique de 1996.*
>
> *Cette situation est en fait loin d'être satisfaisante. Elle est source de malentendus et de conflits et elle n'est certainement pas de nature à faciliter le rôle, en lui-même déjà passablement délicat, des différentes institutions impliquées dans la procédure législative.*
>
> *Certes, le Conseil d'Etat s'évertue à motiver ses «oppositions formelles», mais il manque quelque part un élément procédural permettant de les désamorcer plus facilement si tel était le désir de la Chambre des députés confrontée au risque d'un refus d'accord de dispense du second vote constitutionnel. Fait défaut en quelque sorte une voie, institutionnalisée ou non, de contact ou de dialogue entre les deux organes visés par l'article 59 de la Constitution permettant d'élucider les zones d'ombre pouvant persister au terme de la phase de consultation. Les enjeux valent la peine d'y réfléchir.»*

---

86 Dans sa séance publique du 4 mars 2008, le Conseil d'Etat a dérogé à cette règle en refusant d'accorder la dispense du second vote prévu par l'article 59 de la Constitution tant à la proposition de loi sur le droit de mourir en dignité (doc. parl. n° 4909) qu'au projet de loi relatif aux soins palliatifs, à la directive anticipée et à l'accompagnement en fin de vie (doc. parl. n° 5584) au motif que *«la proposition de loi susmentionnée est, sous sa forme actuelle, incompatible avec le projet de loi»*.

87 cf. Pierre Mores, Discours du président du Conseil d'Etat à l'occasion de la célébration officielle du 150e anniversaire du Conseil d'Etat (1856–2006), le 27 novembre 2006.

> Pour le moins, on devrait pouvoir s'attendre à ce que la Chambre prenne une nouvelle fois position sur les problèmes juridiques à la base du refus de la dispense par le Conseil d'Etat dans un rapport complémentaire précédant son second vote constitutionnel.

Normalement la Chambre suit le Conseil d'Etat sur les points assortis d'une opposition formelle. Les lois votées une première fois par la Chambre qui ne bénéficient pas de la dispense du second vote sont donc plutôt rares.

Quant à la nature du second vote constitutionnel, l'article 59 de la Constitution omet de préciser, comme le fait l'article 114 en matière d'adoption des révisions constitutionnelles, que les deux votes successifs doivent porter sur un texte identique, et que le projet soumis une deuxième fois au vote de la Chambre doive être adopté dans les mêmes termes que lors du premier vote intervenu au moins trois mois auparavant.

> Que se passe-t-il si la Chambre modifie un projet de loi qu'elle a voté une première fois et pour lequel le Conseil d'Etat a refusé la dispense du second vote constitutionnel?
>
> La Chambre est en droit d'amender les lois votées tant que celles-ci n'ont pas été soumises à la promulgation par le Grand-Duc. Après un refus de dispense de la part du Conseil d'Etat, elle a la possibilité soit de ne pas amender le projet de loi voté une première fois et de procéder au second vote après trois mois, soit de renoncer à poursuivre la procédure législative et de retirer le projet de son rôle, soit de l'amender.
>
> Dans la troisième hypothèse, il s'agit d'un texte amendé requérant un nouvel avis du Conseil d'Etat. En effet, admettre le contraire équivaudrait à accepter la possibilité de l'adoption de dispositions légales, celles introduites dans le cadre des modifications apportées au texte légal après le refus de dispense, par un seul vote parlementaire, sans que la procédure de dispense ait pu jouer.
>
> Au cas où le Conseil d'Etat a refusé la dispense du second vote à un projet de loi, la Chambre doit donc adopter le texte dans des termes identiques lors de son deuxième vote, avant que la loi ne soit promulguée. Par contre, tout amendement intervenant après le premier vote parlementaire d'un projet de loi, qui n'a pas bénéficié de la dispense, emporte l'obligation de soumettre de nouveau l'ensemble du projet à la procédure du double vote constitutionnel, à moins qu'après un nouveau premier vote de la Chambre, celle-ci ne soit d'accord, suivie par le Conseil d'Etat, pour dispenser le texte du second vote.

> Par ailleurs, le nombre de suffrages que le projet de loi a recueillis lors des différents votes n'est pas pertinent tant que les quorums prévus respectivement aux articles 62 et 114, alinéa 2 de la Constitution sont atteints.

Comme le Grand-Duc est censé promulguer les lois avant l'expiration des trois mois qui suivent le vote de la Chambre des députés, le Conseil d'Etat n'est pas en droit de tarder à faire connaître sa décision relative à la dispense du second vote constitutionnel.

La séance dans laquelle le Conseil d'Etat délibère sur la dispense à accorder à une loi votée par la Chambre est publique, contrairement à ses autres réunions de travail (cf. article 59 de la Constitution).

6.4.3. l'organisation du Conseil d'Etat

Sans préjudice de la prérogative du Grand-Duc de nommer un ou plusieurs membres de sa famille en surnombre, le Conseil d'Etat est composé de 21 membres nommés par le Grand-Duc et proposés à tour de rôle par la Chambre des députés, le Gouvernement et le Conseil d'Etat lui-même (cooptation). 11 au moins des 21 membres doivent avoir une formation de juriste.

> Le conseiller d'Etat se voit confier un mandat unique (qui n'est pas renouvelable) d'une durée de 15 ans. La longueur relativement importante du mandat est censée contribuer à garantir la maturité des avis, fondés sur l'expérience acquise par les membres au fil de leur participation aux travaux de l'institution. Elle assure par ailleurs l'indépendance des conseillers d'Etat, *a priori* libérés de toute allégeance et d'autres contraintes vis-à-vis des autres institutions susceptibles d'intervenir, s'il en était autrement, dans la reconduction de leur mandat.

Les mandats de membre du Conseil d'Etat sont réservés aux Luxembourgeois, qui doivent être âgés de trente ans accomplis, et ils sont incompatibles avec celui de député ou de membre du Gouvernement.

Le Grand-Duc peut nommer au Conseil d'Etat un ou plusieurs membres de la famille régnante, qui ne sont pas compris dans le nombre de 21 conseillers fixé par l'article 4 de la loi organique du 12 juillet 1996, et dont le mandat n'est d'ailleurs pas limité à une durée de 15 ans.

> Actuellement, le Grand-Duc héritier est membre du Conseil d'Etat.

6.5. LES COURS ET TRIBUNAUX

Le pouvoir judiciaire est exercé par les cours et tribunaux. Les cours et tribunaux *«rendent la justice»*, en résolvant les litiges et en assurant la sanction du droit.

Nous avons vu aux chapitres 2[88] et 5[89] que, hormis plusieurs dispositions reprises au Chapitre II. – *Des libertés publiques et des droits fondamentaux* de la Constitution, l'article 49 a trait au pouvoir judiciaire. Cet article dispose notamment que la justice est rendue au nom du Grand-Duc par les cours et tribunaux.

Le Chapitre VI. – *De la Justice*, qui comprend les articles 84 à 95*ter*, a trait à l'organisation de la justice.

6.5.1. l'organisation judiciaire

En vertu de la Constitution, la compétence juridictionnelle de droit commun revient aux juridictions de l'ordre judiciaire. Le contentieux administratif est du ressort des juridictions administratives. La Cour constitutionnelle statue sur la conformité des lois à la Constitution.

Par ailleurs, l'article 86 de la Constitution fait de l'organisation de la justice une matière réservée à la loi.

> Constitution, article 86: *«Nul tribunal, nulle juridiction contentieuse ne peut être établi qu'en vertu d'une loi. Il ne peut être créé de commissions ni de tribunaux extraordinaires, sous quelque dénomination que ce soit.»*
> article 87: *«Il est pourvu par une loi à l'organisation d'une Cour supérieure de justice.»*

Les juridictions de l'ordre judiciaire sont compétentes en matière civile, en matière pénale ainsi qu'en matière de contestations ayant pour objet des droits politiques. En outre, en vertu de l'article 95, deuxième phrase, la Cour supérieure de justice règle les conflits d'attribution.

> Constitution, article 84: *«Les contestations qui ont pour objet des droits civils, sont exclusivement du ressort des tribunaux.»*

---

[88] cf. Paragraphe 2.4.3. *le pouvoir judiciaire*.
[89] cf. Paragraphe 5.3.2. *la garantie de la liberté individuelle*.

> article 85: «*Les contestations qui ont pour objet des droits politiques, sont du ressort des tribunaux, sauf les exceptions établies par la loi.*»
> article 95, deuxième phrase: «*La Cour supérieure de justice réglera les conflits d'attribution d'après le mode déterminé par la loi.*»

Les justices de paix forment le premier échelon de la hiérarchie des juridictions de l'ordre judiciaire. En matière pénale, elles font fonction de juge de police. En matière de juridictions du travail de première instance, le juge de paix préside aussi le tribunal de travail. L'organisation judiciaire prévoit trois justices de paix, avec siège respectivement à Luxembourg, Diekirch et Esch-sur-Alzette.

Les tribunaux d'arrondissement siègent en matière civile, commerciale et pénale. Ils connaissent également des appels contre les jugements rendus en première instance par les justices de paix. Il y a un tribunal d'arrondissement à Luxembourg et un autre à Diekirch.

La Cour supérieure de justice fonctionne comme cour d'appel pour connaître en deuxième instance des affaires plaidées devant les tribunaux d'arrondissement, d'une part, et comme cour de cassation, d'autre part.

L'article 94 de la Constitution a trait aux juridictions militaires et aux juridictions en matière de travail et d'assurances sociales qui, en raison de l'endroit de leur mention dans la Constitution, font partie de l'ordre judiciaire.

> Constitution, article 94: «*Des lois particulières règlent l'organisation des tribunaux militaires, leurs attributions, les droits et obligations des membres de ces tribunaux, et la durée de leurs fonctions.*
> *La loi règle aussi l'organisation des juridictions du travail et des juridictions en matière d'assurances sociales, leurs attributions, le mode de nomination de leurs membres et la durée des fonctions de ces derniers.*»

Les juridictions administratives comprennent également deux degrés, le tribunal administratif et la Cour administrative.

> Constitution, article 95*bis*: «*(1) Le contentieux administratif est du ressort du tribunal administratif et de la Cour administrative. Ces juridictions connaissent du contentieux fiscal dans les cas et sous les conditions à déterminer par la loi.*
> *(2) La loi peut créer d'autres juridictions administratives.*
> *(3) La Cour administrative constitue la juridiction suprême de l'ordre administratif.* …»

> En première instance, les affaires du contentieux administratif (et, dans des cas particuliers, du contentieux fiscal) sont du ressort du tribunal administratif. La Cour administrative constitue l'instance d'appel contre les jugements rendus en première instance par le tribunal administratif.
>
> En matière de contentieux administratif, il n'y a pas de cassation.

La Cour constitutionnelle statue, à titre préjudiciel, sur la conformité des lois à la Constitution. En font exception les lois portant approbation de traités internationaux. Le terme «loi» est à prendre dans son acception formelle. La Cour constitutionnelle ne saurait donc apprécier directement la conformité d'une norme infra-légale.[90]

> *«... la Cour constitutionnelle est seule compétente pour se prononcer sur la constitutionnalité des lois dans le cadre et suivant la procédure découlant de l'article 95ter de la Constitution et de la loi du 27 juillet 1997 alors que les juridictions administratives, saisies comme en l'espèce d'un recours en annulation contre une décision à caractère réglementaire, sont habilitées et obligées de contrôler la légalité de l'acte déféré, y compris sa conformité à la Constitution.»*
>
> CA, 13 février 2007, 21763C et 21768C

Constitution, article 95*ter*: «*(1) La Cour Constitutionnelle statue, par voie d'arrêt, sur la conformité des lois à la Constitution.*
(2) La Cour Constitutionnelle est saisie, à titre préjudiciel, suivant les modalités à déterminer par la loi, par toute juridiction pour statuer sur la conformité des lois, à l'exception des lois portant approbation de traités, à la Constitution.
(3) ...
(4) L'organisation de la Cour Constitutionnelle et la manière d'exercer ses attributions sont réglées par la loi.»

> Au regard du libellé de l'article 95*ter*(1), la prérogative du juge constitutionnel apparaît comme englobant le contrôle de la conformité tant du contenu que de la régularité de la procédure d'adoption de la loi à la Constitution.[91]

---

90 Le Conseil d'Etat, Gardien de la Constitution et des Droits et Libertés fondamentaux, Commentaire de la Constitution luxembourgeoise article par article, p. 326.
91 cf. Paragraphe 6.1.3. *le Grand-Duc, chef de l'exécutif* (voir sous *«le Grand-Duc promulgue les lois»*).

> La Cour constitutionnelle est composée du président de la Cour supérieure de justice (qui la préside), du président de la Cour administrative, de deux conseillers à la Cour de cassation et de cinq autres magistrats proposés conjointement par la Cour supérieure de justice et par la Cour administrative.
>
> La jurisprudence de la Cour constitutionnelle apparaît comme privilégiant une interprétation littérale de la Loi fondamentale, en s'abstenant de toute prise en compte d'autres sources du droit susceptibles de transfigurer le sens premier des dispositions constitutionnelles.
>
> Or, en vérifiant la conformité constitutionnelle d'une disposition légale, la Cour intervient forcément dans les choix politiques exprimés dans le vote parlementaire ayant porté sur l'adoption de la loi en question, surtout lorsque la Cour conclut à l'inconstitutionnalité de la disposition qui lui est soumise. La commission des Institutions et de la Révision constitutionnelle de la Chambre des députés était pleinement consciente de cet état, puisqu'elle en a fait mention dans son rapport du 13 juin 1996, en retenant que, dans ces conditions, «*Le constituant et le législateur pourront toujours modifier les textes se trouvant à la base de la décision de justice constitutionnelle*» [92].
>
> Il faut pourtant constater que ni le Constituant ni le législateur ne sont juridiquement obligés de donner suite aux arrêts de la Cour constitutionnelle en adaptant la loi jugée non conforme à la Constitution, sinon en modifiant la norme constitutionnelle.
>
> Par contre, tant la juridiction qui a posé la question préjudicielle que toutes les autres juridictions appelées à statuer dans la même affaire doivent se conformer à l'arrêt rendu en vue de la solution du litige dont elles se trouvent saisies.
>
> Dans les 30 jours après le prononcé, l'arrêt est publié dans le Recueil de législation du Mémorial.

Les articles 86 et 87, pour ce qui est des juridictions de l'ordre judiciaire, et les articles 95*bis* et 95*ter*, pour ce qui est des juridictions administratives et de la Cour constitutionnelle, réservent à la loi l'organisation et le fonctionnement des différentes juridictions.

> L'organisation et le fonctionnement des différentes juridictions sont régis notamment par:
>
> ■ la loi modifiée du 7 mars 1980 sur l'organisation judiciaire;

---

[92] Doc. parl. n° 4153[3].

- la loi modifiée du 7 novembre 1996 portant organisation des juridictions de l'ordre administratif et la loi modifiée du 21 juin 1999 portant règlement de procédure devant les juridictions administratives;
- la loi du 27 juillet 1996 portant organisation d'une Cour Constitutionnelle.

Conformément à l'article 94 de la Constitution, l'organisation des tribunaux militaires, des juridictions du travail et en matière d'assurances sociales constitue également une matière réservée à la loi.

Plusieurs traités, auxquels le Luxembourg est partie, ont retenu l'institution d'instances judiciaires supranationales, dont la juridiction s'applique également à l'Etat luxembourgeois et à ses ressortissants.

La Cour de justice des Communautés européennes et le Tribunal de première instance, ayant leur siège à Luxembourg, ainsi que les autres juridictions créées (cf. le tribunal de la fonction publique de l'Union européenne) ou pouvant être créées en vertu de l'article 225A du Traité instituant la Communauté européenne, sont compétents pour assurer le respect du droit communautaire dans l'interprétation et l'application des traités de base de l'Union européenne. Les violations des traités par une institution communautaire ouvrent un droit de recours devant les juridictions communautaires aux autres institutions, aux Etats membres ainsi qu'aux particuliers, personnes physiques ou morales (si ceux-ci sont directement et individuellement concernés par l'acte communautaire incriminé). Le justiciable a en outre la possibilité de soulever devant une juridiction d'un Etat membre toute question ayant trait à l'interprétation des traités ou à la validité et à l'interprétation des actes posés par les institutions communautaires en exécution desdits traités. Si la juridiction nationale estime qu'une décision est nécessaire sur ce point pour rendre son jugement, elle en saisit la Cour de justice des Communautés européennes à titre préjudiciel; cette saisine est de droit, si la décision judiciaire nationale à intervenir est rendue en dernière instance.

Les décisions des juridictions communautaires ont force exécutoire. Les autorités nationales sont compétentes pour assurer, s'il y a lieu, l'exécution forcée de ces décisions, et il appartient aux juridictions nationales de contrôler la régularité des mesures d'exécution prises.

En vue d'assurer le respect des droits et libertés qu'elle a reconnus, la Convention de sauvegarde des droits de l'Homme et des libertés fondamentales a institué la Cour européenne des droits de l'Homme, qui a son siège à Strasbourg. En vertu de l'article 34 de la Convention, toute personne physique, toute organisation non gouvernementale et tout groupe de particuliers, qui se prétend victime d'une violation desdits droits par une des parties contractantes, peut saisir la Cour, à condition d'avoir épuisé les voies de recours internes dans l'Etat concerné, et d'introduire son recours dans les six mois après que la décision interne est devenue définitive. Les violations concernées peuvent tout aussi bien viser des décisions administratives ou judiciaires que des normes législatives ou réglementaires. Les arrêts rendus par la Cour ont force obligatoire; les parties contractantes sont tenues de les exécuter sous la surveillance du Conseil des Ministres du Conseil de l'Europe.

Enfin, l'article 118 de la Constitution retient que «***Les dispositions de la Constitution ne font pas obstacle à l'approbation du Statut de la Cour Pénale Internationale, fait à Rome, le 17 juillet 1998, et à l'exécution des obligations en découlant dans les conditions prévues par ledit Statut***». La Cour Pénale Internationale, qui a son siège à La Haye, est une juridiction permanente et indépendante, appelée à connaître des crimes qui par leur gravité touchent l'ensemble de la communauté internationale (génocides, crimes contre l'humanité, crimes d'agression, crimes de guerre). Son institution constitue une importante avancée de la protection internationale des droits de l'Homme, puisqu'elle rompt avec la vue traditionnelle selon laquelle la justice répressive relève de la compétence exclusive des Etats souverains. L'article 118 de la Constitution, dans la version introduite par la révision du 8 août 2000, s'est avéré nécessaire pour éviter des incompatibilités entre le Statut de la Cour Pénale Internationale et diverses dispositions de la Constitution, dont notamment l'article 4 relatif à l'inviolabilité du Grand-Duc, les articles 68 et 69 sur l'immunité des députés et les articles 82 et 116 ayant trait à la responsabilité pénale des Ministres.

6.5.2. les garanties offertes aux justiciables

En vertu du principe de la séparation des pouvoirs[93], la justice doit fonctionner de façon indépendante des autres pouvoirs institutionnels, sans être de son côté autorisée à interférer dans le domaine d'action de ces pouvoirs.

Les principes destinés à assurer l'indépendance de la justice sont pour la plupart repris dans la Constitution[94]. D'autres aspects de cette garantie peuvent être déduits de la loi ordinaire.

---

93 cf. Section 2.4. *la séparation des pouvoirs.*
94 cf. Paragraphes 2.4.3. *le pouvoir judiciaire* et 5.3.2. *la garantie de la liberté individuelle.*

Afin de garantir l'égalité des citoyens devant la justice et la légalité des sentences rendues, la Constitution prévoit dans ses articles 88 et 89 que tant les audiences que le prononcé des décisions sont publics. En outre, les jugements doivent être motivés.

La motivation des décisions en garantit l'objectivité, car elle permet de soumettre au contrôle du public les jugements rendus et de faire vérifier par le juge d'appel si la juridiction ayant statué en première instance a justement apprécié les faits et correctement appliqué le droit. Elle permet encore aux juges de cassation de vérifier si les juges de première ou de deuxième instance ont correctement appliqué le droit.

> «*L'obligation de motiver les décisions judiciaires, qui est générale et d'ordre public, autorise toutefois les juges d'appel, qui estiment devoir maintenir la décision des premiers juges précisément pour les motifs énoncés dans leur jugement, d'adopter ces motifs, soit purement et simplement, soit en y ajoutant des motifs propres.*»
>
> Cass., 25 mars 1982, *Pas.* 25, p. 252

La publicité des procès assure par ailleurs, ensemble avec le caractère contradictoire des procédures, la transparence et la juste prise en compte des intérêts en cause. La seule exception à la publicité tient au caractère dommageable d'un procès pour l'ordre public ou les bonnes mœurs, motifs pour lesquels une juridiction peut appliquer le huis clos; ce huis clos est décidé dans la forme d'un jugement. Le prononcé de la décision a toujours lieu lors d'une audience publique.

L'institution des voies de recours, qui permet d'attaquer devant une instance supérieure une décision de justice rendue en première instance, constitue une autre garantie pour le justiciable.

Enfin, selon l'article 6 de la Convention de sauvegarde des droits de l'Homme et des libertés fondamentales, le justiciable a droit à un procès équitable, qui a lieu dans un délai raisonnable, devant une juridiction indépendante et impartiale[95].

> Constitution, article 88: «*Les audiences des tribunaux sont publiques, à moins que cette publicité ne soit dangereuse pour l'ordre ou les mœurs, et, dans ce cas, le tribunal le déclare par un jugement.*»
> article 89: «*Tout jugement est motivé. Il est prononcé en audience publique.*»

---

95   cf. Paragraphe 5.3.2. *la garantie de la liberté individuelle* (voir sous «*droit à un procès équitable*»).

L'impartialité des juges est assurée entre autre par l'interdiction faite à tout magistrat de connaître en instance d'appel d'une affaire s'il a concouru au jugement rendu en première instance.

Tant la Constitution (cf. article 54, paragraphe 1er) que la loi ordinaire prévoient de nombreuses incompatibilités liées aux fonctions de magistrat. Est ainsi interdit le cumul des fonctions judiciaires avec une fonction salariée publique ou privée, avec les fonctions de notaire, d'huissier de justice ou d'avocat (sauf si l'avocat est appelé aux fonctions de juge suppléant), avec le mandat de député ou avec l'état de militaire ou un ministère ecclésiastique. Les magistrats ne peuvent pas non plus vaquer à des affaires commerciales ou participer à la gestion d'une société ou d'un établissement industriel ou financier. En outre, ils ne peuvent pas siéger dans des affaires où des parents ou alliés sont parties ou mandataires de parties.

L'indépendance de la justice est fondée tant sur la procédure de nomination des magistrats que sur leur statut et leur inamovibilité.

Les juges du tribunal d'arrondissement et du tribunal administratif ainsi que les juges de paix sont nommés directement par le Grand-Duc, à l'instar de la procédure de droit commun prévue à l'article 35 de la Constitution pour la nomination des fonctionnaires à des «emplois civils et militaires», sachant qu'en vertu des errements administratifs en vigueur, cette nomination intervient sur initiative du ministre de la Justice et sur proposition du Gouvernement.

Par contre, la nomination par le Grand-Duc des conseillers de la Cour supérieure de justice et de la Cour administrative ainsi que des présidents et vice-présidents des tribunaux d'arrondissement et du tribunal administratif requiert l'avis préalable respectivement de la Cour supérieure ou de la Cour administrative. Il en est de même de la nomination des membres de la Cour constitutionnelle.

Ces règles font l'objet des articles 90, 95*bis*(5) et 95*ter*(3) de la Constitution.

> Constitution, article 90: «*Les juges de paix et les juges des tribunaux sont directement nommés par le Grand-Duc. – Les conseillers de la Cour et les présidents et vice-présidents des tribunaux d'arrondissement sont nommés par le Grand-Duc, sur l'avis de la Cour supérieure de justice.*»
>
> article 95*bis*(5): «*Les magistrats de la Cour administrative et du tribunal administratif sont nommés par le Grand-Duc. La nomination des membres de la Cour administrative ainsi que des président et vice-présidents du tribunal administratif se fait, sauf en ce qui concerne les premières nominations, sur avis de la Cour administrative.*»

> article 95ter(3): «*La Cour Constitutionnelle est composée du Président de la Cour Supérieure de Justice, du Président de la Cour administrative, de deux conseillers à la Cour de Cassation et de cinq magistrats nommés par le Grand-Duc, sur l'avis conjoint de la Cour Supérieure de Justice et de la Cour administrative ...*»

Le statut des magistrats reflète également le souci de garantir leur indépendance. La fixation du traitement des magistrats par la loi empêche le pouvoir exécutif d'influer sur leur travail par une quelconque pression financière. Ce souci est encore souligné par l'article 93 qui interdit aux magistrats d'accepter de la part du Gouvernement des activités rémunérées, sauf les exceptions prévues par la loi.

Nous avons vu que parmi les nombreuses incompatibilités constitutionnelles et légales liées à la fonction de magistrat figure aussi celle avec le mandat de député. Cette incompatibilité est une *condicio sine qua non* parmi d'autres de l'indépendance de la justice par rapport au pouvoir législatif.

> Constitution, article 92: «*Les traitements des membres de l'ordre judiciaire sont fixés par la loi.*»
> article 93: «*Sauf les cas d'exception prévus par la loi, aucun juge ne peut accepter du Gouvernement des fonctions salariées, à moins qu'il ne les exerce gratuitement, sans préjudice toutefois aux cas d'incompatibilité déterminés par la loi.*»
> article 54(1): «*Le mandat du député est incompatible:*
> (...)
> *3° avec [les fonctions] de magistrat de l'Ordre judiciaire;*».

> Il semble manifeste que lors de la révision constitutionnelle du 12 juillet 1996 ayant introduit l'article 95*bis* relatif aux juridictions administratives, il a été omis d'adapter en conséquence le point 3° de l'article 54(1).

L'inamovibilité des magistrats constitue une autre garantie de leur indépendance. La Constitution prévoit uniquement à cet égard comme exceptions l'infirmité ou encore l'inconduite, tout en prenant soin de réserver à la loi les conditions de suspension, de révocation ou de déplacement susceptibles d'être appliquées en pareille circonstance, et tout en faisant dépendre d'un jugement la prise d'effet d'une telle mesure, en cas d'inconduite.

> Constitution, article 91: «*Les juges de paix, les juges des tribunaux d'arrondissement et les conseillers de la Cour sont inamovibles. – Aucun d'eux*

ne peut être privé de sa place ni être suspendu que par un jugement. – Le déplacement d'un de ces juges ne peut avoir lieu que par une nomination nouvelle et de son consentement.

Toutefois, en cas d'infirmité ou d'inconduite, il peut être suspendu, révoqué ou déplacé, suivant les conditions déterminées par la loi.»

Le principe de la spécialité de la compétence des juridictions interdit à celles-ci d'interférer dans les attributions du pouvoir législatif ou du pouvoir exécutif. L'article 237 du Code pénal punit le juge, qui s'immiscerait dans l'exercice de ces deux pouvoirs en décrétant des dispositions générales[96].

6.5.3. le contrôle des pouvoirs législatif et exécutif par le pouvoir judiciaire

Le contrôle de la constitutionnalité des lois, à l'exception de celles portant approbation de traités, est réservé à la Cour constitutionnelle[97]. Toutefois, toutes les juridictions y participent par la possibilité de saisir la Cour constitutionnelle de questions préjudicielles sur la conformité des lois à la Constitution.

> *«Aux termes de l'article 8 de la loi du 27 juillet 1997 portant organisation de la Cour Constitutionnelle, la question préjudicielle, qui figure au dispositif du jugement, doit indiquer avec précision les dispositions législatives et constitutionnelles sur lesquelles elle porte.*
>
> *A défaut de disposition normative afférente, la Cour Constitutionnelle n'est pas habilitée à substituer une autre règle constitutionnelle à celle précisée par la juridiction de renvoi.»*
>
> Cour constitutionnelle, arrêt 37/06 du 17 novembre 2006

Les juridictions ont l'exclusivité pour saisir la Cour constitutionnelle; celle-ci ne peut cependant pas se saisir elle-même.

> *«L'alinéa (2) de l'article 95ter de la Constitution réserve aux juridictions le droit de saisir à titre préjudiciel la Cour Constitutionnelle suivant les modalités à établir par la loi. Ni la Constitution, ni la loi du 27 juillet 1997*

---

96 cf. Paragraphe 2.4.3. *le pouvoir judiciaire.*
97 La loi du 27 juillet 1997 portant organisation d'une Cour Constitutionnelle règle le fonctionnement de la Cour et les modalités de sa saisine.

> *portant organisation d'une Cour Constitutionnelle ne prévoient la saisine directe de la Cour par une partie, fût-ce à titre d'intervention.»*
>
> Cour constitutionnelle, arrêt 17/02 du 7 mars 2003

> Constitution, article 95*ter*, (1) et (2): «*(1) La Cour Constitutionnelle statue, par voie d'arrêt, sur la conformité des lois à la Constitution.*
> *(2) La Cour Constitutionnelle est saisie, à titre préjudiciel, suivant les modalités à déterminer par la loi, par toute juridiction pour statuer sur la conformité des lois, à l'exception des lois portant approbation de traités, à la Constitution.*»

Les cours et tribunaux contrôlent par ailleurs la légalité des actes réglementaires posés par le pouvoir exécutif et les communes. En effet, selon l'article 95, première phrase de la Constitution, ils n'appliquent les arrêtés et règlements généraux (= règlements grand-ducaux et règlements ministériels) et locaux (= règlements communaux) que si ceux-ci s'avèrent conformes aux lois. Ce «contrôle incident» peut d'ailleurs s'appliquer également aux règlements pris par les organes des professions libérales, dotés d'une personnalité civile, en vertu de l'article 11(6) de la Constitution, ou par les établissements publics dont question à l'article 108*bis*[98].

> «*Aux termes de l'article 95 de la Constitution, les cours et tribunaux n'appliquent les arrêtés et règlements généraux et locaux qu'autant qu'ils sont conformes aux lois. Il en suit qu'il appartient au pouvoir judiciaire d'examiner si la mesure réglementaire qui lui est soumise est, ou n'est pas, contraire à la loi.*»
>
> Cour d'appel, 24 juin 1992, *Pas.* 29, p. 8

> Constitution, article 95, première phrase: «*Les cours et tribunaux n'appliquent les arrêtés et règlements généraux et locaux qu'autant qu'ils sont conformes aux lois.*»

---

[98] Constitution, article 11(6), alinéas 2 et 3: «*En matière d'exercice de la profession libérale [la loi] peut accorder à des organes professionnels dotés de la personnalité civile le pouvoir de prendre des règlements.*
La loi peut soumettre ces règlements à des procédures d'approbation, d'annulation ou de suspension, sans préjudice des attributions des tribunaux judiciaires et administratifs.»
article 108*bis*: «*La loi peut créer des établissements publics, dotés de la personnalité civile, dont elle détermine l'organisation et l'objet. Dans la limite de leur spécialité le pouvoir de prendre des règlements peut leur être accordé par la loi qui peut en outre soumettre ces règlements à l'approbation de l'autorité de tutelle ou même en prévoir l'annulation ou la suspension en cas d'illégalité, sans préjudice des attributions des tribunaux judiciaires ou administratifs.*»

En vertu de la loi du 7 novembre 1996 portant organisation des juridictions de l'ordre administratif, le tribunal administratif et, en instance d'appel, la Cour administrative sont compétents pour *«(statuer) sur les recours dirigés pour incompétence, excès et détournement de pouvoir, violation de la loi ou des formes destinées à protéger les intérêts privés»*:

- contre les décisions administratives (à l'égard desquelles aucun autre recours n'est admissible d'après les lois et règlements – art. 1^{er}(1));
- contre les actes administratifs à caractère réglementaire (quelle que soit l'autorité dont ils émanent – art. 7(1)).

6.6. LES COMMUNES

Cellule de base de la démocratie, *«la commune est l'association naturelle des citoyens habitant une même portion du territoire national et unis par la nécessité de veiller collectivement à la défense d'intérêts locaux communs»*.[99]

Eu égard à l'exiguïté du territoire luxembourgeois, la commune constitue au Luxembourg la seule forme de décentralisation du pouvoir public. Grâce au principe de l'autonomie communale par rapport au pouvoir central (exercé par les institutions étatiques) et fortes de leur prérogative constitutionnelle de gérer leur patrimoine et leurs intérêts propres, les communes constituent un contrepoids réel et nécessaire pour éviter l'omnipotence de l'Etat.

> L'organisation communale remonte à une loi du 24 février 1843 qui n'a été remplacée que par la loi communale modifiée du 13 décembre 1988. Cette dernière traite notamment dans plusieurs chapitres distincts 1° de la division du pays, du territoire de la commune et de son nom, 2° de la composition et des attributions des organes de la commune, 3° de la tutelle administrative, 4° de la comptabilité communale et 5° des formes de collaboration des communes et syndicats de communes.
>
> Relais importants pour assurer la politique d'aménagement du territoire, les communes sont tenues de concevoir leur développement dans le cadre de plans d'aménagement généraux et particuliers en application des exigences de la loi modifiée du 19 juillet 2004 concernant l'aménagement communal et le développement urbain.

---

99 Pierre Majerus, Principes élémentaires du droit public luxembourgeois, p. 330.

> Les législations en matière de protection de la nature, d'autorisation d'établissements dangereux, d'état civil, de réglementation routière … confèrent aux communes d'autres tâches et prérogatives.

6.6.1. l'autonomie communale

Le principe de l'autonomie communale est inscrit à l'article 107(1) de la Constitution.

> Constitution, article 107(1): «*Les communes forment des collectivités autonomes, à base territoriale, possédant la personnalité juridique et gérant par leurs organes leur patrimoine et leurs intérêts propres.*»

> «*Le principe de l'autonomie communale inscrit à l'article 107(1) de la Constitution se trouve encore consacré par la Charte européenne de l'autonomie locale, signée à Strasbourg le 15 octobre 1985, et approuvée par la loi du 18 mars 1987.*
>
> *Suivant l'article 2 de la Charte, ‹le principe de l'autonomie locale doit être reconnu dans la législation interne et, autant que possible, dans la Constitution›.*
>
> *Il suit de l'article 2 de la Charte européenne de l'autonomie locale, ensemble avec l'article 107 de la Constitution, que l'autonomie de la commune est la règle, tandis que la soumission au contrôle de l'autorité supérieure constitue l'exception (cf. CA, 11 décembre 2001 (n° 13407C), Pas. adm., V° Communes n° 7, page 115).*
>
> *…*
>
> *En relais du principe de l'autonomie communale, le paragraphe 1 dudit article 8 prévoit que ‹tout contrôle administratif sur les collectivités locales ne peut être exercé que selon les formes et dans les cas prévus par la Constitution ou par la loi›.*
>
> *Suivant le paragraphe 2 du même article 8, ‹tout contrôle administratif des actes des collectivités locales ne doit normalement viser qu'à assurer le respect de la légalité et des principes constitutionnels›.*»
>
> CA, 22 mars 2007, 22256C

Selon l'article 3, paragraphe 1er, de la Charte européenne de l'autonomie locale signée à Strasbourg, le 15 octobre 1985, et approuvée par la loi du 18 mars 1987, on entend par autonomie locale «*le droit et la capacité effective pour les collectivités locales de régler et de gérer, dans le cadre de la loi, sous leur pro-*

pre responsabilité et au profit de leurs populations, une part importante des affaires publiques».

L'autonomie communale est caractérisée par la prérogative des habitants de la commune d'élire leurs représentants appelés à composer les organes chargés d'exercer l'autorité sur le territoire communal et à gérer les affaires locales, dont notamment le patrimoine et les intérêts propres de la commune.

Elle s'avère une règle de bonne administration. En effet, des pouvoirs locaux investis de responsabilités effectives permettent une administration à la fois efficace et proche des citoyens, surtout que les communes bénéficient normalement auprès de leurs populations de la confiance et de l'appréciation utiles pour exercer leurs missions.

La commune est une personne morale de droit public; sa personnalité juridique lui permet de posséder et gérer un patrimoine propre, d'acquérir des droits, de contracter des obligations et de plaider en justice.

Les impôts et les taxes communaux (impôt commercial communal, impôt foncier et taxes diverses) revêtent un intérêt particulier pour assurer cette autonomie, car ils permettent aux autorités locales de se doter des moyens requis pour couvrir les dépenses générales du budget communal et pour financer les services publics rentrant dans leurs attributions. En outre, elles bénéficient d'une participation au produit de certains impôts et taxes prélevés par l'Etat. Enfin, les communes se voient allouer une contribution étatique, dont le taux est normalement fixé par la loi, en relation avec certains de leurs investissements (bâtiments scolaires, équipements sportifs, infrastructures tenant à la gestion de l'eau ou à l'élimination des déchets, …).

Le conseil communal détient le pouvoir fiscal.

Les exigences constitutionnelles qui s'appliquent à la fiscalité étatique valent également pour les impositions communales.

Constitution, article 99, huitième et neuvième phrases: «*Aucune charge, aucune imposition communale ne peut être établie que du consentement du conseil communal. – La loi détermine les exceptions dont l'expérience démontrera la nécessité relativement aux impositions communales.*»
article 102: «*Hors les cas formellement exceptés par la loi aucune rétribution ne peut être exigée des citoyens ou des établissements publics qu'à titre d'impôt au profit de l'Etat ou de la commune.*»
article 107(3), troisième phrase: «*[Le conseil communal] peut établir des impositions communales, sous l'approbation du Grand-Duc.*»

Selon la jurisprudence, le pouvoir fiscal communal s'étend sur l'ensemble des attributions réservées par l'article 107(1) de la Constitution aux communes.

> *« Sauf disposition légale contraire, les conseils communaux ont, en principe, conformément aux articles 99 et 102 de la Constitution, la faculté d'établir les impôts municipaux qu'ils veulent, s'il n'est pas porté atteinte à la règle de l'égalité devant l'impôt édictée par l'art. 101 de la Constitution. »*
>
> Cour, 25 juillet 1933, *Pas.* 13, p. 45

> *« S'il est vrai que le pouvoir fiscal des communes peut s'étendre à toutes les matières dans lesquelles les conseils communaux jugent utile d'établir une taxe, l'établissement des impôts doit observer le principe de l'égalité des citoyens devant l'impôt et ne peut se faire que sous l'observation des formes portées par la Constitution et par la loi. »*
>
> CA, 17 mars 1998 (10049C)

Par ailleurs, les juridictions administratives ont établi la différence entre taxes rémunératoires et impôts communaux proprement dits.

> *« La taxe rémunératoire est établie pour rémunérer un service rendu et obligatoire et peut tantôt constituer un impôt, tantôt être une taxe de remboursement. Les taxes rémunératoires sont en effet celles qui sont perçues à raison d'un avantage spécial que l'on retire de la chose publique ou de l'usage du domaine communal ou encore en tant que rémunération d'un service rendu et se distinguant à cet égard des taxes proprement dites qui sont destinées à couvrir les dépenses générales du budget. Aussi une taxe rémunératoire peut-elle être, à sa base, soit une taxe de quotité, auquel cas sa recette pourra dépasser le coût des dépenses engagées par la commune, soit une taxe de répartition ou de remboursement dont les recettes correspondront au montant des dépenses effectuées. »*
>
> CA, 9 novembre 2000 (11887C)

L'autonomie que la Constitution a conférée aux communes permet à celles-ci de s'associer avec d'autres communes en vue de la gestion commune « d'œuvres ou de services d'intérêt communal ».

> La possibilité de gérer certaines missions publiques de façon plus rationnelle s'organise au sein de syndicats que les communes intéressées peuvent constituer à deux ou à plusieurs dans le cadre tracé par la loi du 23 février 2001 concernant les syndicats de communes. Les syndicats intercommunaux

peuvent être créés en vue de la réalisation d'un objet précis (par exemple, pour l'approvisionnement en eau des communes affiliées, pour l'évacuation et le traitement des eaux usées, pour la gestion commune de zones d'activités économiques, de centres scolaires et sportifs, de bibliothèques régionales, pour l'enlèvement et le traitement des immondices...), ou ils peuvent avoir une vocation multiple englobant plusieurs œuvres ou services communs.

Cette coopération peut également avoir une dimension transfrontalière en application des actes internationaux réglant la coopération locale au-delà des frontières[100].

Si l'intérêt visé le demande, la coopération intercommunale peut également sous certaines conditions inclure l'Etat comme partenaire[101].

La Constitution prévoit pourtant à certains égards des <u>restrictions de l'autonomie communale</u>:

- les conditions de l'électorat actif et passif sont en matière d'élections communales fixées par la loi (art. 107(2));
- le Grand-Duc a sous certaines conditions le droit de dissoudre le conseil communal (art. 107(3));
- l'imposition communale est soumise à l'approbation du Grand-Duc (art. 107(3));
- la loi règle la composition, l'organisation et les attributions des organes communaux et elle établit le statut des fonctionnaires communaux (art. 107(5));
- la loi règle également la surveillance de la gestion communale et elle peut soumettre certains actes des organes à l'approbation de l'autorité de surveillance, assumée en principe par le ministre de l'Intérieur (art. 107(6)).

---

[100] Convention-cadre européenne sur la coopération transfrontalière des collectivités ou autorités territoriales, signée à Madrid, le 21 mai 1980 et approuvée par la loi du 29 novembre 1982;
Accord entre le Gouvernement du Grand-Duché de Luxembourg, le Gouvernement de la République fédérale d'Allemagne, le Gouvernement de la République française et le Conseil fédéral suisse, agissant au nom des cantons de Soleure, de Bâle-ville, de Bâle-campagne, d'Argovie et du Jura, sur la coopération transfrontalière entre collectivités territoriales et organismes locaux, fait à Karlsruhe le 23 janvier 1996, et approuvé par la loi du 12 mai 1997;
Règlement (CE) N° 1082/2006 du Parlement européen et du Conseil relatif à un groupement européen de coopération transfrontalière (GECT).

[101] Loi modifiée du 31 juillet 1962 ayant pour objet le renforcement de l'alimentation en eau potable du Grand-Duché de Luxembourg à partir du réservoir d'Esch-sur-Sûre;
Loi du 10 août 1993 relative aux parcs naturels;
Loi du 3 août 2005 concernant le partenariat entre les communes et l'Etat et la restructuration de la démarche scientifique en matière de protection de la nature et des ressources naturelles.

> «A partir de la loi constitutionnelle, la hiérarchie des textes s'établit en décroissant, les règlements communaux étant subordonnés à la catégorie supérieure des lois.»
>
> Cour d'appel, 24 juin 1992, *Pas.* 29, p. 8

En application des principes énoncés à l'article 107 de la Constitution, la loi communale modifiée du 13 décembre 1988 organise la tutelle que l'Etat exerce sur les communes.

> Cette tutelle se traduit notamment par la possibilité du ministre de l'Intérieur de suspendre, par une décision motivée, et celle du Grand-Duc d'annuler, par un arrêté motivé, les actes collectifs et individuels posés par les autorités communales ou leurs services administratifs qui violent la loi ou lèsent l'intérêt général.
>
> Le souci de l'Etat de pouvoir contrôler la gestion des communes oblige le conseil communal à soumettre ses délibérations en matière fiscale à l'approbation grand-ducale. Par ailleurs, les délibérations concernant plus particulièrement les budgets et les comptes communaux, les transactions immobilières, les services d'incendie et de sauvetage ou encore la réglementation routière sont soumises à l'approbation du ministre de l'Intérieur (le dernier type de délibération requérant en outre l'approbation du ministre des Transports).
>
> Enfin, l'institution de commissaires de district[102], placés sous l'autorité du ministre de l'Intérieur, permet aux instances étatiques d'organiser une surveillance générale de l'activité communale. Les commissaires de district veillent à l'exécution des lois et règlements généraux et communaux et au maintien du bon ordre, de la sûreté, de la tranquillité et de la salubrité publique. Ils peuvent assister aux délibérations des autorités communales. Ils surveillent l'administration régulière des biens et des revenus des communes ainsi que la gestion des recettes communales par les receveurs communaux. Ils vérifient les budgets et les comptes communaux ainsi que toutes les autres délibérations communales à soumettre à approbation.[103]
>
> La recommandation 172(2005) du Conseil de l'Europe du 2 juin 2005 sur la démocratie locale au Luxembourg décrit comme suit la situation de l'autonomie locale et propose d'orienter la réflexion dans le sens d'une coopération

---

[102] Selon l'article 109 de la loi communale modifiée du 13 décembre 1988, le Luxembourg est divisé en trois districts ayant comme chefs-lieux respectifs Luxembourg, Diekirch et Grevenmacher. Le district de Luxembourg comprend les cantons de Luxembourg, Esch-sur-Alzette, Capellen et Mersch, celui de Diekirch les cantons de Clervaux, Diekirch, Redange, Wiltz et Vianden, et celui de Grevenmacher les cantons d'Echternach, Grevenmacher et Remich. En vertu de l'article 113 de la loi communale, la Ville de Luxembourg, capitale du Grand-Duché, est placée sous l'autorité directe du ministre de l'Intérieur.

[103] Article 114 de la loi communale modifiée du 13 décembre 1988.

renforcée entre les communes pour en assurer la pérennité: *«Comme dans d'autres Etats, on constate, sous l'effet d'une tendance vers l'uniformisation des prestations et des conditions de vie, une perte d'influence des communes dans certains domaines (aménagement du territoire, urbanisme et logement social; animation économique; prise en charge des problèmes sociaux et d'assistance; enseignement; santé publique); … il convient dès lors de chercher un contrepoids et des mesures de compensations de ce transfert … pour donner aux communes un cadre mieux adapté qui leur permette de renforcer leur capacité de gestion et d'accroître leurs domaines de compétences; pour ce faire, l'on procède en priorité à une réflexion sur l'organisation du niveau intercommunal, en privilégiant une nouvelle forme de coopération intercommunale intensifiée …».*

La Constitution fait en outre de la tenue de l'état civil une attribution exclusive des communes[104].

6.6.2. l'organisation des communes

Le Luxembourg comprend 116 communes[105] dont tant l'étendue du territoire que l'importance de la population sont très différentes.

> Du point de vue de l'étendue géographique, Wincrange est avec 11.336 ha la commune la plus grande et Remich avec 529 ha la plus petite.
>
> Sur le plan démographique, la Ville de Luxembourg est avec presque 87.000 habitants la commune la plus importante, suivie par les Villes d'Esch-sur-Alzette (29.000 habitants), de Differdange (20.500 habitants) et de Dudelange (19.000 habitants). Esch-sur-Sûre et Neunhausen sont, sous l'angle de vue de la population, avec moins de 300 habitants les communes les plus petites.
>
> En 2008, la réorganisation territoriale a été remise à l'ordre du jour par les instances gouvernementales en charge de la tutelle des communes. Le but poursuivi consiste à réduire le nombre actuel des communes en vue de constituer des unités territoriales et administratives capables de mieux satisfaire les

---

104 Constitution, article 108: **«La rédaction des actes de l'état civil et la tenue des registres sont exclusivement dans les attributions des autorités communales.»**
105 Lors du référendum du 12 octobre 2008 organisé dans les communes de Clervaux, Heinerscheid et Munshausen, les électeurs ont appuyé le projet de fusion de leurs trois communes en se prononçant majoritairement en faveur de cette fusion. Conformément à l'article 2 de la Constitution, il appartient maintenant au législateur d'arrêter la fusion souhaitée par le biais d'une loi formelle; un projet de loi afférent a été déposé le 17 février 2009 à la Chambre des députés (doc. parl. n° 5994).

> besoins conformément aux attentes de la population locale, et de regrouper à cet effet les petites communes autour de centres disposant déjà d'un certain tissu de services et des infrastructures requises à cet effet. Par ailleurs, cette restructuration devrait permettre de promouvoir aussi la diversification industrielle sur base des noyaux d'activité industrielle existants. L'esprit de la Constitution commande pourtant qu'en vue d'une éventuelle réorganisation des communes le principe de l'autonomie communale soit respecté et que les regroupements se fassent à l'initiative des communes elles-mêmes, sur base de fusions volontaires (art. 2 de la loi communale modifiée du 13 décembre 1988) ou sous forme de syndicats intercommunaux (loi du 23 février 2001 concernant les syndicats de communes) appelés à gérer des services d'intérêt commun aux communes membres. Cette conclusion paraît également en ligne avec les vues développées en la matière par le Conseil de l'Europe (cf. recommandation 172(2005) précitée).

Le conseil communal représente la commune; il est présidé par le bourgmestre. Parlement local, le conseil communal est de façon générale compétent pour tout ce qui relève de l'intérêt communal. Il vote le budget pour l'année suivante et il arrête le compte de l'exercice précédent. Il fixe les impôts communaux. Il fait les règlements nécessaires à l'administration et à la police communale. Il désigne le collège des bourgmestre et échevins et en contrôle l'action.

> Le conseil communal est composé de 7 conseillers dans les communes de moins de 1.000 habitants. Ce nombre augmente en fonction de l'importance démographique de la commune; il est toujours impair. Les conseils des communes de plus de 20.000 habitants ont 19 membres. Le conseil communal de la Ville de Luxembourg en compte 27.

Exécutif local, le collège des bourgmestre et échevins ou collège échevinal assure l'administration journalière de la commune; il est présidé par le bourgmestre. Il est chargé de l'exécution des décisions du conseil communal et assure leur publication. Il représente la commune dans les actions en justice. Il gère le patrimoine de la commune sur le plan administratif et financier. Il est responsable de la comptabilité communale, de l'administration des établissements communaux (p.ex. l'office social), de l'exécution sur le plan local des lois et règlements (pour autant qu'ils ne concernent pas la Police), de la direction des travaux communaux et du service d'incendie. Il exerce en outre le pouvoir hiérarchique sur le personnel.

> Normalement, le collège échevinal est composé du bourgmestre et de 2 échevins. Dans les communes plus grandes, le nombre des échevins augmente: 3 pour les communes de 10.000 à 19.999 habitants, 4 pour les communes de plus de 20.000 habitants, 6 pour la Ville de Luxembourg.

Le bourgmestre est chargé de l'exécution des lois et des règlements de police. En cas d'atteinte ou de menaces graves à la paix et à l'ordre publics, il peut requérir directement l'intervention de la force publique. Les commandants de la Police sont tenus d'y obtempérer[106].

Le bourgmestre est également officier de l'état civil, chargé de l'établissement des actes et de la tenue des registres de l'état civil.

Il peut déléguer ses compétences légales selon le cas à un échevin, à un fonctionnaire communal ou à la Police grand-ducale[107].

L'importance du personnel requis dépend des services communaux à gérer. L'engagement appartient au conseil communal pour le personnel des carrières des fonctionnaires et employés et au collège échevinal pour le personnel ouvrier.

Chaque commune a un secrétaire communal en charge de la gestion de l'administration communale; celui-ci assiste aux réunions du conseil communal et du collège échevinal dont il rédige les délibérations.

Par ailleurs, chaque commune a également un receveur communal, en charge de la comptabilité; il effectue les recettes et acquitte les dépenses ordonnancées par le collège échevinal.

Dans les communes de plus de 3.000 habitants, il doit en outre y avoir un service technique qui est notamment chargé de l'application de la législation en matière d'aménagement communal et de développement urbain ainsi que des règlements sur les bâtisses et la voirie communale. La direction en incombe à un ingénieur technicien; dans les communes de plus de 10.000 habitants, ce service doit comprendre au moins un architecte ou un ingénieur diplômé[108].

Enfin, les communes peuvent avoir un ou plusieurs gardes champêtres ou agents municipaux; ceux-ci concourent sous l'autorité du bourgmestre au maintien de l'ordre et peuvent être chargés de constater les contraventions aux règlements communaux.

---

106 Art. 67 de la loi communale modifiée du 13 décembre 1988.
107 Art. 73 de la loi communale modifiée du 13 décembre 1988.
108 Art. 99*bis* et 99*quater* de la loi communale modifiée du 13 décembre 1988.

6.6.3. l'élection du conseil communal et la désignation du collège échevinal

> Constitution, article 107(2): «*Il y a dans chaque commune un conseil communal élu directement par les habitants de la commune; les conditions pour être électeur ou éligible sont réglées par la loi.*»

Les élections communales ordinaires ont lieu de plein droit le deuxième dimanche d'octobre qui précède l'expiration du mandat du conseil communal. Les membres du conseil communal sont élus pour un terme de six ans (contrairement au mandat de député qui est de cinq ans).

> Chaque commune forme une circonscription électorale; elle peut être divisée en plusieurs sections électorales.
>
> Les élections se font en principe d'après le suffrage de la majorité absolue (scrutin majoritaire). Sont élus dès le premier tour les candidats qui ont obtenu la majorité absolue des voix. Pour les postes restant à pourvoir, un deuxième tour est organisé; y sont seuls admis ceux parmi les candidats restés en lice qui ont obtenu le plus de voix au premier tour, leur nombre étant fixé au double des postes qui restent à pourvoir.
>
> Dans les communes qui comptent 3.500 habitants au moins, les élections se font au scrutin de liste suivant les règles de la représentation proportionnelle comme pour les élections législatives. Ces communes ne constituent qu'une section électorale, même si elles comportent plusieurs localités distinctes.
>
> Pour être électeur, il faut:
>
> - être âgé de dix-huit ans accomplis le jour de l'élection;
> - pour les Luxembourgeois: être domicilié au Grand-Duché;
> - pour les ressortissants étrangers (communautaires ou originaires d'un pays tiers): remplir les conditions légales relatives à une durée de résidence minimale au Luxembourg;
> - jouir des droits civils et ne pas être déchu du droit de vote dans l'Etat de résidence ou dans l'Etat d'origine (cette dernière condition ne pouvant toutefois pas être opposée à des ressortissants étrangers qui, dans leur pays d'origine, ont perdu le droit de vote en raison de leur résidence à l'étranger).

Pour pouvoir être élu conseiller communal, il faut:

- être Luxembourgeois ou ressortissant de l'Union européenne;
- avoir sa résidence habituelle depuis au moins six mois dans la commune lors du dépôt de sa candidature;
- être âgé de dix-huit ans accomplis le jour de l'élection;
- jouir des droits civils et ne pas être déchu du droit d'éligibilité au Grand-Duché de Luxembourg ou dans l'Etat membre d'origine (cette dernière condition ne pouvant toutefois pas être opposée aux personnes qui, dans leur Etat d'origine, ont perdu le droit d'éligibilité en raison de leur résidence en dehors de leur pays).

A noter toutefois que les personnes qui n'ont pas la nationalité luxembourgeoise ne peuvent pas accéder aux fonctions de bourgmestre ou d'échevin.

Par analogie au Gouvernement sur le plan national, le collège échevinal est normalement issu de la majorité politique au sein du conseil communal. Sans pouvoir s'appuyer sur une majorité au sein du conseil communal, le collège échevinal risque en effet de voir bloquer ses initiatives politiques en matière de réglementation communale et de gestion des finances de la commune; il risque notamment le rejet de son projet de budget. Aussi le rejet du budget peut-il donner lieu à une motion de censure qui, si elle est adoptée par une majorité de conseillers communaux, oblige le Ministre de l'Intérieur à déclarer démissionnaires les membres du collège échevinal[109].

6.7. LES AUTRES ORGANES PRÉVUS PAR LA CONSTITUTION

La présente section a pour objet de présenter les organes autres que les institutions qui, soit détiennent le pouvoir législatif, exécutif ou judiciaire (la Chambre des députés, le Grand-Duc et les juridictions), soit participent à un ou plusieurs de ces pouvoirs (le Gouvernement et le Conseil d'Etat), soit constituent le contrepoids au pouvoir central (les communes).

Le rôle de la Cour des comptes comme organe auxiliaire de la Chambre a déjà été évoqué lors de l'analyse des pouvoirs de contrôle réservés à

---

109 Article 37 de la loi communale modifiée du 13 décembre 1988.

la Chambre des députés en matière de gestion des finances publiques par le Gouvernement[110].

6.7.1. les établissements publics

Si l'existence des communes et les compétences dont elles sont dotées permet une décentralisation géographique du pouvoir, la possibilité de confier certaines attributions normalement gérées par l'Administration centrale de l'Etat à des établissements publics conduit à une décentralisation fonctionnelle.

En vertu de l'article 108*bis* de la Constitution, la création d'un établissement public est réservée à la loi[111]. La loi-cadre doit définir l'objet de l'établissement qu'elle crée et en régler l'organisation. Au vœu de l'article 108*bis*, la création d'un établissement public revêt toujours un caractère spécial, qui vaut aussi pour la définition des attributions confiées à l'établissement public. Celles-ci doivent donc obligatoirement être prévues et précisées dans la loi elle-même, et elles ne peuvent dès lors pas être modifiées au gré de l'autorité de tutelle ou à l'initiative des organes de gestion de l'établissement public.

La loi doit en outre doter l'établissement public de la personnalité juridique, qui est donc distincte de celle de l'Etat, et qui lui confère l'autonomie de gestion nécessaire à l'accomplissement de son objet dans ses relations avec les autres sujets de droit public ou privé.

La raison d'être des établissements publics tient à l'intérêt de réaliser des missions publiques avec une autonomie de gestion plus ou moins prononcée, en dehors des structures administratives de l'Etat et des communes.

> Les avantages recherchés tiennent à une gestion plus flexible de l'activité poursuivie par l'établissement public et à la mise en œuvre d'une comptabilité séparée, requise si l'autofinancement de l'activité est recherché. Une plus grande flexibilité est également possible en matière de gestion des ressources humaines concernant les critères d'engagement, la nationalité, le statut ou la rémunération du personnel.

---

110 cf. Paragraphe 6.2.6. *les autres attributions de la Chambre des députés* (voir sous «*Cour des comptes*») et article 105 de la Constitution.
111 Selon les travaux préparatoires de l'introduction de l'article 108*bis*, cet article ne vise que les établissements publics étatiques à créer par la loi et n'affecte nullement la prérogative des communes de constituer leurs propres établissements publics (cf. Avis complémentaire du Conseil d'Etat du 16 mars 2004; doc. parl. n° 4754⁵).

L'objet d'une loi qui crée un établissement public apparaît dès lors comme poursuivant un double but:

- d'une part, est définie la mission confiée à l'établissement public;
- d'autre part, est créé l'instrument juridique (sous la forme de l'établissement public) qui est appelé à mettre en œuvre cette mission.

L'établissement public peut sous certaines conditions édicter des règlements. Le pouvoir réglementaire en question doit lui être conféré par la loi, et il est limité à l'objet de l'établissement public.

> Constitution, article 108*bis*: «*La loi peut créer des établissements publics, dotés de la personnalité civile, dont elle détermine l'organisation et l'objet. Dans la limite de leur spécialité le pouvoir de prendre des règlements peut leur être accordé par la loi qui peut en outre soumettre ces règlements à l'approbation de l'autorité de tutelle ou même en prévoir l'annulation ou la suspension en cas d'illégalité, sans préjudice des attributions des tribunaux judiciaires ou administratifs.*»

Les circulaires émises par la Commission de surveillance du secteur financier (CSSF) ne s'appliquent qu'au secteur auquel s'étend sa surveillance. Par ailleurs, les mesures réglementaires émises doivent, conformément à l'article 112 de la Constitution, être publiées dans les formes de la loi en vue de pouvoir sortir leurs effets.

Le pouvoir réglementaire accordé aux termes de l'article 11(6) de la Constitution aux organes professionnels dotés de la personnalité juridique qui relèvent des professions libérales répond d'ailleurs aux mêmes conditions que le pouvoir réglementaire des établissements publics.

L'existence de ce pouvoir réglementaire soulève la question de la place que le règlement adopté par un établissement public occupe dans la hiérarchie des normes: «*Se trouve-t-il au même niveau que le règlement grand-ducal ou bien est-il hiérarchiquement inférieur? La question est pertinente, car le Constituant n'a pas réglé la question des conflits de compétence qui peuvent apparaître entre le pouvoir d'attribution de l'établissement public et le pouvoir réglementaire du Grand-Duc. S'agit-il de compétences concurrentes ou bien de compétences qui s'excluent mutuellement? Qu'en sera-t-il en cas de chevauchement de compétences? L'établissement public peut-il abroger des règlements existants? Autant de questions auxquelles il n'y a actuellement pas de réponse et qu'il serait délicat de laisser en suspens. Notons aussi que des conflits de compétence pourraient également apparaître entre plusieurs*

> *établissements lorsque les domaines de compétence ne sont pas définis avec la rigueur requise.»*[112] A moins de vouloir attendre que la jurisprudence de la Cour constitutionnelle apporte la réponse, le texte de la Constitution mériterait d'être précisé sur ce point, surtout que la mise en œuvre du pouvoir réglementaire des organes professionnels prévu par les alinéas 2 et 3 de l'article 11(6) de la Constitution soulève des problèmes similaires.

En résumé, l'institution légale des établissements publics répond aux quatre règles suivantes:

- tout établissement public est une personne morale de droit public, créée par une loi spéciale;
- le principe de la spécialité fait que l'établissement est l'instrument juridique de gestion des missions légales pour lesquelles il a été créé;
- l'établissement public bénéficie de l'autonomie de gestion, mais reste soumis au pouvoir hiérarchique de son autorité de tutelle relevant du pouvoir central;
- dans la mesure où la loi qui l'a créé le prévoit, l'établissement public détient un pouvoir réglementaire répondant aux exigences de l'article 108*bis* de la Constitution.

> Il ne faut pas confondre «établissement public» et «établissement d'utilité publique», notion initialement utilisée dans la loi du 21 avril 1928 sur les associations sans but lucratif et les établissements d'utilité publique. Lors de la modification de cette loi, le 4 mars 1994, la notion a été remplacée par celle de «fondation».

6.7.2. la force publique

La Constitution réserve son chapitre VII à la force publique. Il comporte les articles 96 à 98.

La fusion de la Gendarmerie grand-ducale et de la Police intervenue en 2000 a donné lieu à la constitution du corps de Police grand-ducale[113]. Depuis cette fusion, il n'y a plus que deux grands corps administratifs en charge de la force publique: la Police grand-ducale et l'Armée.

---

112 Marc Thewes, «Le pouvoir réglementaire démembré» *In*: Annales du droit luxembourgeois, volume 14 – 2004, p. 110.
113 Loi modifiée du 31 mai 1999 sur la Police et l'Inspection générale de la Police.

L'article 96 de la Constitution prévoit que tout ce qui touche la «force armée» est du ressort de la loi formelle. Par ailleurs, l'article 97 érige l'organisation et les attributions des forces de l'ordre en une matière réservée à la loi.

> Constitution, article 96: «*Tout ce qui concerne la force armée est réglé par la loi.*»
> article 97: «*L'organisation et les attributions des forces de l'ordre font l'objet d'une loi.*»

La terminologie employée permet de considérer la notion de «force publique» comme englobant la force armée (exercée par l'Armée), d'une part, et les forces de l'ordre, d'autre part.

Traditionnellement, on distingue les missions de la force publique selon qu'elles concernent la défense extérieure du territoire, missions qui reviennent à l'Armée, ou qu'elles ont pour objet le maintien de l'ordre à l'intérieur, missions qui relèvent normalement de la compétence de la Police.

> L'organisation militaire remonte à une loi du 23 juillet 1952 qui a été itérativement modifiée depuis.
>
> Une étape importante de ces adaptations successives fut l'abolition du service militaire obligatoire par la loi du 29 juin 1967 et la mise en place d'une armée de volontaires, où, depuis l'entrée en vigueur de la loi du 20 décembre 2002, sont aussi admis, à côté des Luxembourgeois, des ressortissants communautaires séjournant depuis au moins trois ans au Luxembourg.
>
> La loi du 27 juillet 1992 relative à la participation du Grand-Duché de Luxembourg à des opérations pour le maintien de la paix (OMP) dans le cadre d'organisations internationales permet au Luxembourg de prendre part à des missions de sauvegarde de la paix à l'étranger. Ces interventions peuvent consister dans des contributions financières ou logistiques ou dans l'envoi de contingents composés de civils ou de membres de la force publique. La loi de 1992 trace le cadre de ces interventions qui se limitent à des «*missions à caractère civil ou militaire dont le but consiste notamment dans la prévention, la limitation, la modération ou la cessation d'hostilités internes ou inter-étatiques par l'intervention d'un tiers avec l'accord des parties directement intéressées*». Chaque intervention doit être autorisée par un règlement grand-ducal pris sur les avis du Conseil d'Etat et de la Conférence des présidents de la Chambre des députés. La participation à ces opérations intervient sur une base volontaire, sauf la faculté du ministre ayant la Force publique dans ses attributions de désigner d'office des officiers et sous-officiers de l'Armée.

> Les fonctions de la Police sont déterminées dans la loi modifiée du 31 mai 1999 sur la Police et l'Inspection générale de la Police. Tout en fixant le cadre du nouveau corps fusionné, la loi en question a défini la mission de la Police grand-ducale comme consistant à *«assurer la sécurité intérieure en veillant à l'ordre public et à l'exécution des lois et règlements ...»*. Par ailleurs, *«[la Police] participe à la défense du territoire en ce qui concerne les missions de sûreté, de recherche d'informations et d'alerte ...»*. Enfin, elle est compétente pour les missions de police administrative et de police judiciaire. Le service de police judiciaire constitué au sein de la Police est plus particulièrement en charge des missions de police judiciaire définies par le Code d'instruction criminelle.
>
> Quant à la différence entre police administrative et police judiciaire, *«la police administrative assure le maintien de l'ordre dans la rue, objet qui est en partie aussi de la compétence communale, et empêche ainsi les infractions de se commettre (p.ex. rondes nocturnes et patrouilles de police, contrôle des rues où sont établis des cabarets soupçonnés d'être des lieux de débauche et de trafics clandestins); la police judiciaire intervient là où la première a été inefficace; elle constate les infractions commises (p.ex. la patrouille surprend un voleur en flagrant délit). On voit sans difficulté que les deux domaines se touchent et parfois même se confondent, et que les organes de la force publique peuvent remplir, selon le cas, l'une ou l'autre mission.»*[114]
>
> A noter que la loi du 31 mai 1999 évoque encore à son article 46, à côté des missions de police administrative et de police judiciaire, d'autres tâches administratives qui peuvent être confiées à la Police et qui se différencient des missions de police administrative (par exemple enquêtes administratives pour compte d'autres départements ministériels, missions protocolaires lors de cérémonies officielles).

Le terme «forces de l'ordre» ne vise pas uniquement la Police grand-ducale, mais également, dans les limites des compétences de police dont elle dispose, l'Administration des douanes et accises ainsi que les gardes champêtres et les agents municipaux tout comme l'ensemble des officiers de police judiciaire désignés par un nombre grandissant de lois spéciales dans un large éventail de domaines. L'exercice des fonctions des différentes forces de l'ordre demande que les questions d'organisation des services concernés (détermination et règles de fonctionnement du cadre administratif, qualification et statut professionnels du personnel) soient déterminées par une loi formelle qui doit en outre en définir clairement les attributions.

---

114 Roger Thiry, Précis d'instruction criminelle en Droit luxembourgeois, p. 28.

Plusieurs lois successives ont en particulier doté l'Administration des douanes et accises d'un pouvoir de police qui, dans les limites des compétences attribuées à cette administration, s'applique parallèlement aux prérogatives de la Police grand-ducale.

Il faut craindre que la croissance du nombre et de l'importance des compétences de police attribuées à cette administration ne risque d'aboutir à terme à la résurgence de deux corps administratifs se partageant, voire se disputant les compétences de police.

La loi modifiée du 15 juin 2004 portant organisation du Service de renseignement de l'Etat confie à ce service différentes missions préventives dans le domaine de la collecte d'informations sur des activités susceptibles de menacer la sécurité du pays, dans le domaine d'enquêtes de sécurité requises en vertu de la loi nationale ou d'obligations internationales ou encore dans le domaine de la surveillance de l'application des règlements de sécurité nationaux et internationaux. De par son activité, le Service de renseignement concourt dès lors certainement à la défense extérieure et à la sûreté intérieure. Faut-il en conclure que ce service fait partie de la force armée ou des forces de l'ordre au sens des articles 96 et 97 de la Constitution?

La réponse est négative, alors que ni son cadre légal à part et la manière dont il est censé exercer ses activités, ni les prérogatives dont il est doté pour mener à bien ses missions, dont en particulier l'absence du droit de recourir à la contrainte, ne permettent pareille conclusion. Le dossier parlementaire (doc. parl. n° 5133 et suivants) n'évoque d'ailleurs nullement les missions du service sous cet angle de vue.

> Constitution, article 98: *«Il peut être formé une garde civique, dont l'organisation est réglée par la loi.»*

La création d'une garde civique par la voie légale évoquée à l'article 98 est restée lettre morte depuis la veille de la Deuxième Guerre mondiale.

Un dernier arrêté grand-ducal du 16 novembre 1939 concernant la création de gardes civiques dans les communes a été publié au Mémorial N° 85 du 18 novembre 1939. Or, la loi prévue par l'article 98 de la Constitution n'a jamais été adoptée.

7 | Les matières constitutionnelles diverses

Les articles 109 à 115 et 116 à 121 sont regroupés sous les deux derniers chapitres de la Constitution, intitulés respectivement Chapitre XI – *Dispositions générales* et Chapitre XII – *Dispositions transitoires et supplémentaires*.

> Dans le cadre du présent chapitre, il est fait abstraction d'un commentaire des dispositions reprises aux articles 111 et 113 à 121 qui ont été évoquées dans les chapitres précédents.[1]

Le présent chapitre se limite aux commentaires relatifs aux articles 109, 110 et 112.

7.1. LE STATUT DE LA VILLE DE LUXEMBOURG

Constitution, article 109: «*La ville de Luxembourg est la capitale du Grand-Duché et le siège du Gouvernement. – Le siège du Gouvernement ne peut être déplacé que momentanément pour des raisons graves.*»

La désignation de la Ville de Luxembourg comme capitale du Grand-Duché a surtout une valeur symbolique. Toutefois, le deuxième élément de la première phrase y ajoute un élément juridiquement contraignant sur le plan du fonctionnement des institutions en imposant aux institutions gouvernementales de

---

[1] Notamment Paragraphe 6.1.1. *le Grand-Duc, chef de l'Etat*.

s'établir dans la Ville de Luxembourg. Cette exigence constitutionnelle correspond d'ailleurs à la tradition historique.

> La loi communale modifiée du 13 décembre 1988 soustrait la Ville de Luxembourg à la compétence des commissaires de district et place les autorités communales de la capitale sous la tutelle directe du ministre de l'Intérieur[2].

Par ailleurs, l'histoire a montré que, dans l'intérêt d'une bonne administration du pays, il est indiqué de pouvoir déplacer temporairement le siège des institutions si des «raisons graves» le commandent. De la sorte, l'évocation explicite de cette possibilité à l'article 109 a sa raison d'être.

> L'agitation qui avait gagné le pays dès mars 1848 dans le sillage des mouvements révolutionnaires nés ailleurs en Europe et le début de désordres qui en furent la conséquence incitèrent le Gouvernement à transférer son siège du 22 au 29 avril de Luxembourg à Ettelbrück (où était stationné un détachement de chasseurs du contingent militaire). Les Etats (c.-à-d. le Parlement) furent également convoqués en session extraordinaire à Ettelbrück pour entamer leurs délibérations sur une nouvelle Constitution.
>
> Dès l'invasion allemande du 10 mai 1940, la Grande-Duchesse et le Gouvernement avaient quitté le pays. La Chambre se réunit encore en formation incomplète les premiers jours de l'occupation pour instituer une commission gouvernementale chargée d'expédier provisoirement les affaires courantes. Dès le 19 juillet 1940, le Grand-Duché passa sous administration allemande («*Zivilverwaltung in Luxemburg*») comportant *de facto* l'annexion du pays et sa mise au pas (*Gleichschaltung*) jusqu'à la libération en 1944 et le rétablissement des autorités légitimes. La doctrine a justifié la légalité des arrêtés pris pendant l'exil de la Grande-Duchesse et du Gouvernement par l'état de nécessité dû à l'impossibilité du Parlement de concourir à la formation de la volonté souveraine[3].

L'article 109 doit être lu en relation avec l'article 71 de la Constitution.

> Constitution, article 71: **«*Les séances de la Chambre sont tenues dans le lieu de la résidence de l'administration du Grand-Duché.*»**

---

2   cf. Paragraphe 6.6.1. *l'autonomie communale*.
3   Jean Thill, Cours de droit constitutionnel, tome I, p. 119 et Pierre Pescatore, «Essai sur la notion de la loi» In: Le Conseil d'Etat du Grand-Duché de Luxembourg, Livre jubilaire publié à l'occasion du centième anniversaire de sa création, p. 407.

Nonobstant le caractère démodé du libellé, les articles 71 et 109 font de la capitale le siège des institutions exerçant les pouvoirs législatif et exécutif. Par ailleurs, en vertu de l'article 44, le Palais grand-ducal à Luxembourg est l'une des deux habitations officielles du Grand-Duc. En outre, la législation portant organisation des juridictions fait également de la Ville de Luxembourg le lieu d'établissement des plus hautes juridictions.

> Tant la loi du 27 juillet 1997 portant organisation d'une Cour Constitutionnelle que celle modifiée du 7 novembre 1996 portant organisation des juridictions de l'ordre administratif prévoient respectivement que la Ville de Luxembourg est le siège de la Cour constitutionnelle et de la Cour administrative. La loi modifiée du 7 mars 1980 sur l'organisation judiciaire ne détermine pas le siège de la Cour supérieure de justice, mais dispose que les magistrats et les greffiers de la Cour doivent résider à Luxembourg.

7.2. LE SERMENT

La Constitution prévoit différentes formules de serment.

> L'article 5 dispose, d'une part, qu'au moment d'accéder au trône le Grand-Duc prête, *«aussitôt que possible»*, serment devant la Chambre des députés (ou devant une députation nommée par elle), et spécifie, d'autre part, la formule de serment.
> Il en est de même pour le Régent dont la formule de serment figure à l'article 8(2). L'article 42 prévoit que le Lieutenant-Représentant du Grand-Duc prête, avant d'exercer ses fonctions, serment d'observer la Constitution, sans pourtant en indiquer la formule.
> Avant d'entrer en fonctions, les députés prêtent également serment, entre les mains du président de la Chambre, selon la formule inscrite à l'article 57(2).
> L'article 110 prévoit à son paragraphe 2 le principe et la formule du serment que les fonctionnaires publics civils doivent prêter avant d'entrer en fonctions.
> Il peut paraître curieux que ni le principe de l'assermentation des membres du Gouvernement ni la formule de serment ne soient inscrits dans la Constitution.

Abstraction faite des formules des différents serments prévus par la Constitution elle-même, son article 110 attribue à la loi la détermination des cas supplémentaires où un serment est à prêter ainsi que la formule de ce serment.

> Constitution, article 110(1): *«Aucun serment ne peut être imposé qu'en vertu de la loi; elle en détermine la formule.»*

Il en résulte que toute personne admise à des fonctions dont l'exercice demande une allégeance formelle aux principes constitutionnels luxembourgeois ou requiert une promesse solennelle d'impartialité et de probité (comme dans le cas de l'expert judiciaire ou du témoin) ne peut être obligée à prêter serment que sous la condition expresse que le principe du serment soit prévu par une loi, qui doit en outre énoncer la formule afférente.

7.3. LA PUBLICATION DES ACTES NORMATIFS

Selon l'adage juridique *«Nul n'est censé ignorer la loi»*, personne ne peut se soustraire à ses obligations juridiques en alléguant l'ignorance des règles applicables. Nonobstant la complexité grandissante du droit moderne, l'Etat de droit ne saurait se passer de ce principe.

> *«La règle ‹nemo censetur ignorare legem› se fonde sur une fiction née d'une nécessité sociale.»*
> Cour, 16 novembre 1951, *Pas.* 15, p. 237

Or, ce principe général du droit ne saurait s'appliquer qu'à condition que les règles normatives, qui sont par définition d'application générale, soient connues.

> *«De tous temps et dans toutes les législations, il a toujours été de principe immuable qu'aucune loi ne saurait être obligatoire sans promulgation préalable.»*
> Cour, 9 mars 1901, *Pas.* 6, p. 297

> Constitution, article 112: *«Aucune loi, aucun arrêté ou règlement d'administration générale ou communale n'est obligatoire qu'après avoir été publié dans la forme déterminée par la loi.»*

Avant d'entrer en vigueur, les lois et règlements doivent dès lors faire l'objet d'une publication en due forme[4]. La forme est à déterminer par la loi.

En principe, les règlements communaux et autres décisions des autorités communales font l'objet d'un affichage à l'extérieur de la maison communale (cf. art. 82 de la loi communale modifiée du 13 décembre 1988).

La forme usuelle de publication des lois et des règlements grand-ducaux et ministériels consiste dans leur insertion au Mémorial qui fait fonction de Journal officiel du Grand-Duché de Luxembourg. Si l'acte normatif à publier n'en dispose pas autrement, son entrée en vigueur intervient quatre jours après la publication (cf. arrêté royal grand-ducal du 22 octobre 1842 réglant le mode de publication des lois[5] et Convention européenne sur la computation des délais, signée à Bâle le 16 mai 1982 et approuvée par la loi du 30 mai 1984). Nonobstant le principe général que la loi ne devient obligatoire que quatre jours après sa publication au Mémorial, il est généralement admis qu'elle a force exécutoire pour l'Administration dès qu'elle a été promulguée par le Grand-Duc; le pouvoir exécutif est par conséquent autorisé à signer et à faire publier le même jour la loi, les règlements ou les arrêtés pris en son exécution.

Les lois approuvant un traité international sont publiées au Mémorial ensemble avec l'intégralité du texte du traité approuvé. Il est ainsi fait droit à la disposition constitutionnelle, selon laquelle il n'y a pas de traités secrets.[6]

La loi modifiée du 9 août 1971 concernant l'exécution et la sanction des décisions et des directives ainsi que la sanction des règlements des Communautés européennes en matière économique, technique, agricole, forestière, sociale et en matière de transports prévoit la possibilité de publier par référence au Journal officiel de l'Union européenne le contenu des directives communautaires à transposer. Les règlements communautaires, directement applicables, sont seulement publiés au Journal officiel de l'Union européenne. La situation se présente d'ailleurs de façon similaire pour les décisions et re-

---

[4] cf. Paragraphe 6.1.3. *le Grand-Duc, chef de l'exécutif* (voir sous «*le Grand-Duc promulgue les lois*»).
[5] Pierre Pescatore, «Essai sur la notion de la loi» *In*: Livre jubilaire du Conseil d'Etat publié à l'occasion du centième anniversaire de sa création, pp. 369 et 370–371: «*Sous le régime de la Constitution luxembourgeoise du 12 octobre 1841, le pouvoir de faire les lois appartenait au Roi Grand-Duc. La représentation populaire intervenait bien dans la procédure des lois, mais son rôle était fort effacé ... Tant sous le régime de la Constitution de 1841 que sous le régime de celle de 1856, le Chef d'Etat est intervenu au moyen d'ordonnances souveraines, en dehors de la législation proprement dite. Ces ordonnances ont eu leur source dans la plénitude de pouvoirs (légitime ou usurpée) qui était réservée pendant les deux périodes au Roi Grand-Duc. Comme expression du pouvoir suprême, les ordonnances étaient l'équivalent des lois.*»
[6] Constitution, article 37, alinéa 3: «***Les traités secrets sont abolis.***»

commandations du Comité des Ministres de l'Union économique Benelux, qui sont publiées au Bulletin Benelux[7].

Les normes juridiques édictées par d'autres institutions internationales avec effet obligatoire doivent par contre faire l'objet d'une publication au Mémorial en vue de leur applicabilité au Luxembourg. Compte tenu du volume et du caractère technique que revêtent nombre de ces normes et compte tenu de leur intérêt souvent limité à des milieux professionnels spécialisés, il serait indiqué de réfléchir à d'autres formes de publication en la matière que l'impression sur support-papier au Mémorial. Les législations nationales d'autres pays européens prévoient d'ores et déjà que, dans certaines circonstances (qu'elles ont déterminées limitativement), une publication par voie électronique peut remplacer la reproduction de nouvelles normes juridiques à caractère technique dans le journal officiel national.

Les arrêts de la Cour constitutionnelle sont publiés au Mémorial, Recueil de législation, dans les trente jours de leur prononcé (art. 14 de la loi du 27 juillet 1997 portant organisation d'une Cour Constitutionnelle). Dans ce même ordre d'idées, l'article 7 de la loi modifiée du 7 novembre 1996 portant organisation des juridictions de l'ordre administratif, qui traite du recours en annulation contre les actes administratifs à caractère réglementaire, prévoit que la décision prononçant l'annulation est publiée de la même manière que l'acte administratif à caractère réglementaire qu'elle a annulé, dès qu'elle est coulée en force de chose jugée; tout acte réglementaire publié au Mémorial qui viendrait à être annulé dans les conditions qui précèdent emporte dès lors la publication au Mémorial du jugement ou arrêt ayant prononcé son annulation.

---

7   Protocole relatif à la publication au Bulletin Benelux de certaines règles juridiques communes pour l'interprétation desquelles la Cour de Justice Benelux est compétente, signé à Bruxelles, le 6 février 1980, et approuvé par la loi du 10 février 1980 (modifié par le Protocole du 25 mars 1991, approuvé par la loi du 6 mai 1992).

Annexe 1 A)

La Constitution du Grand-Duché de Luxembourg du 17 octobre 1868
(texte coordonné à jour au 31 mars 2009)
avec renvois (*) à la Proposition de révision parlementaire*

CHAPITRE I.
De l'État, de son territoire et du Grand-Duc

Art. 1er. Le Grand-Duché de Luxembourg est un Etat *démocratique,* libre, indépendant et indivisible. (*cf. Art. 1er)

Art. 2. Les limites et chefs-lieux des arrondissements judiciaires ou administratifs, des cantons et des communes ne peuvent être changés qu'en vertu d'une loi. (*Art. 7)

Art. 3. *La Couronne du Grand-Duché est héréditaire dans la famille de Nassau, conformément au pacte du 30 juin 1783, à l'Art. 71 du traité de Vienne du 9 juin 1815 et à l'Art. 1er du traité de Londres du 11 mai 1867.* (*supprimé – cf. *Art. 42 et *Art. 144)

---

* reproduite ci-après: Annexe 1B, pages 275–300

Art. 4. La personne du Grand-Duc est inviolable. (*Art. 53)

Art. 5. (1) Le Grand-Duc de Luxembourg est majeur à l'âge de dix-huit ans accomplis. (*Art. 44) *Lorsqu'il accède au trône, il prête, aussitôt que possible, en présence de la Chambre des Députés ou d'une députation nommée par elle, le serment suivant:*

(2) «Je jure d'observer la Constitution et les lois du Grand-Duché de Luxembourg, de maintenir l'indépendance nationale et l'intégrité du territoire ainsi que les libertés publiques et individuelles.» (*Art. 45)

Art. 6. *Si à la mort du Grand-Duc Son successeur est mineur, la régence est exercée conformément au pacte de famille.* (cf. *Art. 47 et *Art. 50)

Art. 7. *Si le Grand-Duc se trouve dans l'impossibilité de régner, il est pourvu à la régence comme dans le cas de minorité.* (cf. *Art. 48 et *Art. 50)

En cas de vacance du Trône, la Chambre pourvoit provisoirement à la régence. – Une nouvelle Chambre, convoquée en nombre double dans le délai de trente jours, pourvoit définitivement à la vacance. (cf. *Art. 43)

Art. 8. *(1) Lors de son entrée en fonctions, le Régent prête le serment suivant:*

(2) «Je jure fidélité au Grand-Duc. Je jure d'observer la Constitution et les lois du pays.» (cf. *Art. 49 et *Art. 45)

CHAPITRE II.
Des libertés publiques et des droits fondamentaux

Art. 9. La qualité de Luxembourgeois s'acquiert, se conserve et se perd d'après les règles déterminées par la loi. (*Art. 9, al. 1)

La présente Constitution et *les autres lois* relatives aux droits politiques déterminent quelles sont, outre cette qualité, les conditions nécessaires pour l'exercice de ces droits. (*Art. 9, al. 2)

Par dérogation à l'alinéa qui précède, la loi peut conférer l'exercice de droits politiques à des non-Luxembourgeois. (*Art. 9, al. 3)

Art. 10. (abrogé)

Art. 10*bis.* (1) Les Luxembourgeois sont égaux devant la loi. (*Art. 17, al. 1)

(2) Ils sont admissibles à tous les emplois publics, civils et militaires; la loi détermine l'admissibilité des non-Luxembourgeois à ces emplois. (*Art. 17, al. 2)

Art. 11. (1) L'Etat garantit les droits naturels de la personne humaine et de la famille. (*Art. 14)

(2) Les femmes et les hommes sont égaux en droits et en devoirs. (*Art. 16, al. 1)

L'Etat veille à promouvoir activement l'élimination des entraves pouvant exister en matière d'égalité entre femmes et hommes. (*Art. 16, al. 2)

(3) L'Etat garantit la protection de la vie privée, sauf les exceptions fixées par la loi. (*Art. 15)

(4) La loi garantit le droit au travail et l'Etat veille à assurer à chaque citoyen l'exercice de ce droit. (*Art. 33, al. 1) La loi garantit les libertés syndicales et organise le droit de grève. (*Art. 33, al. 2)

(5) La loi règle quant à ses principes la sécurité sociale, la protection de la santé, les droits des travailleurs, la lutte contre la pauvreté et l'intégration sociale des citoyens atteints d'un handicap. (*Art. 34)

(6) La liberté du commerce et de l'industrie, l'exercice de la profession libérale et du travail agricole sont garantis, sauf les restrictions à établir par la loi. (*Art. 35, al. 1)

En matière d'exercice de la profession libérale *elle* peut accorder à des organes professionnels dotés de la personnalité civile le pouvoir de prendre des règlements. (*Art. 35, al. 2)

La loi peut soumettre ces règlements à des procédures d'approbation, d'annulation ou de suspension, sans préjudice des attributions des tribunaux judiciaires ou administratifs. (*Art. 35, al. 3)

Art. 11*bis.* L'Etat garantit la protection de l'environnement humain et naturel, en œuvrant à l'établissement d'un équilibre durable entre la conservation de la nature, en particulier sa capacité de renouvellement, et la satisfaction des besoins des générations présentes et futures. (*Art. 36, al. 1)

Il promeut la protection et le bien-être des animaux. (*Art. 36, al. 2)

Art. 12. La liberté individuelle est garantie. – Nul ne peut être poursuivi que dans les cas prévus par la loi et dans la forme qu'elle prescrit. – Nul ne peut être arrêté ou placé que dans les cas prévus par la loi et dans la forme qu'elle prescrit. (*Art. 18, al. 1) – Hors le cas de flagrant délit, nul ne peut être arrêté qu'en vertu de l'ordonnance motivée du juge, qui doit être signifiée au moment de l'arrestation, ou au plus tard dans les vingt-quatre heures. (*Art. 18, al. 2) – Toute personne doit être informée sans délai des moyens de recours légaux dont elle dispose pour recouvrer sa liberté. (*Art. 18, al. 3)

Art. 13. Nul ne peut être distrait contre son gré du juge que la loi lui assigne. (*Art. 19)

Art. 14. Nulle peine ne peut être établie ni appliquée qu'en vertu de la loi. (*Art. 20)

Art. 15. Le domicile est inviolable. Aucune visite domiciliaire ne peut avoir lieu que dans les cas prévus par la loi et dans la forme qu'elle prescrit. (*Art. 22)

Art. 16. Nul ne peut être privé de sa propriété que pour cause d'utilité publique et moyennant juste indemnité, dans les cas et de la manière établis par la loi. (*Art. 23)

Art. 17. La peine de la confiscation des biens ne peut être établie. (*Art. 21)

Art. 18. La peine de mort ne peut être établie. (*Art. 12)

Art. 19. La liberté des cultes, celle de leur exercice public, ainsi que la liberté de manifester ses opinions religieuses, sont garanties, sauf la répression des délits commis à l'occasion de l'usage de ces libertés. (*Art. 28)

Art. 20. Nul ne peut être contraint de concourir d'une manière quelconque aux actes et aux cérémonies d'un culte ni d'en observer les jours de repos. (*Art. 29)

Art. 21. Le mariage civil devra toujours précéder la bénédiction nuptiale. (*Art. 30)

Art. 22. L'intervention de l'Etat dans la nomination et l'installation des chefs des cultes, le mode de nomination et de révocation des autres ministres des cultes, la faculté pour les uns et les autres de correspondre avec leurs supérieurs et de publier leurs actes, ainsi que les rapports de l'Eglise avec l'Etat, font l'objet de conventions à soumettre à la Chambre des Députés pour les dispositions qui nécessitent son intervention. (*Art. 31)

Art. 23. L'Etat veille à l'organisation de l'*instruction primaire,* qui sera obligatoire et gratuite et dont l'accès doit être garanti à toute personne habitant le Grand-Duché. (cf. *Art. 32, al. 1) *L'assistance médicale et sociale sera réglée par la loi.* (supprimé)

Il crée des établissements *d'instruction moyenne* gratuite et *les cours* d'enseignement supérieur *nécessaires.* (cf. *Art. 32, al. 2)

La loi détermine les moyens de subvenir à l'*instruction publique* ainsi que les conditions de surveillance par le Gouvernement et les communes; elle règle *pour le surplus tout* ce qui est relatif à l'enseignement et prévoit, selon des critères qu'elle détermine, un système d'aides financières en faveur des élèves et étudiants. (cf. *Art. 32, al. 3)

Chacun est libre de faire ses études dans le Grand-Duché ou à l'étranger et de fréquenter les universités de son choix, sauf les dispositions de la loi sur les conditions d'admission aux emplois et à l'exercice de certaines professions. (*Art. 32, al. 4)

Art. 24. La liberté de manifester ses opinions par la parole en toutes matières, et la liberté de la presse sont garanties, sauf la répression des délits commis à l'occasion de l'exercice de ces libertés. – La censure ne pourra jamais être établie. (*Art. 24)

Art. 25. La Constitution garantit le droit de s'assembler paisiblement et sans armes, dans le respect des lois qui règlent l'exercice de ce droit, sans pouvoir le soumettre à une autorisation préalable. – Cette disposition ne s'applique pas aux rassemblements en plein air, politiques, religieux ou autres; ces rassemblements restent entièrement soumis aux lois et règlements de police. (*Art. 25)

Art. 26. La Constitution garantit le droit d'association, dans le respect des lois qui règlent l'exercice de ce droit, sans pouvoir le soumettre à une autorisation préalable. (*Art. 26)

Art. 27. Chacun a le droit d'adresser aux autorités publiques, des pétitions signées par une ou plusieurs personnes. (*Art. 38, al. 1) – *Les autorités constituées ont seules le droit d'adresser des pétitions en nom collectif.* (supprimé)

Art. 28. *Le secret des lettres est inviolable.* (cf. *Art. 27, al. 1) – *La loi détermine quels sont les agents responsables de la violation du secret des lettres confiées à la poste.* (cf. *Art. 27, al. 2)

La loi réglera la garantie à donner au secret des télégrammes. (supprimé)

Art. 29. *La loi réglera l'emploi des langues en matière administrative et judiciaire.* (cf. *Art. 41, al. 1)

Art. 30. Nulle autorisation préalable n'est requise pour exercer des poursuites contre les fonctionnaires publics, pour faits de leur administration, sauf ce qui est statué à l'égard des membres du Gouvernement. (*Art. 39)

Art. 31. Les fonctionnaires publics, à quelque ordre qu'ils appartiennent, les membres du Gouvernement exceptés, ne peuvent être privés de leurs fonctions, honneurs et pensions que de la manière déterminée par la loi. (*Art. 40)

CHAPITRE III.
De la Puissance souveraine (supprimé)

Art. 32. (1) La *puissance souveraine* réside dans la Nation. (cf. *Art. 3, al. 1)

Le Grand-Duc l'exerce conformément à la présente Constitution et aux lois du pays. (cf. *Art. 3, al. 2)

(2) Le Grand-Duc n'a d'autres pouvoirs que ceux que lui attribuent *formellement* la Constitution et les lois particulières *portées* en vertu de la Constitution même, *le tout sans préjudice de l'art. 3 de la présente Constitution.* (cf. *Art. 52, al. 1)

(3) Dans les matières réservées à la loi par la Constitution, le Grand-Duc ne peut prendre des règlements et arrêtés qu'aux fins, dans les conditions et suivant les modalités spécifiées par la loi. (*Art. 55, al. 1)

(4) Toutefois, en cas de crise internationale, le Grand-Duc peut, s'il y a urgence, prendre en toute matière des règlements, même dérogatoires à des dispositions légales existantes. (*Art. 55, al. 2, 1re phr.)

La durée de validité de ces règlements est limitée à trois mois. (*Art. 55, al. 2, 2e phr.)

Art. 32bis. Les partis politiques concourent à la formation de la volonté populaire et à l'expression du suffrage universel. Ils expriment le pluralisme démocratique. (*Art. 5)

§1er. – De la Prérogative du Grand-Duc (cf. *Section 2 du Chap. 3)

Art. 33. Le Grand-Duc est le chef de l'Etat, symbole de son unité et garant de l'indépendance nationale. (*Art. 4) Il exerce le pouvoir exécutif conformément à la Constitution et aux lois du pays. (*Art. 52, al. 2)

Art. 34. *Le Grand-Duc promulgue les lois dans les trois mois du vote de la Chambre.* (cf. *Art. 85)

Art. 35. *Le Grand-Duc* nomme aux emplois civils et militaires, conformément à la loi, et sauf les exceptions établies par elle. (cf. *Art. 100(1))

Aucune fonction salariée par l'Etat ne peut être créée qu'en vertu d'une disposition législative. (*Art. 100(2))

Art. 36. Le Grand-Duc prend les règlements et arrêtés nécessaires pour l'exécution des lois. (*Art. 54)

Art. 37. *Le Grand-Duc fait les traités.* (cf. *Art. 121, al. 1) Les traités *n'auront* d'effet avant d'avoir été approuvés par la loi et publiés dans les formes prévues pour la publication des lois. (*Art. 121, al. 2)

Les traités visés au Chapitre III, §4, Art. 49bis, sont approuvés par une loi votée dans les conditions de l'article 114, alinéa 2. (cf. *Art. 122, 2e phr.)

Les traités secrets sont abolis. (supprimé)

Le Grand-Duc *fait* les règlements et arrêtés nécessaires pour l'exécution des traités dans les formes qui règlent les mesures d'exécution des lois et avec les effets qui s'attachent à ces mesures, sans préjudice des matières qui sont réservées par la Constitution à la loi. (cf. *Art. 123)

Nulle cession, nul échange, nulle adjonction de territoire ne peut avoir lieu qu'en vertu d'une loi. (*Art. 6)

Le Grand-Duc commande la force armée (cf. *Art. 126); *il déclare la guerre et la cessation de la guerre après y avoir été autorisé par un vote de la Chambre émis dans les conditions de l'article 114, alinéa 2 de la Constitution.* (cf. *Art. 127, 1re phr.)

Art. 38. Le Grand-Duc *a le droit* de remettre ou de réduire les peines prononcées par les juges, sauf ce qui est statué relativement aux membres du Gouvernement. (cf. *Art. 56)

Art. 39. *Le Grand-Duc a le droit de battre monnaie en exécution de la loi.* (supprimé)

Art. 40. Le Grand-Duc a le droit de conférer des *titres de noblesse,* sans pouvoir jamais y attacher aucun privilège. (cf. *Art. 58)

Art. 41. Le Grand-Duc confère les ordres civils et militaires, en observant à cet égard ce que la loi prescrit. (*Art. 57)

Art. 42. *Le Grand-Duc peut Se faire représenter par un Prince du sang, qui aura le titre de Lieutenant du Grand-Duc et résidera dans le Grand-Duché.* (cf. Art. 51, al. 1)

Ce représentant prêtera serment d'observer la Constitution avant d'exercer ses pouvoirs. (cf. *Art. 51, al. 2)

Art. 43. *La liste civile est fixée à trois cent mille francs-or par an.* (supprimé)

Elle peut être changée par la loi au commencement de chaque règne. La loi budgétaire peut allouer chaque année à la Maison Souveraine les sommes nécessaires pour couvrir les frais de représentation. (cf. *Art. 59, al. 1)

Art. 44. Le Palais Grand-Ducal à Luxembourg et le Château de Berg sont réservés à l'habitation du Grand-Duc. (*Art. 60)

Art. 45. Les dispositions du Grand-Duc doivent être contresignées par un membre du Gouvernement responsable. (*Art. 52, al. 3)

§2. – De la Législation

Art. 46. *L'assentiment* de la Chambre des Députés est requis pour toute loi. (cf. *Art. 81)

Art. 47. *Le Grand-Duc adresse à la Chambre les propositions ou projets de lois qu'il veut soumettre à son adoption.* (cf. *Art. 79)

La Chambre a le droit de proposer au Grand-Duc des projets de lois. (cf. *Art. 80)

Art. 48. *L'interprétation des lois par voie d'autorité ne peut avoir lieu que par la loi.* (supprimé)

§3. – De la Justice

Art. 49. *La justice est rendue au nom du Grand-Duc par les cours et tribunaux.* (cf. *Art. 104)

Les arrêts et jugements sont exécutés au nom du Grand-Duc. (supprimé)

§ 4. – Des pouvoirs internationaux (cf. *Chap. 8)

Art. 49*bis*. L'exercice d'attributions réservées par la Constitution aux pouvoirs législatif, exécutif et judiciaire *peut être temporairement dévolu* par traité à des institutions de droit international. (cf. *Art. 122, 1re phr.)

CHAPITRE IV.
De la Chambre des Députés

Art. 50. La Chambre des Députés représente le pays. – Les députés votent sans en référer à leurs commettants et ne peuvent avoir en vue que les intérêts généraux du Grand-Duché. (*Art. 61)

Art. 51. (1) Le Grand-Duché de Luxembourg est placé sous le régime de la démocratie parlementaire. (*Art. 2)

(2) *L'organisation de la Chambre est réglée par la loi.* (supprimé) (cf. *Art. 75)

(3) La Chambre se compose de 60 députés. Une loi votée dans les conditions de l'article *114,* alinéa 2 fixe le nombre des députés à élire dans chacune des circonscriptions. (*Art. 62(1))

(4) L'élection est directe. (*Art. 62(2))

(5) Les députés sont élus sur la base du suffrage universel pur et simple, au scrutin de liste, suivant les règles de la représentation proportionnelle, conformément au principe du plus petit quotient électoral et suivant les règles à déterminer par la loi. (*Art. 62(3))

(6) Le pays est divisé en quatre circonscriptions électorales:
– le Sud avec les cantons d'Esch-sur-Alzette et Capellen;
– le Centre avec les cantons de Luxembourg et Mersch;
– le Nord avec les cantons de Diekirch, Redange, Wiltz, Clervaux et Vianden;
– l'Est avec les cantons de Grevenmacher, Remich et Echternach. (*Art. 62(4))

(7) *Les électeurs pourront être appelés à se prononcer par la voie du référendum dans les cas et sous les conditions à déterminer par la loi.* (cf. *Art. 87)

Art. 52. Pour être électeur, il faut:
1° être Luxembourgeois ou Luxembourgeoise;
2° jouir des droits civils et politiques;
3° être âgé de dix-huit ans accomplis. (*Art. 63, al. 1)

Il faut en outre réunir à ces trois qualités celles déterminées par la loi. Aucune condition de cens ne pourra être exigée. (*Art. 63, al. 2)

Pour être éligible, il faut:
1° être Luxembourgeois ou Luxembourgeoise;
2° jouir des droits civils et politiques;
3° être âgé de dix-huit ans accomplis;
4° être domicilié dans le Grand-Duché. (*Art. 64, al. 1)

Aucune autre condition d'éligibilité ne pourra être requise. (*Art. 64, al. 2)

Art. 53. *Ne peuvent être ni électeurs ni éligibles:*
1° les condamnés à des peines criminelles;
2° ceux qui, en matière correctionnelle, sont privés du droit de vote par condamnation;
3° les majeurs en tutelle. (cf. *Art. 65, al. 1)

Aucun autre cas d'exclusion ne pourra être prévu. (*Art. 65, al. 2)

Le droit de vote peut être rendu par la voie de grâce aux personnes qui l'ont perdu par condamnation pénale. (*Art. 65, al. 3)

Art. 54. (1) Le mandat de député est incompatible:
1° avec les fonctions de membre du Gouvernement;
2° avec celles de membre du Conseil d'Etat;
3° avec celles de magistrat de l'Ordre judiciaire;
4° avec celles de membre de la Cour des comptes;
5° avec celles de commissaire de district;
6° avec celles de receveur ou agent comptable de l'Etat;
7° avec celles de militaire de carrière en activité de service. (*Art. 66(1))

(2) Les fonctionnaires se trouvant dans un cas d'incompatibilité ont le droit d'opter entre le mandat leur confié et leurs fonctions. (*Art. 66(2))

(3) Le député qui a été appelé aux fonctions de membre du Gouvernement et qui quitte ces fonctions, est réinscrit de plein droit comme premier suppléant sur la liste sur laquelle il a été élu. (*Art. 68, al. 1)

Il en sera de même du député suppléant qui, appelé aux fonctions de membre du Gouvernement, aura renoncé au mandat de député lui échu au cours de ces fonctions. (*Art. 68, al. 2)

En cas de concours entre plusieurs ayants droit, la réinscription sera faite dans l'ordre des voix obtenues aux élections. (*Art. 68, al. 3)

Art. 55. Les incompatibilités prévues par *l'article précédent* ne font pas obstacle à ce que la loi n'en établisse d'autres dans l'avenir. (*Art. 69)

Art. 56. Les députés sont élus pour cinq ans. (*Art. 70)

Art. 57. (1) La Chambre vérifie les pouvoirs de ses membres et juge les contestations qui s'élèvent à ce sujet. (*Art. 71(1))

(2) A leur entrée en fonctions, *ils* prêtent le serment *qui suit:*
«Je jure fidélité au Grand-Duc, obéissance à la Constitution et aux lois de l'Etat.» (cf. *Art. 71(2))

(3) Ce serment est prêté en séance publique, entre les mains du président de la Chambre. (*Art. 71(3))

Art. 58. Le député, nommé par le Gouvernement à un emploi salarié qu'il accepte, cesse immédiatement de siéger, et ne reprend ses fonctions qu'en vertu d'une nouvelle élection. (*Art. 67)

Art. 59. Toutes les lois sont soumises à un second vote, à moins que la Chambre, d'accord avec le Conseil d'Etat, siégeant en séance publique, n'en décide autrement. – Il y aura un intervalle d'au moins trois mois entre les deux votes. (*Art. 84)

Art. 60. A chaque session, la Chambre nomme son président et ses vice-présidents et compose son bureau. (*Art. 72)

Art. 61. Les séances de la Chambre sont publiques, sauf les exceptions à déterminer par le règlement. (*Art. 73)

Art. 62. Toute résolution est prise à la majorité absolue des suffrages. En cas de partage de voix, la proposition mise en délibération est rejetée. (*Art. 74, al. 1)

La Chambre ne peut prendre de résolution qu'autant que la majorité de ses membres se trouve réunie. (*Art. 74, al. 2)

Art. 63. (abrogé)

Art. 64. La Chambre a le droit d'enquête. La loi règle l'exercice de ce droit. (cf. *Art. 88, al. 1)

Art. 65. La Chambre vote sur l'ensemble de la loi. *Ce vote intervient toujours par appel nominal.* (cf. *Art. 83, al. 1)

A la demande de cinq députés au moins, le vote sur l'ensemble de la loi peut être précédé par un vote portant sur un ou plusieurs articles de la loi. (*Art. 83, al. 2)

Le vote par procuration est admis. Nul ne peut toutefois recevoir plus d'une procuration. (*Art. 83, al. 3)

Art. 66. La Chambre a le droit d'amender et de diviser les articles et les amendements proposés. (*Art. 82)

Art. 67. *Il est interdit de présenter en personne des pétitions à la Chambre.* (supprimé)

La Chambre a le droit de renvoyer aux membres du Gouvernement les pétitions qui lui sont adressées. – Les membres du Gouvernement donneront des explications sur leur contenu, chaque fois que la Chambre le demandera. (supprimé)

La Chambre ne s'occupe d'aucune pétition ayant pour objet des intérêts individuels, à moins qu'elle ne tende au redressement de griefs résultant d'actes illégaux posés par le Gouvernement ou les autorités, ou que la décision à intervenir ne soit de la compétence de la Chambre. (cf. *Art. 89)

Art. 68. Aucune action, ni civile, ni pénale, ne peut être dirigée contre un député à l'occasion des opinions et votes émis par lui dans l'exercice de ses fonctions. (*Art. 90)

Art. 69. A l'exception des cas visés par l'article *68,* les députés peuvent être poursuivis en matière pénale, même durant la session. (*Art. 91, al. 1)

Cependant, l'arrestation d'un député pendant la durée de la session est, sauf le cas de flagrant délit, soumise à l'autorisation préalable de la Chambre. (*Art. 91, al. 2)

L'autorisation de la Chambre n'est pas requise pour l'exécution des peines, même celles privatives de liberté, prononcées à l'encontre d'un député. (*Art. 91, al. 3)

Art. 70. *La Chambre détermine par son règlement le mode suivant lequel elle exerce ses attributions.* (cf. *Art. 75)

Art. 71. Les séances de la Chambre sont tenues dans le lieu de la résidence de l'administration du Grand-Duché. (cf. *Art. 8, al. 1)

Art. 72. (1) La Chambre se réunit chaque année en session ordinaire à l'époque fixée par *le* règlement. (*Art. 76(2))

(2) *Le Grand-Duc peut convoquer la Chambre extraordinairement* (cf. *Art. 76, al. 1); *il doit le faire sur la demande d'un tiers des députés.* (cf. *Art. 77, al. 2)

(3) *Toute session est ouverte et close par le Grand-Duc en personne, ou bien en son nom par un fondé de pouvoirs nommé à cet effet.* (cf. *Art. 76(3))

Art. 73. (abrogé)

Art. 74. Le Grand-Duc peut dissoudre la Chambre. (cf. *Art. 78, al. 1 et *Art. 99(3))

Il est procédé à de nouvelles élections dans les trois mois au plus tard de la dissolution. (*Art. 78, al. 2)

Art. 75. Les membres de la Chambre des Députés toucheront, outre leurs frais de déplacement, une indemnité, dont le montant et les conditions sont fixés par la loi. (*Art. 92)

CHAPITRE V.
Du Gouvernement *du Grand-Duché*

Art. 76. *Le Grand-Duc règle l'organisation de son Gouvernement, lequel est composé de trois membres au moins.* (cf. *Art. 93 et *Art. 94(2))

Dans l'exercice du pouvoir lui attribué par les articles 36 et 37, alinéa 4 de la Constitution, le Grand-Duc peut, dans les cas qu'il détermine, charger les membres de son Gouvernement de prendre des mesures d'exécution. (*Art. 97)

Art. 77. Le Grand-Duc nomme et révoque les membres du Gouvernement. (cf. *Art. 94(1))

Art. 78. *Les membres du Gouvernement sont responsables.* (cf. *Art. 101(1), (3) et (4))

Art. 79. *Il n'y a entre les membres du Gouvernement et le Grand-Duc aucune autorité intermédiaire.* (supprimé)

Art. 80. Les membres du Gouvernement ont entrée dans la Chambre et doivent être entendus quand ils le demandent. (*Art. 102(1), 1re phr.)

La Chambre peut demander leur présence. (*Art. 102(1), 2e phr.)

Art. 81. En aucun cas, l'ordre verbal ou écrit du Grand-Duc ne peut soustraire un membre du Gouvernement à la responsabilité. (*Art. 101(6))

Art. 82. *La Chambre a le droit d'accuser les membres du Gouvernement.* (cf. *Art. 101(5), al. 3, 2e phr.) – *Une loi déterminera les cas de responsabilité, les peines à infliger et le mode de procéder, soit sur l'accusation admise par la Chambre, soit sur la poursuite des parties lésées.* (supprimé – cf. *Art. 101(5))

Art. 83. Le Grand-Duc ne peut faire grâce au membre du Gouvernement condamné, que sur la demande de la Chambre. (*Art. 101(7))

CHAPITRE V*bis.*
Du Conseil d'État

Art. 83*bis.* Le Conseil d'Etat est appelé à donner son avis sur les projets et propositions de loi et les amendements qui pourraient y être proposés, ainsi que sur toutes autres questions qui lui seront déférées par le Gouvernement ou par les lois. Sur les articles votés par la Chambre conformément à l'article 65, il émet son avis dans le délai fixé par la loi. (*Art. 103, al. 1)

L'organisation du Conseil d'Etat et la manière d'exercer ses attributions sont réglées par la loi. (*Art. 103, al. 2)

CHAPITRE VI.
De la Justice

Art. 84. Les contestations qui ont pour objet des droits civils, sont exclusivement du ressort des tribunaux. (*Art. 106)

Art. 85. Les contestations qui ont pour objet des droits politiques, sont du ressort des tribunaux, sauf les exceptions établies par la loi. (*Art. 107)

Art. 86. Nul tribunal, nulle juridiction contentieuse ne *peut être établi* qu'en vertu d'une loi. Il ne peut être créé de commissions ni de tribunaux extraordinaires, sous quelque dénomination que ce soit. (*Art. 108)

Art. 87. *Il est pourvu par une loi à l'organisation d'une Cour supérieure de justice.* (cf. *Art. 109)

Art. 88. Les audiences des tribunaux sont publiques, à moins que cette publicité ne soit dangereuse pour l'ordre ou les mœurs, et, dans ce cas, le tribunal le déclare par un jugement. (*Art. 110)

Art. 89. Tout jugement est motivé. Il est prononcé en audience publique. (*Art. 111)

Art. 90. Les juges de paix et les juges des tribunaux sont directement nommés par le *Grand-Duc*. – Les conseillers de la Cour et les présidents et vice-présidents des tribunaux d'arrondissement sont nommés par le *Grand-Duc,* sur l'avis de la Cour supérieure de justice. (cf. *Art. 117)

Art. 91. *Les juges de paix, les juges des tribunaux d'arrondissement et les conseillers de la Cour sont inamovibles.* – Aucun d'eux ne peut être privé de sa place ni être suspendu que par un jugement. – Le déplacement d'un de ces juges ne peut avoir lieu que par une nomination nouvelle et de son consentement. (cf. *Art. 114, al. 1)

Toutefois, en cas d'infirmité ou d'inconduite, il peut être suspendu, révoqué ou déplacé, suivant les conditions déterminées par la loi. (*Art. 114, al. 2)

Art. 92. *Les traitements des membres de l'ordre judiciaire sont fixés par la loi.* (cf. *Art. 115)

Art. 93. Sauf les cas d'exception prévus par la loi, aucun juge ne peut accepter du Gouvernement des fonctions salariées, à moins qu'il ne les exerce gratuitement, sans préjudice toutefois aux cas d'incompatibilité déterminés par la loi. (*Art. 116)

Art. 94. Des lois particulières règlent l'organisation des tribunaux militaires, leurs attributions, les droits et obligations des membres de ces tribunaux, et la durée de leurs fonctions. (*Art. 118, al. 1)

La loi règle aussi l'organisation des juridictions du travail et des juridictions en matière *d'assurances sociales,* leurs attributions, le mode de nomination de leurs membres et la durée des fonctions de ces derniers. (cf. *Art. 118, al. 2)

Art. 95. Les cours et tribunaux n'appliquent les arrêtés et règlements généraux et locaux qu'autant qu'ils sont conformes aux lois. (*Art. 112) – La Cour supérieure de justice *réglera* les conflits d'attribution d'après le mode déterminé par la loi. (*Art. 113)

Art. 95*bis.* (1) Le contentieux administratif est du ressort du tribunal administratif et de la Cour administrative. Ces juridictions connaissent du contentieux fiscal dans les cas et sous les conditions à déterminer par la loi. (*Art. 119(1))

(2) La loi peut créer d'autres juridictions administratives. (*Art. 119(2))

(3) La Cour administrative constitue la juridiction suprême de l'ordre administratif. (*Art. 119(3))

(4) Les attributions et l'organisation des juridictions administratives sont réglées par la loi. (*Art. 119(4))

(5) Les magistrats de la Cour administrative et du tribunal administratif sont nommés par le Grand-Duc. La nomination des membres de la Cour administrative ainsi que des président et vice-présidents du tribunal administratif se fait, sauf en ce qui concerne les premières nominations, sur avis de la Cour administrative. (*Art 119(5))

(6) *Les dispositions des articles 91, 92 et 93 sont applicables aux membres de la Cour administrative et du tribunal administratif.* (cf. *Art 114, *Art. 115 et *Art. 116)

Art. 95*ter.* (1) La Cour Constitutionnelle statue, par voie d'arrêt, sur la conformité des lois à la Constitution. (*Art. 120(1))

(2) La Cour Constitutionnelle est saisie, à titre préjudiciel, suivant les modalités à déterminer par la loi, par toute juridiction pour statuer sur la conformité des lois, à l'exception des lois portant approbation de traités, à la Constitution. (*Art. 120(2))

(3) La Cour Constitutionnelle est composée du Président de la Cour Supérieure de Justice, du Président de la Cour administrative, de deux conseillers à la Cour de Cassation et de cinq magistrats nommés par le *Grand-Duc,* sur l'avis conjoint de la Cour Supérieure de Justice et de la Cour administrative. Les dispositions des articles 91, 92 et 93 leur sont applicables. La Cour Constitutionnelle comprend une chambre siégeant au nombre de cinq magistrats. (cf. *Art. 120(3))

(4) L'organisation de la Cour Constitutionnelle et la manière d'exercer ses attributions sont réglées par la loi. (*Art. 120(4))

CHAPITRE VII.
De la Force publique

Art. 96. *Tout ce qui concerne la force armée est réglé par la loi.* (supprimé)

Art. 97. L'organisation et les attributions *des forces de l'ordre* font l'objet d'une loi. (cf. *Art. 125)

Art. 98. *Il peut être formé une garde civique, dont l'organisation est réglée par la loi.* (supprimé)

CHAPITRE VIII.
Des Finances

Art. 99. Aucun impôt au profit de l'Etat ne peut être établi que par *une* loi. (*Art. 128) – Aucun emprunt à charge de l'Etat ne peut être contracté sans l'assentiment de la Chambre. (*Art. 131(1)) – Aucune propriété immobilière de l'Etat ne peut être aliénée si l'aliénation n'en est autorisée par une loi spéciale. Toutefois une loi générale peut déterminer un seuil en dessous duquel une autorisation spéciale de la Chambre n'est pas requise. (*Art. 131(2)) – Toute acquisition par l'Etat d'une propriété immobilière importante, toute réalisation au profit de l'Etat d'un grand projet d'infrastructure ou d'un bâtiment considérable, tout engagement financier important de l'Etat doivent être autorisés par une loi spéciale. Une loi générale détermine les seuils à partir desquels cette autorisation est requise. (*Art. 131(3)) – Aucune charge grevant le budget de l'Etat pour plus d'un exercice ne peut être établie que par une loi spéciale. (*Art. 131(4)) – *Aucune charge, aucune imposition communale ne peut être établie que du consentement du conseil communal.* (supprimé – cf. *Art. 136(3), al. 2) – *La loi détermine les exceptions dont l'expérience démontrera la nécessité relativement aux impositions communales.* (supprimé)

Art. 100. Les impôts au profit de l'Etat sont votés annuellement. – Les lois qui les établissent n'ont de force que pour un an, si elles ne sont renouvelées. (*Art. 129)

Art. 101. Il ne peut être établi de privilège en matière d'impôts. Nulle exemption ou modération ne peut être établie que par une loi. (*Art. 130)

Art. 102. *Hors les cas formellement exceptés par la loi, aucune rétribution ne peut être exigée des citoyens ou des établissements publics qu'à titre d'impôts au profit de l'Etat ou de la commune.* (supprimé)

Art. 103. Aucune pension, aucun traitement d'attente, aucune gratification à la charge du trésor ne peuvent être accordés qu'en vertu de la loi. (*Art. 132)

Art. 104. Chaque année la Chambre arrête la loi des comptes et vote le budget. – Toutes les recettes et dépenses de l'Etat doivent être portées au budget et dans les comptes. (*Art. 133)

Art. 105. (1) Une Cour des comptes est chargée du contrôle de la gestion financière des organes, administrations et services *de l'Etat;* la loi peut lui confier d'autres missions de contrôle de gestion financière des deniers publics. (cf. 134(1))

(2) Les attributions et l'organisation de la Cour des comptes ainsi que les modalités de son contrôle et les relations avec la Chambre des Députés sont déterminées par la loi. (*Art. 134(2))

(3) Les membres de la Cour des comptes sont nommés par le Grand-Duc sur proposition de la Chambre des Députés. (*Art. 134(3))

(4) Le compte général de l'Etat est soumis à la Chambre des Députés, accompagné des observations de la Cour des comptes. (*Art. 134(3))

Art. 106. Les traitements et pensions des ministres des cultes sont à charge de l'Etat et réglés par la loi. (*Art. 135)

CHAPITRE IX.
Des Communes

Art. 107. (1) Les communes forment des collectivités autonomes, à base territoriale, possédant la personnalité juridique et gérant par leurs organes leur patrimoine et leurs intérêts propres. (*Art. 136(1))

(2) Il y a dans chaque commune un conseil communal élu directement par les habitants de la commune; les conditions pour être électeur ou éligible sont réglées par la loi. (*Art. 136(2))

(3) Le conseil établit annuellement le budget de la commune et en arrête les comptes. (*Art. 136(4), 1re phr.) Il fait les règlements communaux, sauf les cas d'urgence. (*Art. 136(4), dernière phr.) *Il peut établir des impositions communales, sous l'approbation du Grand-Duc.* (cf. *Art. 136(4), 2e phr.) *Le Grand-Duc a le droit de dissoudre le conseil.* (cf. *Art. 136(8))

(4) La commune est administrée sous l'autorité du collège des bourgmestre et échevins, dont les membres doivent être choisis parmi les conseillers communaux. Les conditions de nationalité que doivent remplir les membres du collège des bourgmestre et échevins sont déterminées par une loi votée dans les conditions de l'article 114, alinéa 2 de la Constitution. (*Art. 136(5))

(5) La loi règle la composition, l'organisation et les attributions des organes de la commune. Elle établit le statut des fonctionnaires communaux. La commune participe à la mise en œuvre de l'enseignement de la manière fixée par la loi. (*Art. 136(6))

(6) La loi règle la surveillance de la gestion communale. Elle peut soumettre certains actes des organes communaux à l'approbation de l'autorité de surveillance et même en prévoir l'annulation ou la suspension en cas d'illégalité ou d'incompatibilité avec l'intérêt général, sans préjudice des attributions des tribunaux judiciaires ou administratifs. (*Art. 136(7))

Art. 108. La rédaction des actes de l'état civil et la tenue des registres sont exclusivement dans les attributions des autorités communales. (*Art. 137)

CHAPITRE X.
Des Établissements publics

Art. 108*bis*. La loi peut créer des établissements publics, dotés de la personnalité civile, dont elle détermine l'organisation et l'objet. Dans la limite de leur spécialité le pouvoir de prendre des règlements peut leur être accordé par la loi qui peut en outre soumettre ces règlements à l'approbation de l'autorité de tutelle ou même en prévoir l'annulation ou la suspension en cas d'illégalité, sans préjudice des attributions des tribunaux judiciaires ou administratifs. (*Art. 138)

CHAPITRE XI.
Dispositions générales

Art. 109. La ville de Luxembourg est la capitale du Grand-Duché *et le siège du Gouvernement.* (cf. *Art. 8, al. 1) – *Le siège du Gouvernement ne peut être déplacé* que momentanément pour des raisons graves. (cf. *Art. 8, al. 2)

Art. 110. (1) Aucun serment ne peut être imposé qu'en vertu de la loi; elle en détermine la formule. (*Art. 139)

(2) *Tous les fonctionnaires publics civils, avant d'entrer en fonctions, prêtent le serment suivant:* (supprimé)

«Je jure fidélité au Grand-Duc, obéissance à la Constitution et aux lois de l'Etat. Je promets de remplir mes fonctions avec intégrité, exactitude et impartialité.» (cf. *Art. 94(3))

Art. 111. *Tout étranger* qui se trouve sur le territoire du Grand-Duché, jouit de la protection accordée aux personnes et aux biens, *sauf les exceptions établies par la loi.* (cf. *Art. 10)

Art. 112. Aucune loi, aucun arrêté ou règlement d'administration générale ou communale n'est obligatoire qu'après avoir été publié dans la forme déterminée par la loi. (*Art. 140)

Art. 113. Aucune disposition de la Constitution ne peut être suspendue. (*Art. 141)

Art. 114. Toute révision de la Constitution doit être adoptée dans les mêmes termes par la Chambre des députés en deux votes successifs, séparés par un intervalle d'au moins trois mois. (*Art. 142, al. 1)

Nulle révision ne sera adoptée si elle ne réunit au moins les deux tiers des suffrages des membres de la Chambre, les votes par procuration n'étant pas admis. (*Art. 142, al. 2)

Le texte adopté en première lecture par la Chambre des députés est soumis à un référendum, qui se substitue au second vote de la Chambre, si dans les deux mois suivant le premier vote demande en est faite soit par plus d'un quart des membres de la Chambre, soit par vingt-cinq mille électeurs inscrits sur les listes électorales pour les élections législatives. La révision n'est adoptée que si elle recueille la majorité des suffrages valablement exprimés. La loi règle les modalités d'organisation du référendum. (*Art. 142, al. 3)

Art. 115. Pendant une régence, aucun changement ne peut être apporté à la Constitution en ce qui concerne les prérogatives constitutionnelles du Grand-Duc, son statut ainsi que l'ordre de succession. (*Art. 143)

CHAPITRE XII.
Dispositions transitoires et supplémentaires

Art. 116. *Jusqu'à ce qu'il y soit pourvu par une loi, la Chambre des Députés aura un pouvoir discrétionnaire pour accuser un membre du Gouvernement, et la Cour supérieure, en assemblée générale, le jugera, en caractérisant le délit et en déterminant la peine. – Néanmoins, la peine ne pourra excéder celle de la réclusion, sans préjudice des cas expressément prévus par les lois pénales.* (supprimé – cf. *Art. 101(5))

Art. 117. *A compter du jour où la Constitution sera exécutoire, toutes les lois, tous les décrets, arrêtés, règlements et autres actes qui y sont contraires, sont abrogés.* (supprimé)

Art. 118. Les dispositions de la Constitution ne font pas obstacle à l'approbation du Statut de la Cour Pénale Internationale, fait à Rome, le 17 juillet 1998, et à l'exécution des obligations en découlant dans les conditions prévues par ledit Statut. (*Art. 124)

Art. 119. *En attendant la conclusion des conventions prévues à l'Art. 22, les dispositions actuelles relatives aux cultes restent en vigueur.* (supprimé)

Art. 120. *Jusqu'à la promulgation des lois et règlements prévus par la Constitution, les lois et règlements en vigueur continuent à être appliqués.* (supprimé)

Art. 121. (abrogé)

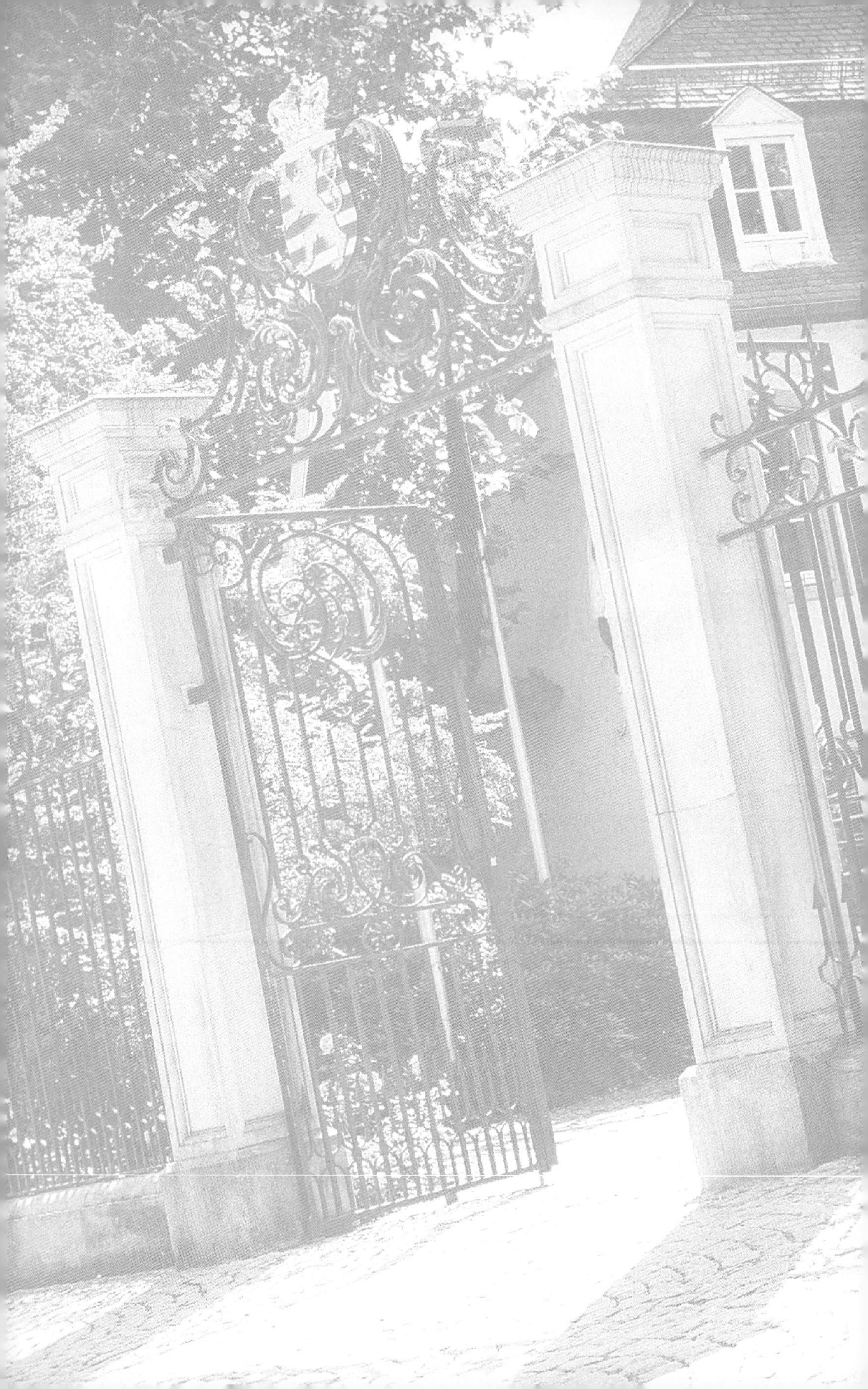

Annexe 1 B)

La proposition de révision (n° 6030) portant modification et nouvel ordonnancement de la Constitution

(déposée à la Chambre des députés par M. Paul-Henri Meyers, président de la commission des Institutions et de la Révision constitutionnelle, le 21 avril 2009)

CHAPITRE 1. – De l'État, de son territoire et de ses habitants

Section 1. – De l'Etat, de sa forme politique, du chef de l'Etat et de la puissance souveraine

Art. 1er. Le Grand-Duché de Luxembourg est un Etat **de droit**, libre, indépendant et indivisible. *(cf. Art. 1er Cn)*

Art. 2. Le Grand-Duché de Luxembourg est placé sous le régime de la démocratie parlementaire. *(= Art. 51(1) Cn)*

Art. 3. La **souveraineté** réside dans la Nation. *(cf. Art. 32(1), al. 1 Cn)*

Elle est exercée conformément à la Constitution et aux lois du pays. *(cf. Art. 32(1), al. 2 Cn)*

Art. 4. Le Grand-Duc est le chef de l'Etat, symbole de son unité et garant de l'indépendance nationale. *(= Art. 33, 1re phr. Cn)*

Art. 5. Les partis politiques concourent à la formation de la volonté populaire et à l'expression du suffrage universel. Ils expriment le pluralisme démocratique. *(= Art. 32bis Cn)*

Section 2. – Du territoire

Art. 6. Nulle cession, nul échange, nulle adjonction de territoire ne peut avoir lieu qu'en vertu d'une loi. *(= Art. 37, al. 5 Cn)*

Art. 7. Les limites et chefs-lieux des arrondissements judiciaires ou administratifs, des cantons et des communes ne peuvent être changés qu'en vertu d'une loi. *(= Art. 2 Cn)*

Art. 8. La ville de Luxembourg est la capitale du Grand-Duché, le siège de la Chambre des Députés et du Gouvernement. *(cf. Art. 71 et Art. 109, 1re phr. Cn)*

Le siège de la Chambre des Députés et le siège du Gouvernement ne peuvent être déplacés que momentanément pour des raisons graves. *(cf. Art. 109, 2e phr. Cn)*

Section 3. – De la nationalité et des droits politiques

Art. 9. La qualité de Luxembourgeois s'acquiert, se conserve et se perd d'après les règles déterminées par la loi. *(= Art. 9, al. 1 Cn)*

La présente Constitution et **les lois** relatives aux droits politiques déterminent quelles sont, outre cette qualité, les conditions nécessaires pour l'exercice de ces droits. *(= Art. 9, al. 2 Cn)*

Par dérogation à l'alinéa qui précède, la loi peut conférer l'exercice de droits politiques à des non-Luxembourgeois. *(= Art. 9, al. 3 Cn)*

Art. 10. Toute personne qui se trouve sur le territoire du Grand-Duché, jouit de la protection accordée aux personnes et aux biens, **conformément à la Constitution et aux lois**. *(cf. Art. 111 Cn)*

CHAPITRE 2. – Des libertés publiques et des droits fondamentaux

Section 1. – Dignité

Art. 11. La dignité humaine est inviolable. *(ajouté)*

Art. 12. La peine de mort ne peut être établie. *(= Art. 18 Cn)*

Art. 13. Nul ne peut être soumis à la torture, ni à des peines ou traitements inhumains et dégradants. *(ajouté)*

Art. 14. L'Etat garantit les droits naturels de la personne humaine et de la famille. *(= Art. 11(1) Cn)*

Art. 15. L'Etat garantit la protection de la vie privée, sauf les exceptions fixées par la loi. *(= Art. 11(3) Cn)*

Section 2. – Egalité

Art. 16. Les femmes et les hommes sont égaux en droits et en devoirs. *(= Art. 11(2) Cn)*

L'Etat veille à promouvoir activement l'élimination des entraves pouvant exister en matière d'égalité entre femmes et hommes. *(= Art. 11(2) Cn)*

Art. 17. Les Luxembourgeois sont égaux devant la loi. *(= Art. 10bis(1) Cn)*

Ils sont admissibles à tous les emplois publics, civils et militaires ; la loi détermine l'admissibilité des non-Luxembourgeois à ces emplois. *(= Art. 10bis(2) Cn)*

Section 3. – Libertés

Art. 18. La liberté individuelle est garantie. Nul ne peut être poursuivi que dans les cas prévus par la loi et dans la forme qu'elle prescrit. Nul ne peut être arrêté ou placé que dans les cas prévus par la loi et dans la forme qu'elle prescrit. *(= Art. 12, trois premières phr. Cn)*

Hors le cas de flagrant délit, nul ne peut être arrêté qu'en vertu de l'ordonnance motivée du juge, qui doit être signifiée au moment de l'arrestation, ou au plus tard dans les vingt-quatre heures. *(= Art. 12, 4ᵉ phr. Cn)*

Toute personne doit être informée sans délai des moyens de recours légaux dont elle dispose pour recouvrer sa liberté. *(= Art. 12, dernière phr. Cn)*

Art. 19. Nul ne peut être distrait contre son gré du juge que la loi lui assigne. *(= Art. 13 Cn)*

Art. 20. Nulle peine ne peut être établie ni appliquée qu'en vertu de la loi. *(= Art. 14 Cn)*

Art. 21. La peine de la confiscation des biens ne peut être établie. *(= Art. 17 Cn)*

Art. 22. Le domicile est inviolable. Aucune visite domiciliaire ne peut avoir lieu que dans les cas prévus par la loi et dans la forme qu'elle prescrit. *(= Art. 15 Cn)*

Art. 23. Nul ne peut être privé de sa propriété que pour cause d'utilité publique et moyennant juste indemnité, dans les cas et de la manière établis par la loi. *(= Art. 16 Cn)*

Art. 24. La liberté de manifester ses opinions par la parole en toutes matières, et la liberté de la presse sont garanties, sauf la répression des délits commis à l'occasion de l'exercice de ces libertés. La censure ne pourra jamais être établie. *(= Art. 24 Cn)*

Art. 25. La Constitution garantit le droit de s'assembler paisiblement et sans armes, dans le respect des lois qui règlent l'exercice de ce droit, sans pouvoir le soumettre à une autorisation préalable. Cette disposition ne s'applique pas aux rassemblements en plein air, politiques, religieux ou autres; ces rassemblements restent entièrement soumis aux lois et règlements de police. *(= Art. 25 Cn)*

Art. 26. La Constitution garantit le droit d'association, dans le respect des lois qui règlent l'exercice de ce droit, sans pouvoir le soumettre à une autorisation préalable. *(= Art. 26 Cn)*

Art. 27. Les communications à caractère personnel sous toutes leurs formes sont inviolables. *(cf. Art. 28, 1ʳᵉ phr. Cn)*

Aucune restriction ne peut être apportée à ce droit, sauf dans les cas spécialement prévus par la loi et sous les conditions et contrôles qu'elle détermine. *(cf. Art. 28, 2ᵉ phr. Cn)*

Art. 28. La liberté des cultes, celle de leur exercice public, ainsi que la liberté de manifester ses opinions religieuses, sont garanties, sauf la répression des délits commis à l'occasion de l'usage de ces libertés. *(= Art. 19 Cn)*

Art. 29. Nul ne peut être contraint de concourir d'une manière quelconque aux actes et aux cérémonies d'un culte ni d'en observer les jours de repos. *(= Art. 20 Cn)*

Art. 30. Le mariage civil devra toujours précéder la bénédiction nuptiale. *(= Art. 21 Cn)*

Art. 31. L'intervention de l'Etat dans la nomination et l'installation des chefs des cultes, le mode de nomination et de révocation des autres ministres des cultes, la faculté pour les uns et les autres de correspondre avec leurs supérieurs et de publier leurs actes, ainsi que les rapports de l'Eglise avec l'Etat, font l'objet de conventions à soumettre à la Chambre des Députés pour les dispositions qui nécessitent son intervention. *(= Art. 22 Cn)*

Art. 32. L'Etat veille à l'organisation de l'**enseignement fondamental**, qui sera obligatoire et gratuit et dont l'accès doit être garanti à toute personne habitant le Grand-Duché. *(cf. Art. 23, al. 1 Cn)*

Il crée des établissements d'**enseignement secondaire** gratuit et d'enseignement supérieur. *(cf. Art. 23, al. 2 Cn)*

La loi détermine les moyens de subvenir à l'**enseignement public** ainsi que les conditions de surveillance par le Gouvernement et les communes; elle règle **quant aux principes** ce qui est relatif à l'enseignement et prévoit, selon des critères qu'elle détermine, un système d'aides financières en faveur des élèves et étudiants. *(cf. Art. 23, al. 3 Cn)*

Chacun est libre de faire ses études dans le Grand-Duché ou à l'étranger et de fréquenter les universités de son choix, sauf les dispositions de la loi sur les conditions d'admission aux emplois et à l'exercice de certaines professions. (= Art. 23, al. 4 Cn)

Section 4. – Solidarité et citoyenneté

Art. 33. La loi garantit le droit au travail et l'Etat veille à assurer à chaque citoyen l'exercice de ce droit. (= Art. 11(4), 1re phr. Cn)

La loi garantit les libertés syndicales et organise le droit de grève. (= Art. 11(4), 2e phr. Cn)

Art. 34. La loi règle quant à ses principes la sécurité sociale, la protection de la santé, les droits des travailleurs, la lutte contre la pauvreté et l'intégration sociale des citoyens atteints d'un handicap. (= Art. 11(5) Cn)

Art. 35. La liberté du commerce et de l'industrie, l'exercice de la profession libérale et du travail agricole sont garantis, sauf les restrictions à établir par la loi. (= Art. 11(6), al. 1 Cn)

En matière d'exercice de la profession libérale **la loi** peut accorder à des organes professionnels dotés de la personnalité civile le pouvoir de prendre des règlements. (= Art. 11(6), al. 2 Cn)

La loi peut soumettre ces règlements à des procédures d'approbation, d'annulation ou de suspension, sans préjudice des attributions des tribunaux judiciaires ou administratifs. (= Art. 11(6), al. 3 Cn)

Art. 36. L'Etat garantit la protection de l'environnement humain et naturel, en oeuvrant à l'établissement d'un équilibre durable entre la conservation de la nature, en particulier sa capacité de renouvellement, et la satisfaction des besoins des générations présentes et futures. (= Art. 11bis, al. 1 Cn)

Il promeut la protection et le bien-être des animaux. (= Art. 11bis, al. 2 Cn)

Art. 37. L'Etat veille à ce que toute personne puisse vivre dans un logement approprié. (ajouté)

Art. 38. Chacun a le droit d'adresser aux autorités publiques des pétitions signées par une ou plusieurs personnes. (= Art. 27, 1re phr. Cn)

Les autorités publiques sont tenues de répondre dans un délai raisonnable aux demandes écrites des citoyens. *(ajouté)*

Art. 39. Nulle autorisation préalable n'est requise pour exercer des poursuites contre les fonctionnaires publics, pour faits de leur administration, sauf ce qui est statué à l'égard des membres du Gouvernement. *(= Art. 30 Cn)*

Art. 40. Les fonctionnaires publics, à quelque ordre qu'ils appartiennent, les membres du Gouvernement exceptés, ne peuvent être privés de leurs fonctions, honneurs et pensions que de la manière déterminée par la loi. *(= Art. 31 Cn)*

Art. 41. La loi règle l'emploi des langues luxembourgeoise, française et allemande en matière administrative et judiciaire. *(cf. Art. 29 Cn)*

L'Etat veille à promouvoir la langue luxembourgeoise. *(ajouté)*

CHAPITRE 3. – Du Grand-Duc

Section 1. – De la succession au trône, de la régence et de la lieutenance

Art. 42. Les pouvoirs constitutionnels du Grand-Duc sont héréditaires dans la descendance directe, naturelle et légitime de S. A. R. Adolphe – Guillaume – Auguste – Charles – Frédéric de Nassau, par ordre de primogéniture et de représentation. *(ajouté – cf. Art. 3 Cn)*

Art. 43. A défaut de descendance de S. A. R. Adolphe – Guillaume – Auguste – Charles – Frédéric de Nassau, la Chambre des Députés pourvoit à la vacance du trône dans la forme qui convient le mieux aux intérêts du Grand-Duché de Luxembourg. *(ajouté – cf. Art. 7, al. 2, 1re phr. Cn)*

A cet effet la Chambre des Députés se réunit au plus tard dans les trente jours suivant la date de la vacance du trône. *(cf. Art. 7, al. 2, 2e phr. Cn)*

Art. 44. Le Grand-Duc de Luxembourg est majeur à l'âge de dix-huit ans accomplis. *(= Art. 5(1), 1re phr. Cn)*

Art. 45. Le Grand-Duc ne prend possession du trône qu'après avoir prêté, devant les membres de la Chambre des Députés, le serment suivant: *(cf. Art. 5(1) Cn)*

«Je jure d'observer la Constitution et les lois du Grand-Duché de Luxembourg, de maintenir l'indépendance nationale et l'intégrité du territoire, ainsi que les libertés publiques et individuelles». *(= Art. 5(2) Cn)*

Art. 46. A la mort du Grand-Duc, ou dans le cas de son abdication, la Chambre des Députés doit se réunir au plus tard le dixième jour après celui du décès ou de l'abdication, aux fins de l'assermentation du successeur ou du régent. *(ajouté)*

Art. 47. Si à la mort du Grand-Duc, ou à la date de son abdication, son successeur est mineur, la Chambre des Députés se réunit dans le délai prévu à l'article 46 à l'effet de pourvoir à la régence. *(cf. Art. 6 Cn)*

Art. 48. Si le Grand-Duc se trouve dans l'impossibilité de remplir ses fonctions constitutionnelles, le Conseil de Gouvernement, après avoir fait constater cette impossibilité, informe la Chambre des Députés, qui doit être convoquée dans les dix jours, à l'effet de pourvoir à la régence. *(cf. Art. 7, al. 1 Cn)*

Art. 49. La régence ne peut être conférée qu'à une seule personne qui doit être majeure et être descendant du premier Grand-Duc visé l'article 42. *(ajouté)*

Le régent n'entre en fonction qu'après avoir prêté devant la Chambre des Députés le serment prévu à l'article 45. *(cf. Art. 8 Cn)*

Le régent doit résider au Grand-Duché de Luxembourg. *(ajouté)*

Art. 50. A la date de la mort du Grand-Duc, de son abdication et de son impossibilité de remplir ses fonctions, jusqu'à la prestation de serment de son successeur ou du régent, les pouvoirs constitutionnels du Grand-Duc sont exercés, au nom du peuple luxembourgeois, par le Conseil de Gouvernement, et sous sa responsabilité. *(ajouté – cf. Art. 6 et Art. 7 Cn)*

Art. 51. Le Grand-Duc peut déléguer tout ou partie de ses pouvoirs constitutionnels à une personne de la famille grand-ducale qui porte le titre de lieutenant représentant du Grand-Duc. *(cf. Art. 42, al. 1 Cn)*

Le lieutenant représentant du Grand-Duc remplit les conditions de descendance prévues à l'article 42 et n'entre en fonction qu'après avoir prêté le serment prévu à l'article 45. Il doit résider au Grand-Duché. *(cf. Art. 42, al. 2 Cn)*

Section 2. – Des pouvoirs du Grand-Duc

Art. 52. Le Grand-Duc n'a d'autres pouvoirs que ceux **que lui attribuent la Constitution** et les lois particulières **votées** en vertu de la Constitution même. *(cf. Art. 32(2) Cn)*

Il exerce le pouvoir exécutif conformément à la Constitution et aux lois du pays. *(= Art. 33, 2ᵉ phr. Cn)*

Les dispositions du Grand-Duc doivent être contresignées par un membre du Gouvernement responsable. *(= Art. 45 Cn)*

Art. 53. La personne du Grand-Duc est inviolable. *(= Art. 4 Cn)*

Art. 54. Le Grand-Duc prend les règlements et arrêtés nécessaires pour l'exécution des lois. *(= Art. 36 Cn)*

Art. 55. Dans les matières réservées à la loi par la Constitution, le Grand-Duc ne peut prendre des règlements et arrêtés qu'aux fins, dans les conditions et suivant les modalités spécifiées par la loi. *(= Art. 32(3) Cn)*

Toutefois, en cas de crise internationale, le Grand-Duc peut, s'il y a urgence, prendre en toute matière des règlements, même dérogatoires à des dispositions légales existantes. La durée de validité de ces règlements est limitée à trois mois. *(= Art. 32(4) Cn)*

Art. 56. Le Grand-Duc **a le droit, dans les conditions fixées par la loi**, de remettre ou de réduire les peines prononcées par les juges, sauf ce qui est statué relativement aux membres du Gouvernement. *(cf. Art. 38 Cn)*

Art. 57. Le Grand-Duc confère les ordres civils et militaires, en observant à cet égard ce que la loi prescrit. *(= Art. 41 Cn)*

Art. 58. Le Grand-Duc a le droit de conférer des **titres de noblesse aux membres de la famille grand-ducale**, sans pouvoir jamais y attacher aucun privilège. *(cf. Art. 40 Cn)*

Art. 59. **Le Grand-Duc touche sur le budget de l'Etat une dotation annuelle qui est fixée par la loi au début de chaque règne.** *(cf. Art. 43, al. 1 et al. 2, 1re phr. Cn)* **Il dispose de cette dotation pour couvrir les dépenses en relation avec sa fonction de chef de l'Etat et avec l'administration à son service.** *(cf. Art. 43, al. 2, 2e phr. Cn)* **La dotation peut être relevée au cours du règne par une loi spéciale.** *(ajouté)*

Le Grand-Duc, tenant compte de l'intérêt public, définit et organise son administration qui jouit de la personnalité civile. *(ajouté)*

Art. 60. Le Palais Grand-Ducal à Luxembourg et le Château de Berg sont réservés à l'habitation du Grand-Duc. *(= Art. 44 Cn)*

CHAPITRE 4. – De la Chambre des Députés

Section 1. – Fonctions et composition

Art. 61. La Chambre des Députés représente le pays. Les députés votent sans en référer à leurs commettants et ne peuvent avoir en vue que les intérêts généraux du Grand-Duché. *(= Art. 50 Cn)*

Art. 62. (1) La Chambre **des Députés** se compose de 60 députés. Une loi votée dans les conditions de l'article 142, alinéa 2 fixe le nombre des députés à élire dans chacune des circonscriptions. *(= Art. 51(3) Cn)*

(2) L'élection est directe. *(= Art. 51(4) Cn)*

(3) Les députés sont élus sur la base du suffrage universel pur et simple, au scrutin de liste, suivant les règles de la représentation proportionnelle, conformément au principe du plus petit quotient électoral et suivant les règles à déterminer par la loi. *(= Art. 51(5) Cn)*

(4) Le pays est divisé en quatre circonscriptions électorales:
– le Sud avec les cantons d'Esch-sur-Alzette et Capellen;
– le Centre avec les cantons de Luxembourg et Mersch;

– le Nord avec les cantons de Diekirch, Redange, Wiltz, Clervaux et Vianden;
– l'Est avec les cantons de Grevenmacher, Remich et Echternach. *(= Art. 51(6) Cn)*

Art. 63. Pour être électeur, il faut:
1° être Luxembourgeois ou Luxembourgeoise;
2° jouir des droits civils et politiques;
3° être âgé de dix-huit ans accomplis. *(= Art. 52, al. 1 Cn)*

Il faut en outre réunir à ces trois qualités celles déterminées par la loi. Aucune condition de cens ne pourra être exigée. *(= Art. 52, al. 1 et 2 Cn)*

Art. 64. Pour être éligible, il faut:
1° être Luxembourgeois ou Luxembourgeoise;
2° jouir des droits civils et politiques;
3° être âgé de dix-huit ans accomplis;
4° être domicilié dans le Grand-Duché. *(= Art. 52, al. 3 Cn)*

Aucune autre condition d'éligibilité ne pourra être requise. *(= Art. 52, al. 4 Cn)*

Art. 65. Ne peuvent être ni électeurs ni éligibles les majeurs en tutelle, ainsi que pendant la durée de la détention:
1° les condamnés à des peines criminelles;
2° ceux qui, en matière correctionnelle, sont privés du droit de vote par condamnation. *(cf. Art. 53, al. 1 Cn)*

Aucun autre cas d'exclusion ne pourra être prévu. *(= Art. 53, al. 2 Cn)*

Le droit de vote peut être rendu par la voie de grâce aux personnes qui l'ont perdu par condamnation pénale. *(= Art. 53, al. 3 Cn)*

Art. 66. (1) Le mandat de député est incompatible:
1° avec les fonctions de membre du Gouvernement;
2° avec celles de membre du Conseil d'Etat;
3° avec celles de magistrat de l'Ordre judiciaire;
4° avec celles de membre de la Cour des comptes;
5° avec celles de commissaire de district;
6° avec celles de receveur ou agent comptable de l'Etat;
7° avec celles de militaire de carrière en activité de service. *(= Art. 54(1) Cn)*

(2) Les fonctionnaires se trouvant dans un cas d'incompatibilité ont le droit d'opter entre le mandat leur confié et leurs fonctions. *(= Art. 54(2) Cn)*

Art. 67. Le député, nommé par le Gouvernement à un emploi salarié qu'il accepte, cesse immédiatement de siéger et ne reprend ses fonctions qu'en vertu d'une nouvelle élection. *(= Art. 58 Cn)*

Art. 68. Le député qui a été appelé aux fonctions de membre du Gouvernement et qui quitte ces fonctions, est réinscrit de plein droit comme premier suppléant sur la liste sur laquelle il a été élu. *(= Art. 54(3), al. 1 Cn)*

Il en sera de même du député suppléant qui, appelé aux fonctions de membre du Gouvernement, aura renoncé au mandat de député lui échu au cours de ces fonctions. *(= Art. 54(3), al. 2 Cn)*

En cas de concours entre plusieurs ayants droit, la réinscription sera faite dans l'ordre des voix obtenues aux élections. *(= Art. 54(3), al. 3 Cn)*

Art. 69. Les incompatibilités prévues par les articles 66, 67 et 68 ne font pas obstacle à ce que la loi n'en établisse d'autres dans l'avenir. *(= Art. 55 Cn)*

Art. 70. Les députés sont élus pour cinq ans. *(= Art. 56 Cn)*

Section 2. – Organisation et fonctionnement

Art. 71. (1) La Chambre des Députés vérifie les pouvoirs de ses membres et juge les contestations qui s'élèvent à ce sujet. *(= Art. 57(1) Cn)*

(2) A leur entrée en fonctions, **les députés** prêtent le serment **prévu par le règlement**. *(cf. Art. 57(2) Cn)*

(3) Ce serment est prêté en séance publique, entre les mains du président de la Chambre **des Députés**. *(= Art. 57(3) Cn)*

Art. 72. A chaque session, la Chambre **des Députés** nomme son président et ses vice-présidents et compose son bureau. *(= Art. 60 Cn)*

Art. 73. Les séances de la Chambre **des Députés** sont publiques, sauf les exceptions à déterminer par le règlement. *(= Art. 61 Cn)*

Art. 74. Toute résolution est prise à la majorité absolue des suffrages. En cas de partage de voix, la proposition mise en délibération est rejetée. *(= Art. 62, al. 1 Cn)*

La Chambre **des Députés** ne peut prendre de résolution qu'autant que la majorité de ses membres se trouve réunie. *(= Art. 62, al. 2 Cn)*

Art. 75. La Chambre des Députés détermine par son règlement son organisation, y compris l'engagement et le statut de son personnel, et le mode suivant lequel elle exerce ses attributions. *(cf. Art. 51(2) et Art. 70 Cn)*

Art. 76. (1) La Chambre des Députés se réunit en session extraordinaire au plus tard le trentième jour qui suit la date des élections. *(ajouté)*

(2) La Chambre **des Députés** se réunit chaque année en session ordinaire à l'époque fixée par **son** règlement. *(= Art. 72(1) Cn)*

(3) **Toute session est close avec l'ouverture d'une nouvelle session ordinaire ou extraordinaire.** *(cf. Art. 72(3) Cn)*

Art. 77. La Chambre des Députés doit se réunir en séance publique, même en cas de dissolution, à la demande du Grand-Duc sur un ordre de jour proposé par lui. *(cf. Art. 72(2), 1re partie de phr. Cn)*

Il doit le faire sur la demande motivée d'un tiers des députés. *(cf. Art. 72(2), 2e partie de phr. Cn)*

Art. 78. Le Grand-Duc peut dissoudre la Chambre des Députés, **conformément au paragraphe (3) de l'article 99**. *(cf. Art. 74, al. 1 Cn)*

Il est procédé à de nouvelles élections dans les trois mois au plus tard de la dissolution. *(= Art. 74, al. 2 Cn)*

Section 3. – Attributions législatives

Art. 79. Le Gouvernement adresse à la Chambre des Députés les projets de lois qu'il veut soumettre à son adoption. *(cf. Art. 47, al. 1 Cn)*

Art. 80. Le droit de soumettre des propositions de lois à la Chambre des Députés appartient à chacun de ses membres. *(cf. Art. 47, al. 2 Cn)*

Art. 81. Le vote de la Chambre des Députés est requis pour toute loi. *(cf. Art. 46 Cn)*

Art. 82. La Chambre **des Députés** a le droit d'amender et de diviser les articles et les amendements proposés. *(= Art. 66 Cn)*

Art. 83. La Chambre **des Députés** vote sur l'ensemble de la loi. **Il est toujours nominal.** *(cf. Art. 65, al. 1 Cn)*

A la demande de cinq députés au moins, le vote sur l'ensemble de la loi peut être précédé par un vote portant sur un ou plusieurs articles de la loi. *(= Art. 65, al. 2 Cn)*

Le vote par procuration est admis. Nul ne peut toutefois recevoir plus d'une procuration. *(= Art. 65, al. 3 Cn)*

Art. 84. Toutes les lois sont soumises à un second vote, à moins que la Chambre **des Députés**, d'accord avec le Conseil d'Etat, siégeant en séance publique, n'en décide autrement. Il y aura un intervalle d'au moins trois mois entre les deux votes. *(= Art. 59 Cn)*

Art. 85. La loi votée est transmise par le Président de la Chambre des Députés au Gouvernement pour être promulguée et publiée dans les trois mois de la date de la transmission. *(cf. Art. 34 Cn)*

Art. 86. L'initiative législative populaire est réglée par la loi. *(ajouté)*

Art. 87. La Chambre des Députés peut décider d'avoir recours au référendum dans les cas, sous les conditions et avec les effets à fixer par la loi. *(cf. Art. 51(7) Cn)*

Section 4. – Autres prérogatives de la Chambre des Députés

Art. 88. La Chambre **des Députés** a le droit d'enquête. La loi règle l'exercice de ce droit. *(= Art. 64 Cn)*

Une commission d'enquête doit être instituée à la demande d'un tiers au moins des membres de la Chambre des Députés. *(ajouté)*

Art. 89. La Chambre des Députés reçoit les pétitions qui lui sont adressées dans la forme prescrite par le règlement de la Chambre des Députés. *(cf. Art. 67, al. 2 Cn)*

Section 5. – Statut du député

Art. 90. Aucune action, ni civile, ni pénale, ne peut être dirigée contre un député à l'occasion des opinions et votes émis par lui dans l'exercice de ses fonctions. *(= Art. 68 Cn)*

Art. 91. A l'exception des cas visés par l'article 90, les députés peuvent être poursuivis en matière pénale, même durant la session. *(= Art. 69, al. 1 Cn)*

Cependant, l'arrestation d'un député pendant la durée de la session est, sauf le cas de flagrant délit, soumise à l'autorisation préalable de la Chambre **des Députés**. *(= Art. 69, al. 2 Cn)*

L'autorisation de la Chambre **des Députés** n'est pas requise pour l'exécution des peines, même celles privatives de liberté, prononcées à l'encontre d'un député. *(= Art. 69, al. 3 Cn)*

Art. 92. Les membres de la Chambre des Députés toucheront, outre leurs frais de déplacement, une indemnité, dont le montant et les conditions sont fixés par la loi. *(= Art. 75 Cn)*

CHAPITRE 5. – Du Gouvernement

Art. 93. Le Gouvernement se compose d'un Premier Ministre, Ministre d'Etat, d'un ou plusieurs Vice-Premiers Ministres, de Ministres et, le cas échéant, de Secrétaires d'Etat. *(cf. Art. 76, al. 1 Cn)*

Art. 94. (1) Le Grand-Duc nomme le Premier Ministre et les autres membres du Gouvernement et met fin à leurs fonctions. *(cf. Art. 77 Cn)*

(2) L'organisation du Gouvernement et les attributions ministérielles sont réglées par arrêté grand-ducal, en dérogeant même à des lois existantes. *(cf. Art. 76, al. 1 Cn)*

(3) Avant d'entrer en fonction, les membres du Gouvernement prêtent le serment qui suit: *(ajouté)*
«Je jure fidélité au Grand-Duc, obéissance à la Constitution et aux lois de l'Etat. Je promets de remplir mes fonctions avec intégrité, exactitude et impartialité.» *(cf. Art. 110(2) Cn)*

Art. 95. Les fonctions de membre du Gouvernement sont incompatibles avec l'exercice d'un mandat de député, de conseiller d'Etat, de membre du conseil communal et de tout emploi public ou de toute autre activité professionnelle. *(ajouté) (cf. Art. 54(1)1° et Art. 93 Cn)*

Art. 96. Le Gouvernement dirige la politique générale du pays. *(ajouté)*

Art. 97. Dans l'exercice du pouvoir lui attribué par les articles 54 et 123 de la Constitution, le Grand-Duc peut, dans les cas qu'il détermine, charger les membres de son Gouvernement de prendre des mesures d'exécution. *(= Art. 76, al. 2 Cn)*

Art. 98. (1) Les membres du Gouvernement exercent leurs attributions, soit en conseil, soit individuellement. *(ajouté)*

(2) Les membres du Gouvernement forment ensemble le Conseil de Gouvernement. *(ajouté)*

Art. 99. (1) Tout projet de loi ou de règlement grand-ducal, ainsi que toute disposition soumise au Grand-Duc, doit faire l'objet d'une délibération du Conseil de Gouvernement. *(ajouté)*

(2) Le Conseil de Gouvernement arrête les textes des règlements et arrêtés grand-ducaux à signer par le Grand-Duc. *(ajouté)*

(3) La dissolution de la Chambre des Députés prévue à l'article 78 doit faire l'objet d'une décision du Conseil de Gouvernement. *(ajouté – cf. Art. 74, al. 1 Cn)*

Art. 100. (1) **Le Gouvernement** nomme aux emplois civils et militaires, conformément à la loi, et sauf les exceptions établies par elle. *(cf. Art. 35, al. 1 Cn)*

(2) Aucune fonction salariée par l'Etat ne peut être créée qu'en vertu d'une disposition législative. *(= Art. 35, al. 2 Cn)*

Art. 101. (1) Les membres du Gouvernement sont **politiquement responsables**. *(cf. Art. 78 Cn)*

(2) **Les membres du Gouvernement ne répondent ni civilement, ni pénalement des opinions qu'ils émettent à l'occasion de l'exercice de leurs fonctions.** *(ajouté)*

(3) **L'Etat répond civilement des actes posés par les membres du Gouvernement dans l'exercice de leurs fonctions.** *(ajouté)*

(4) **Les membres du Gouvernement sont pénalement responsables des actes commis par eux dans l'exercice de leurs fonctions.** *(cf. Art. 78 Cn)*

(5) **Les membres du Gouvernement sont jugés exclusivement par la Cour d'Appel pour les infractions qu'ils auraient commises dans l'exercice de leurs fonctions, même après cessation de leurs fonctions.** *(ajouté) (cf. Art. 116 Cn)*

La Cour d'Appel est également compétente pour les infractions qui auraient été commises par les membres du Gouvernement en dehors de leurs fonctions et pour lesquelles ils sont jugés pendant l'exercice de leurs fonctions, ainsi que pour les actions civiles relatives à ces infractions. *(ajouté)*

Seul le ministère public près la Cour Supérieure de Justice peut intenter et diriger les poursuites en matière répressive à l'encontre d'un membre du Gouvernement. Toute citation directe et, sauf le cas de flagrant délit, toute arrestation nécessite l'autorisation préalable de la Chambre des Députés. *(cf. Art. 82, 1re phr. Cn)*

L'appel sera porté devant la Cour Supérieure de Justice, qui évoquera l'affaire. *(ajouté)*

(6) **En aucun cas, l'ordre verbal ou écrit du Grand-Duc ne peut soustraire un membre du Gouvernement à la responsabilité.** *(= Art. 81 Cn)*

(7) Le Grand-Duc ne peut faire grâce au membre du Gouvernement condamné que sur la demande de la Chambre **des Députés**. *(= Art. 83 Cn)*

Art. 102. (1) Les membres du Gouvernement ont entrée dans la Chambre **des Députés** et doivent être entendus quand ils le demandent. La Chambre **des Députés** peut demander leur présence. *(= Art. 80 Cn)*

(2) Le Premier Ministre, après délibération du Conseil de Gouvernement, peut engager la responsabilité du Gouvernement devant la Chambre des Députés à l'occasion du vote d'un projet de loi ou d'une déclaration gouvernementale. Si la Chambre des Députés refuse la confiance au Gouvernement, le Premier Ministre présentera la démission du Gouvernement au Grand-Duc. *(ajouté)*

(3) La responsabilité du Gouvernement doit obligatoirement être engagée devant la Chambre des Députés à l'occasion de la déclaration gouvernementale consécutive à la formation d'un nouveau Gouvernement. *(ajouté)*

(4) Le Gouvernement démissionnaire continue à gérer les affaires courantes de l'Etat. *(ajouté)*

CHAPITRE 6. – Du Conseil d'État

Art. 103. Le Conseil d'Etat est appelé à donner son avis sur les projets et propositions de loi et les amendements qui pourraient y être proposés, ainsi que sur toutes autres questions qui lui seront déférées par le Gouvernement ou par les lois. Sur les articles votés par la Chambre des Députés conformément à l'article 83, il émet son avis dans le délai fixé par la loi. *(= Art. 83bis, al. 1 Cn)*

L'organisation du Conseil d'Etat et la manière d'exercer ses attributions sont réglées par la loi. *(= Art. 83bis, al. 2 Cn)*

CHAPITRE 7. – De la Justice

Section 1. – Dispositions communes

Art. 104. La justice est rendue par les cours et tribunaux. *(cf. Art. 49, al. 1 Cn)*

Art. 105. Les juges sont indépendants dans l'exercice de leurs compétences juridictionnelles. *(ajouté)*

Le ministère public est indépendant dans l'exercice des recherches et poursuites individuelles, sans préjudice du droit du ministre compétent d'arrêter des directives générales de politique criminelle, y compris en matière de politique de recherche et de poursuite. *(ajouté)*

Art. 106. Les contestations qui ont pour objet des droits civils sont exclusivement du ressort des tribunaux. *(= Art. 84 Cn)*

Art. 107. Les contestations qui ont pour objet des droits politiques sont du ressort des tribunaux, sauf les exceptions établies par la loi. *(= Art. 85 Cn)*

Art. 108. Nul tribunal, nulle juridiction contentieuse ne **peuvent être établis** qu'en vertu d'une loi. Il ne peut être créé de commissions ni de tribunaux extraordinaires, sous quelque dénomination que ce soit. *(= Art. 86 Cn)*

Art. 109. L'organisation des cours et tribunaux est réglée par la loi. *(cf. Art. 87 Cn)*

Art. 110. Les audiences des tribunaux sont publiques, à moins que cette publicité ne soit dangereuse pour l'ordre ou les mœurs, et, dans ce cas, le tribunal le déclare par un jugement. *(= Art. 88 Cn)*

Art. 111. Tout jugement est motivé. Il est prononcé en audience publique. *(= Art. 89 Cn)*

Art. 112. Les cours et tribunaux n'appliquent les arrêtés et règlements généraux et locaux qu'autant qu'ils sont conformes aux lois. *(= Art. 95, 1re phr. Cn)*

Art. 113. La Cour Supérieure de Justice **règle** les conflits d'attribution d'après le mode déterminé par la loi. *(= Art. 95, 2e phr. Cn)*

Art. 114. Les juges de paix, les juges des tribunaux d'arrondissement, les conseillers de la Cour, **les membres du tribunal administratif et de la Cour administrative** sont inamovibles. Aucun d'eux ne peut être privé de sa place ni être suspendu que par un jugement. Le déplacement d'un de ces juges ne peut avoir lieu que par une nomination nouvelle et de son consentement. *(cf. Art. 91, al. 1 Cn)*

Toutefois, en cas d'infirmité ou d'inconduite, il peut être suspendu, révoqué ou déplacé, suivant les conditions déterminées par la loi. *(cf. Art. 91, al. 2 et Art. 95bis(6) Cn)*

Art. 115. Les traitements des membres de l'ordre judiciaire **et des juridictions administratives** sont fixés par la loi. *(cf. Art. 92 et Art. 95bis(6) Cn)*

Art. 116. Sauf les cas d'exception prévus par la loi, aucun juge ne peut accepter du Gouvernement des fonctions salariées, à moins qu'il ne les exerce gratuitement, sans préjudice toutefois aux cas d'incompatibilité déterminés par la loi. *(= Art. 93 et Art. 95bis(6) Cn)*

Section 2. – Des juridictions de l'ordre judiciaire

Art. 117. Les juges de paix et les juges des tribunaux sont directement nommés par le **Gouvernement**. Les conseillers de la Cour et les présidents et vice-présidents des tribunaux d'arrondissement sont nommés par le **Gouvernement**, sur l'avis de la Cour Supérieure de Justice. *(cf. Art. 90 Cn)*

Art. 118. Des lois particulières règlent l'organisation des tribunaux militaires, leurs attributions, les droits et obligations des membres de ces tribunaux, et la durée de leurs fonctions. *(Art. 94, al. 1 Cn)*

La loi règle aussi l'organisation des juridictions du travail et des juridictions en matière **de sécurité sociale**, leurs attributions, le mode de nomination de leurs membres et la durée des fonctions de ces derniers. *(cf. art. 94, al. 2 Cn)*

Section 3. – Des juridictions administratives

Art. 119. (1) Le contentieux administratif est du ressort du tribunal administratif et de la Cour administrative. Ces juridictions connaissent du contentieux fiscal dans les cas et sous les conditions à déterminer par la loi. *(= Art. 95bis(1) Cn)*

(2) La loi peut créer d'autres juridictions administratives. *(= Art. 95bis(2) Cn)*

(3) La Cour administrative constitue la juridiction suprême de l'ordre administratif. *(= Art. 95bis(3) Cn)*

(4) Les attributions et l'organisation des juridictions administratives sont réglées par la loi. *(= Art. 95bis(4) Cn)*

(5) Les magistrats de la Cour administrative et du tribunal administratif sont nommés par le Gouvernement. La nomination des membres de la Cour administrative ainsi que des président et vice-présidents du tribunal administratif se fait, sauf en ce qui concerne les premières nominations, sur avis de la Cour administrative. *(= Art. 95bis(5) Cn)*

Section 4. – De la Cour Constitutionnelle

Art. 120. (1) La Cour Constitutionnelle statue, par voie d'arrêt, sur la conformité des lois à la Constitution. *(= Art. 95ter(1) Cn)*

(2) La Cour Constitutionnelle est saisie, à titre préjudiciel, suivant les modalités à déterminer par la loi, par toute juridiction pour statuer sur la conformité des lois, à l'exception des lois portant approbation des traités, à la Constitution. *(= Art. 95ter(2) Cn)*

(3) La Cour Constitutionnelle est composée du Président de la Cour Supérieure de Justice, du Président de la Cour administrative, de deux conseillers à la Cour de Cassation et de cinq magistrats nommés par le **Gouvernement**, sur l'avis conjoint de la Cour Supérieure de Justice et de la Cour administrative. Les dispositions des articles 114, 115 et 116 leur sont applicables. La Cour Constitutionnelle comprend une chambre siégeant au nombre de cinq magistrats. *(cf. Art. 95ter(3) Cn)*

(4) L'organisation de la Cour Constitutionnelle et la manière d'exercer ses attributions sont réglées par la loi. *(= Art. 95ter(4) Cn)*

CHAPITRE 8. – Des relations internationales

Art. 121. Le Grand-Duc fait, ratifie et, sauf clause de dénonciation spécifique prévue par les traités eux-mêmes, défait les traités. *(cf. Art. 37, al. 1, 1re phr. Cn)*

Les traités **n'ont** d'effet avant d'avoir été approuvés par la loi et publiés dans les formes prévues pour la publication des lois. *(= Art. 37, al. 1, 2e phr. Cn)*

Art. 122. L'exercice d'attributions réservées par la Constitution aux pouvoirs législatif, exécutif et judiciaire **peut être dévolu** par traité à des institutions de droit international. *(cf. Art. 49bis Cn)* **Ces traités sont approuvés par une loi dans les conditions de l'article 142, alinéa 2.** *(cf. Art. 37, al. 2 Cn)*

Art. 123. Le Grand-Duc **prend** les règlements et arrêtés nécessaires pour l'exécution des traités dans les formes qui règlent les mesures d'exécution des lois et avec les effets qui s'attachent à ces mesures, sans préjudice des matières qui sont réservées par la Constitution à la loi. *(cf. Art. 37, al. 4 Cn)*

Art. 124. Les dispositions de la Constitution ne font pas obstacle à l'approbation du Statut de la Cour Pénale Internationale, fait à Rome, le 17 juillet 1998, et à l'exécution des obligations en découlant dans les conditions prévues par ledit Statut. *(= Art. 118 Cn)*

CHAPITRE 9. – De la Force publique

Art. 125. L'organisation et les attributions **de la force publique** font l'objet d'une loi. *(cf. Art. 97 Cn)*

Art. 126. Le Grand-Duc est le chef suprême de l'armée, placée sous l'autorité désignée par la loi. *(cf. Art. 37, dernier alinéa, 1re partie de phr. Cn)*

Art. 127. Le Grand-Duc déclare la guerre et la cessation de la guerre après y avoir été autorisé par un vote de la Chambre des Députés émis dans les conditions de l'article 142, alinéa 2 de la Constitution. *(= Art. 37, dernier alinéa, 2e partie de phr. Cn)* **Cette autorisation n'est pas requise si, par suite d'un état de guerre existant, la consultation de la Chambre des Députés s'avère impossible.** *(ajouté)*

CHAPITRE 10. – Des Finances

Art. 128. Aucun impôt au profit de l'Etat ne peut être établi que par **la** loi. *(= Art. 99, 1re phr. Cn)*

Art. 129. Les impôts au profit de l'Etat sont votés annuellement. Les lois qui les établissent n'ont de force que pour un an, si elles ne sont renouvelées. *(= Art. 100 Cn)*

Art. 130. Il ne peut être établi de privilège en matière d'impôts. Nulle exemption ou modération ne peut être établie que par une loi. *(= Art. 101 Cn)*

Art. 131. (1) Aucun emprunt à charge de l'Etat ne peut être contracté sans l'assentiment de la Chambre **des Députés**. *(= Art. 99, 2ᵉ phr. Cn)*

(2) Aucune propriété immobilière de l'Etat ne peut être aliénée si l'aliénation n'en est autorisée par une loi spéciale. Toutefois une loi générale peut déterminer un seuil en dessous duquel une autorisation spéciale de la Chambre **des Députés** n'est pas requise. *(= Art. 99, 3ᵉ et 4ᵉ phr. Cn)*

(3) Toute acquisition par l'Etat d'une propriété immobilière importante, toute réalisation au profit de l'Etat d'un grand projet d'infrastructure ou d'un bâtiment considérable, tout engagement financier important de l'Etat doivent être autorisés par une loi spéciale. Une loi générale détermine les seuils à partir desquels cette autorisation est requise, **ainsi que les conditions et les modalités pour financer les travaux préparatoires**. *(cf. Art. 99, 5ᵉ et 6ᵉ phr. Cn)*

(4) Aucune charge grevant le budget de l'Etat pour plus d'un exercice ne peut être établie que par une loi spéciale. *(= Art. 99, 7ᵉ phr. Cn)*

Art. 132. Aucune pension, aucun traitement d'attente, aucune gratification à la charge du trésor ne peuvent être accordés qu'en vertu de la loi. *(= Art. 103 Cn)*

Art. 133. Chaque année la Chambre **des Députés** arrête la loi des comptes et vote le budget. Toutes les recettes et dépenses de l'Etat doivent être portées au budget et dans les comptes. *(= Art. 104 Cn)*

Art. 134. (1) Une Cour des comptes est chargée du contrôle de la gestion financière des organes, administrations et services **de l'Etat et des communes**; la loi peut lui confier d'autres missions de contrôle de gestion financière des deniers publics. *(cf. Art. 105(1) Cn)*

(2) Les attributions et l'organisation de la Cour des comptes ainsi que les modalités de son contrôle et les relations avec la Chambre des Députés sont déterminées par la loi. *(= Art. 105(2) Cn)*

(3) Les membres de la Cour des comptes sont nommés par le Grand-Duc sur proposition de la Chambre des Députés. *(= Art. 105(3) Cn)*

(4) Le compte général de l'Etat est soumis à la Chambre des Députés, accompagné des observations de la Cour des comptes. *(= Art. 105(4) Cn)*

Art. 135. Les traitements et pensions des ministres des cultes sont à charge de l'Etat et réglés par la loi. *(= Art. 106 Cn)*

CHAPITRE 11. – Des Communes

Art. 136. (1) Les communes forment des collectivités autonomes, à base territoriale, possédant la personnalité juridique et gérant par leurs organes leur patrimoine et leurs intérêts propres. *(= Art. 107(1) Cn)*

(2) Il y a dans chaque commune un conseil communal élu directement par les habitants de la commune; les conditions pour être électeur ou éligible sont réglées par la loi. *(= Art. 107(2) Cn)*

(3) **Les impôts au profit des communes sont établis par la loi, à l'exception des taxes destinées à rémunérer les services communaux, qui sont établies par le conseil communal.** *(ajouté) (cf. Art. 99, avant-dernière phr. Cn)*

Le Conseil communal peut, dans le respect de ses compétences constitutionnelles et légales, établir des impôts nécessaires à l'intérêt communal, sous l'approbation de l'autorité de tutelle. *(cf. Art. 99, avant-dernière phr. et Art. 107(3), 3e phr. Cn)*

(4) Le conseil établit annuellement le budget de la commune et en arrête les comptes. *(= Art. 107(3), 1re phr. Cn)* **Il prend toutes les décisions en relation avec les impôts.** *(cf. Art. 107(3), 3e phr. Cn)* Il fait les règlements communaux, sauf les cas d'urgence. *(= Art. 107(3), 2e phr.)*

(5) La commune est administrée sous l'autorité du collège des bourgmestre et échevins, dont les membres doivent être choisis parmi les conseillers communaux. Les conditions de nationalité que doivent remplir les membres du collège des bourgmestre et échevins sont déterminées par une loi votée dans les conditions de l'article 142, alinéa 2 de la Constitution. *(= Art. 107(4) Cn)*

(6) La loi règle la composition, l'organisation et les attributions des organes de la commune. Elle établit le statut des fonctionnaires communaux. La com-

mune participe à la mise en œuvre de l'enseignement de la manière fixée par la loi. *(= Art. 107(5) Cn)*

(7) La loi règle la surveillance de la gestion communale. Elle peut soumettre certains actes des organes communaux à l'approbation de l'autorité de surveillance et même en prévoir l'annulation ou la suspension en cas d'illégalité ou d'incompatibilité avec l'intérêt général, sans préjudice des attributions des tribunaux judiciaires ou administratifs. *(= Art. 107(6) Cn)*

(8) Le Grand-Duc a le droit de dissoudre le **conseil dans l'intérêt de la gestion de la commune**. *(cf. Art. 107(3), dern. phr. Cn)*

Art. 137. La rédaction des actes de l'état civil et la tenue des registres sont exclusivement dans les attributions des autorités communales. *(= Art. 108 Cn)*

CHAPITRE 12. – Des Établissements publics

Art. 138. La loi peut créer des établissements publics, dotés de la personnalité civile, dont elle détermine l'organisation et l'objet. Dans la limite de leur spécialité le pouvoir de prendre des règlements peut leur être accordé par la loi qui peut en outre soumettre ces règlements à l'approbation de l'autorité de tutelle ou même en prévoir l'annulation ou la suspension en cas d'illégalité, sans préjudice des attributions des tribunaux judiciaires ou administratifs. *(= Art. 108bis Cn)*

CHAPITRE 13. – Dispositions particulières

Art. 139. Aucun serment ne peut être imposé qu'en vertu de la loi; elle en détermine la formule. *(= Art. 110 Cn)*

Art. 140. Aucune loi, aucun arrêté ou règlement d'administration générale ou communale n'est obligatoire qu'après avoir été publié dans la forme déterminée par la loi. *(= Art. 112 Cn)*

Art. 141. Aucune disposition de la Constitution ne peut être suspendue. *(= Art. 113 Cn)*

Art. 142. Toute révision de la Constitution doit être adoptée dans les mêmes termes par la Chambre des Députés en deux votes successifs, séparés par un intervalle d'au moins trois mois. *(= Art. 114, al. 1 Cn)*

Nulle révision ne sera adoptée si elle ne réunit pas au moins les deux tiers des suffrages des membres de la Chambre **des Députés**, les votes par procuration n'étant pas admis. *(= Art. 114, al. 2 Cn)*

Le texte adopté en première lecture par la Chambre des Députés est soumis à un référendum, qui se substitue au second vote de la Chambre **des Députés**, si dans les deux mois suivant le premier vote demande en est faite soit par plus d'un quart des membres de la Chambre **des Députés**, soit par vingt-cinq mille électeurs inscrits sur les listes électorales pour les élections législatives. La révision n'est adoptée que si elle recueille la majorité des suffrages valablement exprimés. La loi règle les modalités d'organisation du référendum. *(= Art. 114, al. 3 Cn)*

Art. 143. Pendant une régence, aucun changement ne peut être apporté à la Constitution en ce qui concerne les prérogatives constitutionnelles du Grand-Duc, son statut ainsi que l'ordre de succession. *(= Art. 115 Cn)*

Art. 144. Les dispositions du Pacte de Famille de la Maison de Nassau du 30 juin 1783 sont maintenues dans la mesure où elles sont conformes à la Constitution et nécessaires pour régler les relations familiales et la situation des biens privés de la famille grand-ducale. *(ajouté)*

Toute modification du Pacte de Famille doit être approuvée par la loi. *(ajouté – cf. Art. 3 Cn)*

Art. 145. Les dispositions de l'article 43 sont pour la première fois d'application à la descendance de S.A.R. Henri – Albert – Gabriel – Félix – Marie – Guillaume, Grand-Duc de Luxembourg, Duc de Nassau. *(ajouté)*

Annexe 2

Drapeaux et armoiries de l'Etat

1) **le drapeau national**

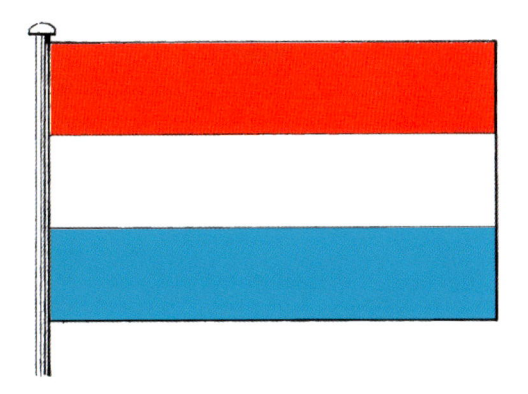

2) **le pavillon de la batellerie et de l'aviation**

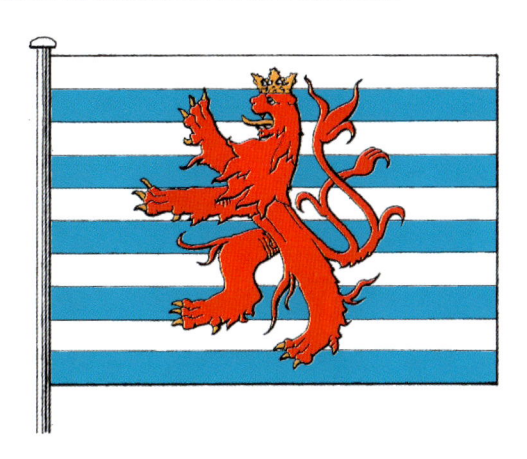

3)   les petites armoiries

4)   les moyennes armoiries

Annexe 2: Drapeaux et armoiries de l'Etat

5) les grandes armoiries

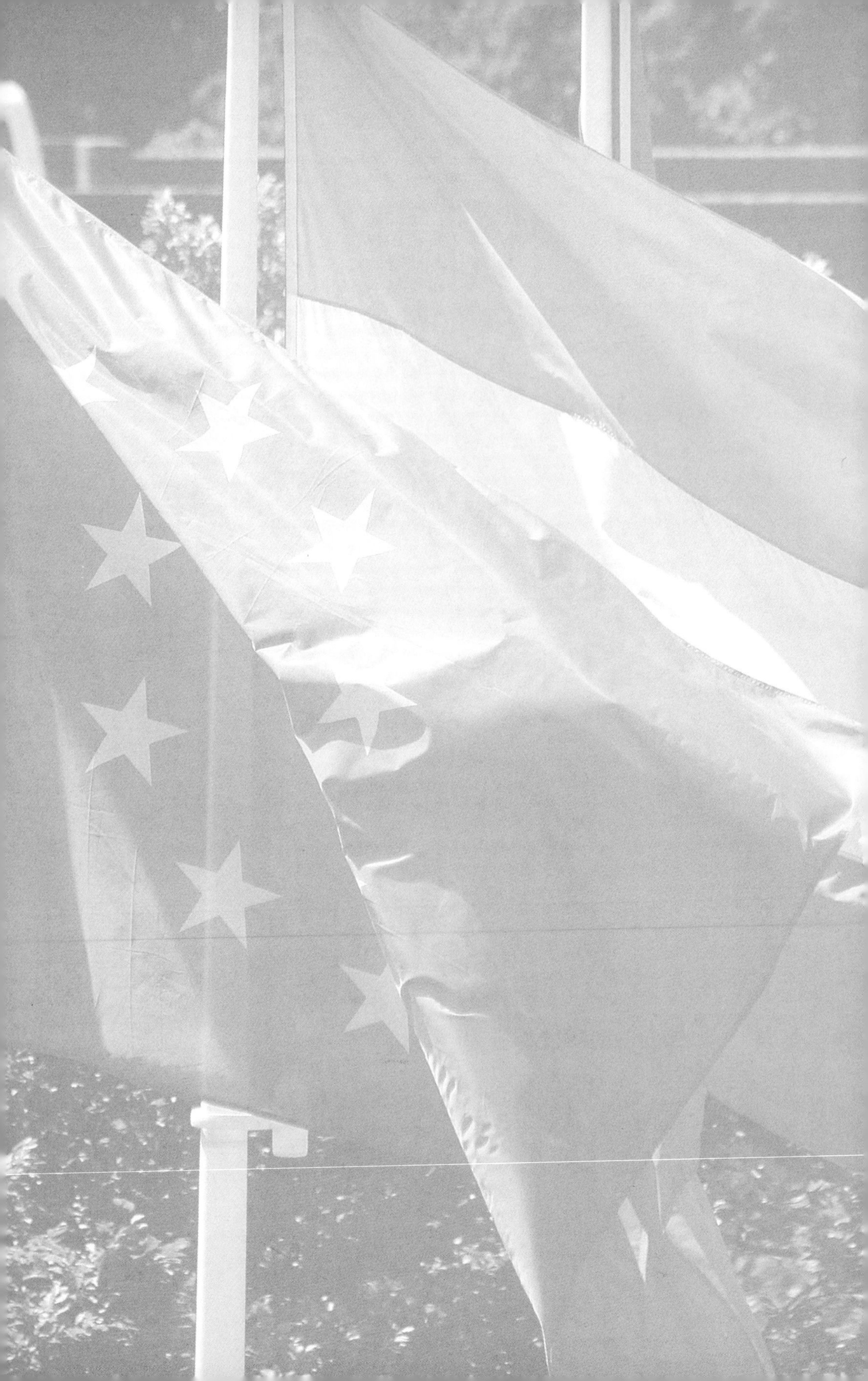

Bibliographie sommaire

BARANGER DENIS
Le Droit Constitutionnel. Collection Que sais-je? PUF, Paris, 2002.

BESCH MARC
Traité de légistique formelle. Publication du Conseil d'Etat, Service Central de Législation, Luxembourg, 2005

BONN ALEX
Réflexions sur la Révision de la Constitution. Imprimerie Centrale, Luxembourg, 1978.

BONN ALEX
«Faut-il procéder à une réforme de la Constitution?» *In: Réflexions sur la réforme de la Constitution du Grand-Duché de Luxembourg.* Institut grand-ducal, section des sciences morales et politiques, Luxembourg, 1988.

BRAUD PHILIPPE
La démocratie politique. Edition revue de 2003, Editions du Seuil, Paris.

CALMES CHRISTIAN
«Le duel Eyschen-Servais sur le caractère de la Constitution de 1868», pp. 7–48. *Au Fil de l'Histoire,* Editions de l'Imprimerie Saint-Paul, Luxembourg, 1977.

CALMES CHRISTIAN, BOSSAERT DANIELLE
Histoire du Grand-Duché de Luxembourg. De 1815 à nos jours, Histoire Contemporaine du Luxembourg, Vol. XIII, Editions Saint-Paul, Luxembourg, 1995.

CERF PAUL
De l'épuration au Grand-Duché de Luxembourg après la Seconde Guerre Mondiale, Imprimerie Saint-Paul, Luxembourg, 1980.

CONSEIL D'ETAT (COLLECTIF D'AUTEURS)
Le Conseil d'Etat, Gardien de la Constitution et des Droits et Libertés fondamentaux, Conseil d'Etat (éd.), Luxembourg, 2006.
et 1re mise à jour sur le site Internet du Conseil d'Etat, 2007.

CONSEIL D'ETAT (COLLECTIF D'AUTEURS)
Le Conseil d'Etat face à l'évolution de la société luxembourgeoise, Conseil d'Etat (éd.), Luxembourg, 2006.

DUVERGER MAURICE
Les Constitutions de la France, Collection Que sais-je? 14e édition, PUF, Paris, 2004.

EYSCHEN PAUL
Das Staatsrecht des Großherzogtums Luxemburg, Akademische Verlagsbuchhandlung von J.C.B. Mohr (Paul Siebeck), Freiburg i. Br., 1890.

FRIEDEN LUC
La Constitution luxembourgeoise à la veille de sa révision, Banque Internationale à Luxembourg, Luxembourg, 1987.

GAILLE MARIE
Le Citoyen, Flammarion, Paris, 1998.

GERKRATH JÖRG (ÉD.)
La jurisprudence de la Cour Constitutionnelle du Luxembourg 1997–2007, Pasicrisie luxembourgeoise, 2008.

GOEDERT JOSEPH
Etudes sur les Constitutions luxembourgeoises.

HAMMES CHARLES-LÉON
«Le Gouvernement du Grand-Duché, essai sur son évolution». *In: Le Conseil d'Etat du Grand-Duché de Luxembourg, Livre jubilaire publié à l'occasion du centième anniversaire de sa création*, éditeur Raymon Mehlen, Luxembourg, 1957.

HUSS ALPHONSE
«La Constitution dans la perspective historique.» Feuille de liaison de la Conférence Saint-Yves, N° 72, 1989.

LABEL FRANCE (magazine d'information du Ministère des Affaires Etrangères)
50e anniversaire: La déclaration universelle des droits de l'Homme – fascicule N° 34 – décembre 1998.

MAJERUS PIERRE
Principes élémentaires de droit public luxembourgeois, Imprimerie Joseph Beffort, Luxembourg, 1950.

MAJERUS PIERRE
L'Etat luxembourgeois, 5e édition, Imprimerie centrale, Luxembourg, 1983.

MARGUE GEORGES
«La Constitution – fiction et réalité», Feuille de liaison de la Conférence Saint-Yves, N° 72, 1989.

MERSCH JULES
«Les rois des Pays-Bas, grand-ducs de Luxembourg.» pp. 31–278. *In: Biographie nationale du pays de Luxembourg depuis ses origines à nos jours*. IXe fascicule, Imprimerie Victor Buck, Luxembourg, 1958.

DE MONTESQUIEU CHARLES
De l'esprit des lois, Editions Garnier, Paris, 1956.

MORES PIERRE
«Discours du président du Conseil d'Etat.» *In: Conseil d'Etat, Célébration officielle du 150e anniversaire 1856–2006, le 27 novembre 2006,* Gouvernement du Grand-Duché de Luxembourg, Luxembourg, 2006.

MORHANGE JEAN
Les libertés publiques, Collection Que sais-je? 8ᵉ édition mise à jour, PUF, Paris, 2007.

PESCATORE PIERRE
«Essai sur la notion de la loi», *In: Le Conseil d'Etat du Grand-Duché de Luxembourg, Livre jubilaire publié à l'occasion du centième anniversaire de sa création,* éditeur Raymon Mehlen, Luxembourg, 1957.

PESCATORE PIERRE
Introduction à la Science du Droit, Office des Imprimés de l'Etat, Luxembourg 1960.

PESCATORE PIERRE
Cours d'institutions internationales, Ministère de l'Education Nationale, Luxembourg, 1970.

POLICE GRAND-DUCALE
Charte des valeurs de la police grand-ducale.

RIGAUX FRANÇOIS
Droit international privé, tome I, Théorie générale.

ROUVILLOIS FRÉDERIC
Droit Constitutionnel – La Vᵉ République, Flammarion, Paris, 2001.

ROUVILLOIS FRÉDÉRIC
Droit constitutionnel – Fondements et pratiques, Flammarion, Paris, 2002.

SERVAIS MANOU
«Une petite généalogie de nos droits et libertés.», pp. 7–44. *In*: Nic Weber (éd.): *Parlons de Libertés et d'Espoirs. Von Rechten und von Unrechten,* Les Cahiers Luxembourgeois N° 4, Luxembourg, 1998.

SERVAIS MANOU
Les Institutions du Grand-Duché de Luxembourg, Service Information et Presse, 2005.

SERVICE CENTRAL DE LÉGISLATION
La Constitution du Grand-Duché de Luxembourg, Texte coordonné et jurisprudence, Luxembourg, 2009.

SIMON ARMAND
La peine capitale au Grand-Duché de Luxembourg, Conférence du Jeune Barreau de Luxembourg (Manuscrit non publié).

THEWES GUY
Les gouvernements du Grand-Duché de Luxembourg depuis 1848, 2ᵉ édition, Service Information et Presse, Luxembourg, 2006.

THEWES MARC
«Le Pouvoir réglementaire démembré», pp. 91–111, *In: Annales du droit luxembourgeois* (volume 14 – 2004), Bruylant, Bruxelles, 2005.

THILL JEAN
Aperçu de Droit Constitutionnel luxembourgeois, Cours présenté aux Cours Universitaires du Luxembourg en 1972 (Manuscrit non publié).

THIRY ROGER
Précis d'Instruction Criminelle en Droit luxembourgeois, Editions Lucien de Bourcy, Luxembourg, 1971.

TRAUSCH GILBERT
Le Luxembourg à l'époque contemporaine. Du partage de 1839 à nos jours, Manuel d'histoire luxembourgeoise, tome IV, Editions Bourg-Bourger, Luxembourg, 1975.

TROPER MICHEL
Terminer la Révolution; la Constitution de 1795, Fayard, Paris, 2006.

WEBER PAUL
«Les Constitutions du 19ᵉ siècle», *In: Le Conseil d'Etat du Grand-Duché de Luxembourg, Livre jubilaire publié à l'occasion du centième anniversaire de sa création,* éditeur Raymon Mehlen, Luxembourg, 1957.

Relevé des illustrations

La Place de la Constitution *(Gerry Huberty)* 10

La Constitution de 1868 *(Guy Jallay)* 14

Vue des institutions européennes à Luxembourg-Kirchberg
(Serge Waldbillig) 16

Emmanuel Servais (1811–1890) *(Archives famille Servais)* 52

S.A.R. le Grand-Duc de Luxembourg *(Cour grand-ducale / Lola Velasco)* 76

L'hôtel de ville de Luxembourg *(Serge Waldbillig)* 96

L'hôtel de la Chambre des Députés *(Guy Jallay)* 146

L'hôtel du Conseil d'Etat *(Guy Jallay)* 242

La Cité judiciaire *(Serge Waldbillig)* 250

Les armoiries au portail de l'hôtel du Ministère des Affaires étrangères
(Guy Jallay) 274

L'hôtel de la Présidence du Gouvernement *(Teddy Jaans)* 302

Drapeaux luxembourgeois et européen *(Claire Thill)* 306